Evangelische Sozialethik

Jahrbuch Sozialer Protestantismus
Band 15

Herausgegeben von Traugott Jähnichen, Georg Lämmlin,
Torsten Meireis, Thorsten Moos, Sabine Plonz,
Johannes Rehm, Sigrid Reihs im Auftrag
der Stiftung Sozialer Protestantismus, des Evangelischen
Verbandes Kirche – Wirtschaft – Arbeitswelt und
des Sozialwissenschaftlichen Instituts der EKD

Redaktion: Traugott Jähnichen und Sigrid Reihs

Evangelische Sozialethik

Traditionen und Perspektiven

EVANGELISCHE VERLAGSANSTALT
Leipzig

Bibliographische Information der Deutschen Nationalbibliothek
Die Deutsche Nationalbibliothek verzeichnet diese Publikation in der
Deutschen Nationalbibliographie; detaillierte bibliographische Daten
sind im Internet über http://dnb.dnb.de abrufbar.

© 2024 by Evangelische Verlagsanstalt GmbH · Leipzig
Printed in Germany

Das Werk einschließlich aller seiner Teile ist urheberrechtlich geschützt.
Jede Verwertung außerhalb der Grenzen des Urheberrechtsgesetzes ist ohne
Zustimmung des Verlags unzulässig und strafbar. Das gilt insbesondere für
Vervielfältigungen, Übersetzungen, Mikroverfilmungen und die Einspeicherung
und Verarbeitung in elektronischen Systemen.

Das Buch wurde auf alterungsbeständigem Papier gedruckt.

Cover: Kai-Michael Gustmann, Leipzig
Satz: 3w+p, Rimpar
Druck und Binden: BELTZ Grafische Betriebe GmbH, Bad Langensalza

ISBN 978-3-374-07551-5 // eISBN (PDF) 978-3-374-07552-2
www.eva-leipzig.de

INHALT

Traugott Jähnichen & Sigrid Reihs
Einleitung: »Pathosformel gesellschaftliche Verantwortung«? 9
Evangelische Sozialethik – Traditionen und Perspektiven

BEGRÜNDUNGSFIGUREN UND AUFGABEN EVANGELISCHER SOZIALETHIK

Hans-Richard Reuter
Eine Disziplin auf Namenssuche 17
Beobachtungen zur Begriffsgeschichte evangelischer Sozialethik

Peter Dabrock
»Stell Dir vor, ›Kirche‹ spricht, und keiner will's hören!« 35
Zur Neujustierung öffentlichen Redens der Kirche angesichts ihres Bedeutungsverlustes

Traugott Jähnichen
Wozu Sozialethik? 49
Schnittmengen und Spannungen zwischen universitärer Verankerung, evangelischer Gewissensunterweisung und öffentlicher Verantwortung der Kirche

IMPULSE AUS DER TRADITION EVANGELISCHER SOZIALETHIK

Norbert Friedrich
»... ein Vetter des Trinkhallenbesitzers ...« 69
Günter Brakelmann und seine Berufung auf den neu errichteten Lehrstuhl für Christliche Gesellschaftslehre im Jahr 1972

Sigrid Reihs
Wanderer sein 83
Klaus von Bismarck und die Erfahrung von Grenzen in der evangelischen Kirche in der Zeit nach dem Zweiten Weltkrieg

Materialethische Themenfelder

Anika Christina Albert
Inklusion und Professionalität 105
Herausforderungen und Gestaltungsmöglichkeiten diakonisch-ethischer
Gesellschaftsverantwortung für helfende Berufe

Dieter Beese
Frieden 121
»Zeitenwende« in der evangelischen Ethik

Clemens Wustmans
Interdependenzen *roter* und *grüner* Bioethik 135
Ökologie, Gerechtigkeit und Dekolonialität im *Anthropozän*

Selbstverständigungs-Debatten und Herausforderungen evangelischer Sozialethik

Torsten Meireis
Zur öffentlichen Relevanz evangelischer Gesellschaftsethik 155
Zugleich: Ein Vorschlag zur Neubestimmung des Begriffs der liberalen
Theologie

Reiner Anselm
Öffentlicher Protestantismus 177
Eine Skizze

50 Jahre Lehrstuhl für Christliche Gesellschaftslehre an der Evangelisch-Theologischen Fakultät der Ruhr-Universität Bochum

Grußwort von Ulf Schlüter 197
Theologischer Vizepräsident der Evangelischen Kirche von Westfalen

Isolde Karle
**Erwartungen an das Fach »Christliche Gesellschaftslehre« aus Sicht
der Universitätsleitung** 201

Rezension

Klaus Raschzok
**Konrad Müller/Johannes Rehm (Hrsg.): Arbeit als Gottesdienst?
Wertschöpfung in christlicher Verkündigung** 209
Festschrift für Roland Pelikan. Leipzig: Evangelische Verlagsanstalt 2021,
193 S., ISBN: 978-3-374-06762-6, 38,00 €

Verzeichnis der Autorinnen und Autoren 213

Einleitung: »Pathosformel gesellschaftliche Verantwortung«?

Evangelische Sozialethik – Traditionen und Perspektiven

Traugott Jähnichen & Sigrid Reihs

Der vorliegende Band geht in seiner Grundstruktur auf eine Tagung an der Ruhr-Universität Bochum im November 2022 anlässlich des 50-jährigen Bestehens des Lehrstuhls für Christliche Gesellschaftslehre an der Evangelisch-theologischen Fakultät zurück. Eingerichtet wurde der von 1972 bis 1998 mit Günter Brakelmann und seither mit Traugott Jähnichen besetzte Lehrstuhl mit der Zielsetzung, die Lebens-, Arbeits- und Wandlungsprozesse in einer modernen Industriegesellschaft, speziell in der Region des Ruhrgebiets, theologisch-ethisch zu reflektieren. Dabei sollten insbesondere zukünftige Pfarrpersonen sowie Lehrkräfte des evangelischen Religionsunterrichts für die spezifischen Herausforderungen einer sich stark transformierenden Industrie- und Stadtregion sensibilisiert werden. Die Jubiläumstagung fand unter dem Titel »Pathosformel gesellschaftliche Verantwortung? Standortbestimmungen und Perspektiven evangelischer Gesellschaftsethik« statt und hat nach den spezifischen Beiträgen evangelischer Sozialethik zu den öffentlichen gesellschaftsethischen Debatten gefragt. Neben den im Rahmen der Tagung gehaltenen Vorträgen sind in diesem Band Beiträge von ehemaligen und aktuellen Mitarbeitenden des Lehrstuhls aufgenommen, denen wir dafür herzlich danken.

Mit dem Begriff »Pathosformel gesellschaftliche Verantwortung« wird auf den von Aby M. Warburg geprägten Begriff »Pathosformel« angespielt. In der Kunstgeschichte wird dieser Begriff mit der Darstellung körperbezogener, stark stilisierter Gestik und Mimik vor allem des Gefühlsausdrucks verbunden, denen eine universale Gültigkeit unterstellt wird. Der Begriff ist in der weiteren Entwicklung zudem auf stark formelhaft geprägte Leitbegriffe und entsprechende Begriffsverwendungen bezogen worden. Im Recht ist etwa an die Präambel-Sprache von Verfassungen mit ihren verdichteten Formulierungen zu denken, die eine Grundorientierung zum Ausdruck bringen, zugleich höchst interpretationsbedürftig sind und zum Teil die den jeweiligen Formulierungen inhärenten Spannungen nivellieren können. Theodor W. Adorno hat die Berufung auf abstrakte Verantwortung oder universales Unrecht im Sinn des Verdachts interpretiert, dass der häufig vollmundige Verweis auf »gesellschaftliche Verantwortung« vielfach eine reale Verantwortung negierende »Formel« sei. Bei Adorno war der Ausdruck kritisch auf die gesellschaftliche Rolle von Geschäftsleuten und Unternehmern bezogen, die mit Hilfe einer solchen Rhetorik ihren Einfluss und ihre Rollen als Eigentümer verdecken, indem die entsprechende Verantwortung zwar angemahnt oder auch eingefordert, jedoch faktisch nicht wahrgenommen wird. Dabei geht nach Adorno »jede konkrete Verantwortung unter« (Adorno 1951/1997: 25).

Das kritische Potenzial dieser Beobachtung ist auch auf das kirchliche und theologische Reden von gesellschaftlicher Verantwortung zu beziehen, wobei in diesen Bereichen nur bedingt von einer Verweigerung, vielmehr wohl von einer zunehmenden Verunsicherung im Blick auf die eigene Rolle und die Möglichkeiten einer Mitgestaltung gesellschaftlicher Entwicklungen angesichts eines öffentlichen Bedeutungsrückgangs auszugehen ist. Ob und inwiefern diese Vermutung zutrifft, steht implizit und teilweise explizit im Hintergrund der fundamental- wie auch materialethischen Beiträge in diesem Band, ergänzt durch exemplarische historische Tiefenschärfungen.

Wie sehr die mit der Namensgebung für die Disziplin und für die ihr zugehörigen Lehrstühle verbundene Begriffsgeschichte die Entwicklung dieser für den neuzeitlichen Protestantismus charakteristischen, neu profilierten theologischen Disziplin geprägt hat, ist das Thema des Beitrags von *Hans-Richard Reuter*. In seinem Gang durch die Geschichte der letzten 150 Jahre skizziert er die einzelnen Phasen der Profilschärfung des Fachs, wie sie sich schließlich in unterschiedlichen Modellen der Institutionalisierung – mit unterschiedlichen Schwerpunktsetzungen an den evangelisch-theologischen Fakultäten in Münster, Tübingen und Bochum – niedergeschlagen hat. Reuter plädiert für die Bereitschaft zur Neuorientierung in jeweils neuen Zeiten und lädt zugleich zu einer kritischen Debatte dieser jeweiligen begrifflichen und damit inhaltlichen Neuorientierungen ein.

Doch zunächst ist der gegenwärtig deutlich zu konstatierende Bedeutungsverlust des öffentlichen Redens der Kirche in den Blick zu nehmen, und dies angesichts eines – wie *Peter Dabrock* darstellt – gegenwärtig besonderen Ausmaßes und Geschwindigkeit des Wegbrechens kirchlichen Einflusses. Er reflektiert in diesem Band, was es für die Kirche und ihr öffentliches Reden bedeutet, wenn das Bekenntnis zur Kirche nur noch eine Option ist. Theologisch stellt er von der »Wozu?«- auf die »Warum«-Frage um und rekonstruiert eindrücklich die Begründungsfiguren öffentlicher Verantwortung der Kirche. Was er als Konsequenz am Ende formuliert, knüpft an die Bedeutung der Reformation als Bildungsrevolution an, die einen Schatz der Orientierung bereithält und damit eine Differenzkompetenz, mit der weniger die Sehnsucht nach moralischer Eindeutigkeit als vielmehr die Fähigkeit, Zweideutigkeiten zuzulassen, erfüllt wird und damit eher Nachdenklichkeit den kirchlichen Kommunikationsstil prägen sollte.

Der nachfolgende Beitrag von *Traugott Jähnichen* beschäftigt sich mit der universitären Verankerung evangelischer Sozialethik und der damit einhergehenden zunehmenden Wahrnehmung öffentlicher Verantwortung der Kirche, wie sie sich nach 1945 mit Rückgriff auf die 2. These der Barmer Theologischen Erklärung entwickelt hat und wie sie in der sogenannten Denkschriften-Kultur bis heute zum Tragen gekommen ist. Im Zentrum steht dabei der Gedanke, dass es weiterhin um Versachlichung und Dialogförderung auf der Grundlage einer spezifischen Wertorientierung im Prozess der gesellschaftlichen Meinungsbildung geht. Dabei wird die Herausforderung deutlich, dass Wege gefunden werden müssen, »Konflikte auszuhalten«, ohne auf das Ziel einer Konsensbildung zu verzichten. Traugott Jähnichen betont diese doppelte Aufgabe evangelischer Sozialethik vor dem Hintergrund der Tatsache, dass das Vertrauen in kirchliche Äußerungen nicht mehr selbstverständlich vorhanden ist. Für die von ihm eingeforderte »Form der Rollenpluralität« spricht die Notwendigkeit, verstärkt Kontakt zu anderen zivilgesellschaftlichen Akteur*innen aufzunehmen und das Spektrum der Meinungsbildung zu verbreitern.

In historischer Perspektive greift *Norbert Friedrich* in seinem Aufsatz die Debatten und Zielsetzungen auf, die mit der Berufung von Günter Brakelmann auf den neu errichteten Lehrstuhl für Christliche Gesellschaftslehre in Bochum 1972 verbunden waren. Er zeigt, dass hinter dieser Berufung neben der Berücksichtigung der »besonderen örtlichen Gegebenheiten des Ruhrgebietes« sehr wohl auch eine kritische Infragestellung der klassischen Ordinarienuniversität stand: In den 1970er Jahren vor allem durch die Betonung der pädagogischen Fähigkeiten seitens der Studentenschaft für einen Hochschullehrer. Voraussetzung für eine solche, sowohl den traditionellen akademischen Kriterien wie auch den landespolitischen Interventionen widersprechende Berufung war vermutlich, dass die Person Günter Brakelmann von Beginn an sichergestellt hat, dass die von der Fakultät bestimmte inhaltliche Ausrichtung des Lehrstuhls, nämlich sich »ganz besonders den Problemen des gesellschaftlichen, politischen, ökonomischen und kulturellen Lebens des Ruhrgebietes zuzuwenden«, bei ihm in guten Händen war.

Sigrid Reihs verortet die Debatte um die Zukunft der evangelischen Sozialethik in den Kontext des weitgehenden Verschwindens des Arbeitsbereiches »Kirche in der Arbeitswelt« und damit auch des strukturierten Zugangs zur Welt der Menschen, die das Ruhrgebiet über Jahrzehnte geprägt haben. Ihre Ausgangsfrage lautet: Was lässt sich für die gegenwärtigen sozialethischen Herausforderungen für die Kirche methodisch von Klaus von Bismarck, einem der wichtigsten praktischen Sozialethiker in der Kirche in den 1950er Jahren, lernen? Seine Praxis der »Grenzüberschreitungen« gegenüber bestehenden Kommunikationsformen und traditionellen Gesprächspartnern, die er immer wieder gegen innerkirchliche Beharrungskräfte durchsetzte, ist u. U. ein Hinweis auf eine Überwindung von Sprachlosigkeit der Kirche in einer weitgehend säkularisierten Gesellschaft.

Der materialethische Teil dieses Bandes thematisiert exemplarisch die Themen Inklusion, Friedensverantwortung und den Umgang mit roter und grüner Gentechnologie. *Anika Albert* sieht in der Praxis und im Diskurs der Inklusion ein zentrales Thema, in dem Kirche und Diakonie ihre Perspektiven zur Gesellschaftsverantwortung exemplarisch entwickeln und zugleich wegweisende Impulse setzen können. Albert stellt die multiperspektivischen Aspekte des Themas dar, um die in den jeweiligen Perspektiven angelegten dynamischen Spannungen deutlich zu machen. Auf dieser Grundlage skizziert sie die professionsethischen Herausforderungen von Inklusion im Blick auf helfende Berufe. Grundlegend ist ein Perspektivwechsel des Hilfe- und Professionsverständnisses, indem von Fürsorge auf Selbstbestimmung umgestellt und in diesem Sinn ein professionelles Assistenzmodell zur Leitkategorie helfender Berufe wird. Diese Grundorientierung ist von den Leitungen diakonischer Einrichtungen durch entsprechende Programme sicherzustellen und bedeutet zugleich einen wichtigen Impuls der Kirchenreform.

Dieter Beese leistet in seinem Beitrag eine Standortbestimmung im Blick auf die friedensethischen Positionierungen in Kirche und Theologie, die in besonderer Weise durch den Krieg in der Ukraine herausgefordert ist. Beese rekapituliert im Horizont der EKD-Friedensdenkschrift von 2007 die friedensethischen Debatten in der EKD seit dem Ende des Zweiten Weltkriegs, wobei er zunächst die theologischen Auseinandersetzungen zwischen Vertretern der Barth-Schule und der lutherischen Tradition darstellt. Angesichts der russischen Aggression gegenüber der Ukraine sind jedoch Neuorientierungen notwendig, da die große Tradition evangelischer Friedensethik sich als zu optimistisch im Blick auf eine prozessuale Durchsetzung einer auf dem Recht basierten Friedensordnung erwiesen hat. In diesem Sinn fragt Beese nach einer für die Gegenwart angemessenen Kriteriologie legitimer Anwendung militärischer Gewalt.

Die nicht zuletzt angesichts der Covid-Pandemie aufweisbaren Interdependenzen von roter und grüner Bioethik bilden den Ausgangspunkt des Beitrags von *Clemens Wustmans*. Die traditionelle Differenzierung zwischen Bioethik des Menschen und Bioethik nichtmenschlicher Lebewesen ist exemplarisch durch die die Covid-Pandemie auslösende Zoonose zu hinterfragen, wobei die hier auftretenden Wechselwirkungen auf grundlegende umweltethische Fragestellungen im Zeitalter des Anthropozäns verweisen. Angesichts der kaum mehr aufrecht zu erhaltenden Unterscheidung von Natur und Kultur im Anthropozän werden von Wustmans die Vielzahl ökologischer Krisen und die unzureichenden Reaktionen skizziert. Er plädiert in theologischer Perspektive für ein schöpfungsethisch grundiertes Konzept der Verantwortung, welches eine um die Perspektiven der Intersektionalität und der Dekolonialität erweiterte Konzeption der Nachhaltigkeit in sozialethischer Perspektive aufzeigt. Religiöse Perspektiven bieten Leitorientierungen einer erstrebenswerten Zukunft im Sinn sozialer Imaginationen an, welche die bioethischen Debatten konstruktiv zu bereichern vermögen.

Das Selbstverständnis evangelischer Sozialethik und deren Relevanz für die Öffentlichkeit lassen sich theologisch wie auch gesellschaftswissenschaftlich unterschiedlich akzentuieren, wie es die beiden Beiträge von *Torsten Meireis* und *Reiner Anselm* deutlich machen. Meireis als Vertreter des Konzepts öffentlicher Theologie sieht deren wesentliche Aufgabe darin, profilierte theologisch-ethische Beiträge angesichts der Herausforderungen spätmoderner Gesellschaften in die Öffentlichkeit einzubringen. Er versteht öffentliche Theologie als Diskursformat im Medium öffentlicher Kommunikation, wobei die Wirkungen des christlichen Glaubens im Blick auf die Politik selbstkritisch zu reflektieren sind. In Abgrenzung zu einem staatsanalog geprägten Kirchenverständnis und einem dementsprechenden autoritativen Konzept öffentlicher Verantwortung, wie es in den 1950er Jahren insbesondere bei Helmut Thielicke angelegt war, betont Meireis die unter den Bedingungen des Pluralismus unhintergehbaren theoretischen Aushandlungsprozesse über die jeweiligen Formen und inhaltlichen Impulse christlicher Gesellschaftsverantwortung. In diesem Sinn ist das Wahrnehmen der Verantwortung vor Gott als stets fragmentarischer, aber nichtsdestotrotz profilierter Beitrag der Theologie zum diskursiv zu klärenden Gemeinwohl zu verstehen. Diskursivität und Positionalität stehen somit nicht in einem Widerspruch, sondern sind konstruktiv aufeinander zu beziehen.

Rainer Anselm geht, diesbezüglich ähnlich wie Meireis, in seiner Skizze des Konzepts öffentlicher Protestantismus ebenfalls von der politischen Dimension des christlichen Glaubens aus. Theologischer Ausgangspunkt ist bei ihm die christliche Freiheit als Motivation und Impuls für die Wahrnehmung ethischer Verantwortung. Gegen die Tradition lutherischer Ordnungstheologie einerseits sowie einer am Worte Gottes orientierten Theologie im Sinn Karl Barths betont Anselm die aus der persönlichen Gottesbeziehung resultierende Verantwortung von Christenmenschen für das Gemeinwesen. In dieser Perspektive problematisiert er autoritative Impulse der genannten theologischen Traditionen und plädiert für eine an der christologischen Lehrbildung und am dreigliedrigen Gottesgedanken ausgerichtete Mehrperspektivität einer christlichen Ethik des Politischen. Kritisch gegen die Tendenz zu Eindeutigkeitsunterstellungen speziell der Barthschen Theologie, wie es sich in der Konzeption des prophetischen Amtes niedergeschlagen hat, betont Anselm die Notwendigkeiten der Selbstzurücknahme und der selbstkritischen, zur Revision bereiten Prüfung. In dieser Perspektive ist es das Anliegen des Konzeptes des öffentlichen Protestantismus, zu den Voraussetzungen für ein friedliches Zusammenleben in Freiheit und Vielfalt beizutragen. Dies ist kritisch auch gegenüber der evangelischen Kirche selbst zu profilieren, sofern diese zu Identitätspolitiken und politischem Aktivismus neigt.

Abgerundet wird dieser Band durch zwei Grußworte anlässlich des 50-jährigen Bestehens des Lehrstuhls für Christliche Gesellschaftslehre in Bochum, aus kirchlicher Sicht vom theologischen Vizepräsidenten der EKvW, *Ulf Schlüter*, und aus universitärer Sicht von der Prorektorin der Ruhr-Universität, *Isolde Karle*. Ihnen gilt ebenso unser Dank wie *Klaus Raschzok* für die Bereitstellung einer Rezension.

Die Beiträge in diesem Band reagieren in unterschiedlicher Weise auf die veränderte Stellung der evangelischen Kirche in der Gesellschaft, die von einer fortschreitenden Entkirchlichung einerseits und einem zunehmenden religiösen und weltanschaulichen Pluralismus andererseits geprägt ist. Diese Konstellation verlangt nach Neuformatierungen der Wahrnehmung evangelischer Gesellschaftsverantwortung mit entsprechenden Konsequenzen für die evangelische Sozialethik. Deren Stimme, auch in der Zuarbeit zu öffentlichen Stellungnahmen der Kirche, ist nicht mehr, wie es für die »Bonner Republik« mehr oder minder galt, im Sinn einer herausgehobenen Sprecherposition zu interpretieren, sondern hat sich als eine besondere Stimme neben anderen durch ihre inhaltlichen Beiträge zu profilieren.

Zugleich wächst der Bedarf an öffentlicher Ethikberatung in der Gesellschaft, wie es entsprechende Diskurse zur Inklusionsthematik, in der Covid-Pandemie, angesichts des russischen Angriffs auf die Ukraine oder auch die Debatten um die mögliche gesetzliche Neuregelung des assistierten Suizids zeigen. Die evangelische Sozialethik ist herausgefordert, ihre besondere Stimme, in einer evangelisch zu verantwortenden Pluralität von begründeten Positionierungen, profiliert in diese Diskurse einzubringen. Die reiche Semantik evangelischer Weltdeutungen mit ihren Orientierungsleistungen wie auch der Rückbezug auf kirchliche und insbesondere diakonische Praktiken sind in dieser Perspektive für eine gemeinwohlbezogene Gesellschaftsentwicklung fruchtbar zu machen.

Literatur

Adorno, Theodor W.: Minima Moralia. Gesammelte Schriften, Bd. 4, hg. Von Rolf Tiedemann, Frankfurt a. M. 1997 (Orig. 1951).

Begründungsfiguren und Aufgaben evangelischer Sozialethik

Eine Disziplin auf Namenssuche
Beobachtungen zur Begriffsgeschichte evangelischer Sozialethik*

Hans-Richard Reuter

Die erste Beobachtung kann mit einem Blick auf das Programm unserer Veranstaltung beginnen: Der Lehrstuhl für »Christliche Gesellschaftslehre« an der Universität Bochum feiert sein 50-jähriges Bestehen. Er begeht dieses erfreuliche Datum mit einer Tagung, auf der Perspektiven »evangelischer Gesellschaftsethik« erörtert werden. Auf Wunsch der Einladenden soll mein Vortrag die Begriffsgeschichte »evangelischer Sozialethik« behandeln. Sind das nun drei verschiedene Namen für dasselbe? Gibt es Gründe, einem von ihnen den Vorzug zu geben? Oder gilt hier »Name ist Schall und Rauch«? Damit sind wir schon mitten im Thema!

Bei Gelegenheit eines ähnlichen Jubiläums hat der Münchner Theologe und Ethiker Trutz Rendtorff bemerkt: »Man muß kein Begriffsfetischist sein, wenn man der Frage nachgeht, in welche Begriffe gefaßt denn eine Aufgabe angegangen wird, die mit den Merkmalen der Neuartigkeit und des Neubeginns ausgestattet ist.« (1997: 32) Kein Begriffsfetischismus also, aber trotzdem: Ein Straßenfeger kann ein Vortrag zu dem mir gestellten Thema kaum werden. Ein gewisses Maß an kulinarischem Sinn für semantische Feinheiten braucht es dann doch, wenn man auf die über 150-jährige Geschichte nun nicht des Faches, sondern des Namens »Sozialethik« im deutschen protestantischen Sprachgebrauch zurückblicken möchte.[1] Ich versuche, die mir übertragene Aufgabe – natürlich selektiv und exemplarisch – unter Bezug auf fünf Stichworte einzulösen: Neubildung, Historisierung, Theologisierung, Ausdifferenzierung, Institutionalisierung.

---

* Vortrag bei der Tagung »Pathosformel gesellschaftliche Verantwortung?« in der Ruhr-Universität Bochum am 11. November 2022.

[1] Zu knappen Begriffsbestimmungen vgl. die Artikel in den verschiedenen Auflagen der einschlägigen Lexika (Evangelisches Soziallexikon, Evangelisches Staatslexikon, Religion in Geschichte und Gegenwart). Explizit begriffsgeschichtlich orientiert, jedoch hauptsächlich auf die Zeit bis zum Zweiten Weltkrieg bezogen ist: Graf 1995.

1. Neubildung

Das deutsche Wort »sozial« ist etymologisch abgeleitet vom lateinischen Adjektiv für »gesellig«. Es geht auf den schon älteren Versuch zurück, zwischen dem Sozialen und dem Politischen zu differenzieren. Seine eigentümliche Prägung hat es aber im 19. Jahrhundert erfahren (Geck 1963). Das Adjektiv »sozial« markiert hier die Probleme, die im Umbruch zur Industriegesellschaft mit der »sozialen Frage«, also zunächst dem Pauperismus, dann der Arbeiterbewegung aufkamen. »Sozial« steht für das Bewusstsein der sozialen Krise und zugleich für den normativen Appell, sie durch soziale Reform und eine soziale Politik zu überwinden (vgl. Kaufmann 2003: 22).

Von einer vereinzelten, etwas älteren Fundstelle abgesehen (Põder 2016: 239) geht die wirksame Einführung des Kompositums »Sozialethik« im deutschen Sprachraum – ebenso wie der Gegenbegriff »Individualethik« – auf den Dorpater lutherischen Theologen Alexander von Oettingen (1827–1906) zurück. Allerdings ist eine äquivalente Begrifflichkeit bei englischen und italienischen Autoren schon Jahrzehnte früher, im Französischen sogar seit der Französischen Revolution belegt (Kany 2016). Von Oettingen jedenfalls veröffentlichte 1867 einen Aufsatz mit dem Titel »Die Moralstatistik in der wissenschaftlichen Bedeutung für eine Socialethik« und zwischen 1868 und 1873 ein zweiteiliges Werk mit dem Titel »Die Moralstatistik und die christliche Sittenlehre. Versuch einer Socialethik auf empirischer Grundlage«.[2] Obwohl persönlich durchaus karitativ engagiert, waren es nicht die Armutsfrage und die Industrialisierungsfolgen, die von Oettingen zu dieser semantischen Innovation führten. Was ihn interessierte, war das Soziale hauptsächlich als Bedingungsfaktor, als Kondition, erst daraufhin auch als Intention des Sittlichen (vgl. 1873: 24 ff.). Die Wortverbindung »Socialethik« reagierte auf ein wissenschaftstheoretisches Problem, nämlich dasjenige des Verhältnisses von empirischer Sozialwissenschaft und Ethik. Von Oettingen wollte sich unter dem Titel »Socialethik« nach zwei Seiten hin abgrenzen:

Erstens betont er gegenüber einem naturalistischen Determinismus die menschliche Willensfreiheit. Anders als von der sog. Sozialphysik, beispielsweise des Positivisten Auguste Comte oder des Statistikers Adolphe Quetelet angenommen, seien menschliche Handlungen nicht restlos durch externe Faktoren physikalischer, wirtschaftlicher und gesellschaftlicher Art bestimmt – daher der Name »Social*ethik*«. So zeigt der Dorpater Theologe z. B. an der Heiratsfrequenz verschiedener Altersklassen, dass ihr zwar eine statistische Gesetzmäßigkeit

---

[2] Die einbändigen Neuauflagen (^{2}1874 und ^{3}1882) unter dem weniger missverständlichen Titel »Die Moralstatistik in ihrer Bedeutung für eine Socialethik« sind völlige Neubearbeitungen primär des ersten Teils. Vgl. zu von Oettingen: Linnenbrink 1961; Linnenbrink 1969; Böhme 1971; Põder 2016; Plonz 2022.

zugrunde liegt, dass sie aber in Krisenzeiten tendenziell sinkt. Der statistische Befund selbst spricht hier dafür, dass es einen Spielraum relativer Freiheit bzw. bedingter Autonomie in Form von Deliberation und Auch-anders-Können gibt. In der sich formierenden Soziologie hat von Oettingen als Erneuerer der Statistik hohe Anerkennung gefunden.

Zweitens aber geht es ihm darum, dem idealistischen Individualismus einer Ethik zu widersprechen, die auf der Fiktion absoluter Freiheit beruht – deshalb die Rede von »*Social*ethik«. Ein Beispiel ist für ihn hier der kriminalstatistische Befund, wonach individuelle Schuld auf ihrem gesellschaftlichen Hintergrund gesehen werden muss. In der praktischen Konsequenz bedeutet das, die »sogenannten corrumpierten Klassen der Gesellschaft mit einer Theilnahme zu betrachten«, die sich jeder Selbstgerechtigkeit enthält (1868: 989). Die »Domäne des Socialethikers« ist laut von Oettingen »die Frage nach der Gemeinschaft, aus welcher die Einzelpersönlichkeit leiblich und geistig herausgeboren worden« ist (ebd.). Dem entspricht der Titel des 1. Teilbandes »Die Moralstatistik. Inductiver Nachweis der Gesetzmäßigkeit sittlicher Lebensbewegung im Organismus der Menschheit«. Dieser Ansatz stand im Gegensatz zu den vorherrschenden theologischen Ethiken, die die Abhängigkeit menschlichen Verhaltens von seiner sozialen und natürlichen Umwelt ausblendeten. Für sie konnte christliche Ethik nur Individualethik sein, weil die göttlich gewirkte Konstitution des sittlichen Subjekts ebenso wie dessen Handeln aus Freiheit allein am Ort des Individuums erfolgen. So wurde von Oettingens begriffliche Innovation in der zeitgenössischen Theologie weithin abgelehnt mit dem Argument, dass die Moralität von Handlungen ihren Ursprung in der Gesinnung habe und nicht statistisch zu erfassen sei (z. B. Frank 1870).

Aber eine Begründung der Ethik durch Statistik war natürlich gar nicht von Oettingens Intention. Seine Absicht bestand darin, den Gegensatz zu überwinden zwischen der verabsolutierten »Willkürfreiheit« traditioneller »Personalethik oder Individualethik« (1867: 489) einerseits und einer geschlossen kausal-deterministischen Deutung statistischer Befunde andererseits. Dies sollte geleistet werden durch eine »theologische Interpretation der Gesamtwirklichkeit unter der Voraussetzung der Sozialität des Menschen« (Linnenbrink 1969: 194). Zu der »empirisch-induktiven Methode« der Moralstatistik trat im 2. Teilband die »systematisch-deduktive Methode« der »Christlichen Sittenlehre« hinzu. Sie legt dar, dass die moralstatistisch aufweisbare überindividuelle Bestimmtheit menschlichen Verhaltens letztlich als Manifestation einer providentiellen göttlichen Weltregierung gedeutet werden kann. Die, so von Oettingen, »socialethische Weltanschauung« (1873: 3 u. ö.), fasst alle sittlichen Lebensbewegungen im Zusammenhang der durch Christus erlösten Menschheit, d. h. als Teil eines teleologisch strukturierten, auf den Endzweck des Reiches Gottes bezogenen Organismus auf (a. a. O.: 391 ff.). Die Ethik muss Sozialethik sein, weil »der Process des Ethischen stets innerhalb der Gemeinschaft« sich vollzieht und »nicht ohne

Gemeinschaftsbedingung und Gemeinschaftsbeziehung begrifflich zu denken« ist (a. a. O.: 37). Auch für die Christliche Sittenlehre gilt, dass trotz der im Zentralgebot der Liebe ausgesprochenen »innigen Wechselbeziehung von Gottes-, Nächsten- und Selbstliebe die sociale Gemeinschaft doch stets der natürliche und geschichtliche Boden für die sittliche Realisation der Liebesidee ist« (a. a. O.: 116).

Von Oettingens These, dass *alle* Ethik als Sozialethik zu begreifen sei, macht deutlich: Eine neue Teildisziplin der Ethik begründen wollte er nicht. Seine These hat einen fundamentalethischen Status. Sie beruht aber auf problematischen ontologischen Voraussetzungen: Der Versuch, die Dialektik von Individuum und Sozialität durch den Primat der organologisch gedeuteten Gemeinschaft zu überwinden, hat fragwürdige Folgen: Erstens läuft die Organismusanalogie auf eine Unterordnung des konkreten Einzelnen unter das ihm geschichtlich vorgegebene soziale Ganze hinaus. Zweitens verhindert der Begriff der Gemeinschaft, den der Dorpater Theologe gleichbedeutend mit Gesellschaft verwendet, eine realitätsgerechte Wahrnehmung der Empirie sozialer Strukturen: An deren Stelle treten ganz traditionell die von Gott konstant gesetzten Schöpfungsordnungen (a. a. O.: 643 f.). Ihre Gestalt- und Veränderbarkeit ist noch nicht im Blick. Eine romantisch-konservative Ablehnung sowohl der liberalen Freiheitsidee wie des sozialistischen Gleichheitspostulats ist die Konsequenz (vgl. a. a. O.: 695, 703 f.).

2. Historisierung

Es war ausgerechnet der für die Theorie protestantischer Sozialethik so wichtige Theologe und (Mit-)Begründer der Religionssoziologie Ernst Troeltsch (1865–1923), der die rasch einsetzende Konjunktur der begrifflichen Neuerfindung von Oettingens frühzeitig zu dämpfen versuchte – und zwar mit seiner 1912 erschienenen monumentalen Abhandlung »Die Soziallehren der christlichen Kirchen und Gruppen« (1912/2021). Darin vermeidet Troeltsch geradezu den Namen Sozialethik – eine Bezeichnung, die sich im Untertitel des Buches von Martin von Nathusius (^{3}1904) findet, das den Anstoß zu Troeltschs Werk geboten hatte. In dem von Troeltsch selbst betreuten Sachregister kommt das Stichwort gar nicht vor. Stattdessen sind es vor allem drei andere Bezeichnungen, die er in sehr genauer Differenzierung[3] verwendet: Soziallehre, Sozialtheologie und Sozialphilosophie.

Wie der Titel seines Hauptwerkes zeigt, führt Troeltsch den Begriff der *Soziallehren* in den protestantischen Diskurs ein. Der Terminus »Soziallehre« taucht erstmals in den späten 1860er Jahren bei einem preußischen Politiker auf.

---

[3] In den späteren handschriftlichen Zusätzen und Marginalien wird diese differenzierte Terminologie allerdings nicht durchgehalten.

Friedrich-Wilhelm Graf (2021: 5 f.) vermutet, dass Troeltsch ihn von dem mit ihm in Heidelberg lehrenden Staats- und Völkerrechtler Georg Jellinek (1905: XIf., 11, 121 u. ö.) entlehnt haben könnte. Anders als bisher (Drescher 1993: 17) angenommen, dürfte Troeltsch den Begriff jedenfalls kaum unter dem Einfluss der katholischen Soziallehre gebildet haben. Denn zum einen setzte sich der Ausdruck »Soziallehre« im Katholizismus erst nach dem Ersten Weltkrieg durch, nämlich in dem heute gebräuchlichen Sinn als Sammelbezeichnung für die Sozialverkündigung des katholischen Lehramts, die mit der Enzyklika »Rerum novarum« von 1891 begonnen hatte. Zum andern aber hätte genau dieses autoritativ-doktrinäre Verständnis von Soziallehre Troeltsch geradezu daran hindern müssen, den Begriff aus dem katholischen Sprachgebrauch zu übernehmen, denn er selbst war ja an einer Bezeichnung interessiert, die erkennen ließ, dass hier die in Geltung stehenden Lehren zum Gegenstand einer historisch-deskriptiven Darstellung werden sollten.

Dagegen war der Terminus *Sozialethik* für Troeltsch mit einem gegenwartsbezogenen, normativen Geltungsanspruch konnotiert. Eben deshalb sucht er ihn, so meine These, im Rahmen seines historisch-soziologischen Zugriffs zu vermeiden. Angesichts der Herausforderung des Historismus zielt sein auf die Soziallehren gerichtetes Projekt darauf ab, in einer Art Dogmengeschichte des christlichen Ethos die geschichtliche Pluralität und Partikularität der sozialen Ideenbildungen in der Trägerschaft der verschiedenen Kirchen und Gruppen beschreibend zu erfassen. Dagegen war bei »Sozialethik« schon vorausgesetzt, was erst noch der gründlichen Überprüfung bedurfte – nämlich die Möglichkeit und Notwendigkeit konstruktiver Beiträge der Kirche zu sozialpolitischen Fragen etwa in Innerer Mission oder im Evangelisch-Sozialen Kongress. Troeltsch wirft aber die Frage auf, inwiefern eine »eigentümliche christliche Staats-, Gesellschafts- oder Wirtschaftslehre« unter den Bedingungen »der modernen bürgerlich-kapitalistischen Gesellschaft und der buerokratischen Militärstaaten« überhaupt etwas »Brauchbares und Wertvolles« zu leisten vermag (1912/2021: 1845, 152).

Im Unterschied zum Mainstream des protestantischen Diskurses seiner Zeit legt Troeltsch eine enge Definition des *Sozialen* zugrunde. Die übliche Rede vom sozialen Charakter des Christentums ließ aus seiner Sicht offen, ob denn das Christentum über die spezifische Form religiöser Vergemeinschaftung hinaus zum Prinzip des allgemeinen sozialen (also familiären, ökonomischen oder politischen) Lebens werden kann (a. a. O.: 155 f.). Heute umfasse nämlich der Begriff »sozial«, so Troeltsch, nur einen »eng begrenzten Ausschnitt aus den allgemeinen soziologischen Phänomenen, nämlich die von der staatlichen Regulierung und dem politischen Interesse freigelassenen oder nur sekundär berührten soziologischen Beziehungen, die sich aus dem wirtschaftlichen Leben, der Bevölkerungsspannung, der Arbeitsteilung, der Ständegliederung und einigen anderen nicht direkt als politisch zu charakterisierenden Interessen ergeben.« (a.a.O.: 159f.)

Das heißt: Mit seinem Plädoyer für die »engere[.] Bedeutung des Wortes ›Gesellschaft‹ und ›sozial‹« (ebd.) geht der Heidelberger Theologe mit Hegel, Lorenz von Stein und dem Ökonomen Karl Rodbertus von der modernen Unterscheidung von Staat und (bürgerlicher) Gesellschaft aus; ferner berücksichtigt er die Ausdifferenzierung der Gesellschaft in Familie, Wirtschaft und Verbände. Das Soziale namens »Gesellschaft« ist also für Troeltsch nur ein besonders wichtiger Teil »des allgemeinen soziologischen Zusammenhanges [...], nicht dieser selbst« (a.a.O.: 161). Die Annahme, mit Rückgriff auf die Sozialidee des Christentums, also auf die Praxis der Nächstenliebe, ließen sich die in Staat und Gesellschaft auftretenden Probleme lösen, hält er deshalb für verfehlt. Es müsse zunächst gefragt werden, ob und inwieweit das aus der religiösen Idee des Christentums erwachsende soziologische Grundschema in die Eigenlogiken der sozialen und politischen Sphäre hineinzuwirken vermag.

Die religiöse Zentralidee des Christentums ist das Reich Gottes. Aber für Troeltsch, der hier der zeitgenössischen, durch Johannes Weiß repräsentierten Forschung folgt, hat das Reich Gottes einen rein futurischen, transzendenten Status. Es sei absolute Zukunft und sein Ideal der opferbereiten Liebesgemeinschaft sei schon deshalb nicht ohne »Kompromiss« in innerweltliche Strukturen umzuformen. Doch für Troeltsch scheitern alle drei von ihm herausgestellten Typen sozialer Selbstgestaltung des Christentums – nämlich Kirche, Sekte und Mystik – an der Aufgabe, die christliche Weltdistanz durch ein eigenes, auf die profanen Ordnungen bezogenes Sozialideal auszugleichen: Die Mystik als spirituelle Gemeinschaft frommer Seelen strebe gar keine Massenwirkung an und sei »in allen sozialen Dingen hilflos und indifferent« (Troeltsch 1922: 21). Die Sekten als freiwillige Vereinigung der strengen, gesetzesobservanten Gläubigen versuchten das Ideal der Bergpredigt rein durchzuführen – jedoch weitgehend erfolglos. Bleiben die anstaltsförmigen Kirchen: Eine aus ihnen selbst entwickelte *Sozialtheologie* besitzen auch sie nicht; denn von einer Sozialtheologie, die ihren Namen verdient, wäre zu verlangen, dass sie unmittelbar der religiösen Idee selbst entspringt und von da aus auf alle Gesellungsformen übergreift.

Wohl aber verfügen die großen Kirchen des westlichen Christentums über das, was Troeltsch in seinem Hauptwerk (1912/2021 passim) und anderwärts (1922) *Sozialphilosophie* nennt; d.h. sie haben Lehrbildungen adaptiert, die auf das spätantike Naturrecht zurückgehen. Bei den historischen Ausprägungen kirchlicher Sozialphilosophie handelt es sich also um christliche Modifikationen des allgemeinen Kulturerbes. Hier unterscheidet der Heidelberger Religionssoziologe wiederum zwei Typen: Der eine Typus, nämlich die ständisch-patriarchale Sozialphilosophie des mittelalterlichen Katholizismus, auf die auch das Luthertum eingeschwenkt sei, ist konservativ bis reaktionär. Der andere Typus, die Sozialphilosophie des – wie Troeltschs Hausgenosse Max Weber ihn nannte –

asketischen Protestantismus, ist ursprünglich progressiv und hat zum Teil Impulse der Sekten in sich aufgenommen. Die Sozialphilosophie des asketischen Protestantismus hat sich aber in ihrer Gestaltungskraft erschöpft, weil ihr mit der modernen Kultur kompatibler Gehalt in säkularisierter Form in die Rationalität der bürgerlichen Gesellschaft eingegangen ist.

Deshalb kommt Troeltsch am Ende seiner Untersuchungen zu dem ernüchternden Ergebnis, dass »die geschichtlichen Hauptformen der christlichen Gesellschaftslehre und -gestaltung gegenüber den bestehenden Aufgaben aus verschiedenen Gründen heute versagen. Soll es eine christlich-soziale Bemeisterung der Lage geben, so werden hier neue Gedanken nötig sein, die noch nicht gedacht sind« (Troeltsch 1912/2021: 1070f., vgl. 1922: 13).

3. Theologisierung

Neuer Gedanken bedurfte es nach der Katastrophe des Zweiten Weltkriegs, angesichts des Versagens des Protestantismus unter der Nazi-Herrschaft und der anhaltenden Distanz zwischen Kirche und Arbeitswelt. Im Nachkriegsdeutschland hat sich der 1955 nach Münster berufene Theologe Heinz-Dietrich Wendland, zuvor Ordinarius für Neues Testament und Sozialethik in Kiel, den Ruf eines »Nestors der evangelischen Sozialethik« (Dahm/Marhold 1990: 174) erworben.[4] Obwohl die Korrektur eines auf individuelle Akteure bezogenen Ethikverständnisses ganz in seinem Sinn war, ist Wendlands Proprium nicht in der Ausarbeitung normativer Sozialethik zu suchen; seine – durchaus kontrovers aufgenommene – Konzeption will darüber hinausweisen. In Anlehnung an Paul Tillichs Theologie der Kultur zielt er auf eine »Theologie der Gesellschaft« (Wendland ²1958: 29 ff.).[5] Der Sozialethik sei eine fundierende Theologie der Gesellschaft oder, wie er sie bereits früh (Wendland 1929) nennen kann, »Sozialtheologie« bzw. »Soziallehre« vorzuschalten – und zwar, im Unterschied zu Troeltsch, mit einem für die Gegenwartsprobleme relevanten Anspruch. Dieses Postulat folgt der Einsicht, dass jede normative Ethik in der Luft hängt, wenn sie sich nicht als eingebettet versteht in einen vorgängigen sozialen Rahmen, der unterschiedlichen kulturellen Deutungen offensteht. Wendlands Anliegen ist berechtigt und die von ihm geforderte Öffnung der Theologie für die Sozialwissenschaften bleibt verdienstvoll, auch wenn man seiner Version der Verhältnisbestimmung von Theologie und Gesellschaftstheorie nicht folgen mag. Das Problem sei in Kürze angedeutet:

---

[4] Vgl. zu Wendland jetzt: Bruns/Dietzel 2017.

[5] Die Wortverbindung dürfte allerdings – wenn auch mit anderer theoretischer Fundierung – auf den Tillich-Freund und Ökonomen Eduard Heimann (vgl. 1954: XI) zurückgehen.

Zur Tradition evangelischer *Sozialtheologie* oder *Soziallehre*[6] zählt der Münsteraner Theologe die »von dogmatischen Grundentscheidungen abhängige[n]« Topoi religiöser Deutung der sozialen Welt wie z. B. die reformatorische Zwei-Reiche-Lehre, die Lehren von politischer Obrigkeit und Kirche oder vom Beruf (Wendland ³1965: 1138). Während Wendland die reformatorischen Soziallehren an »vortechnische« Sozialstrukturen gebunden sieht, soll die »Theologie der Gesellschaft« eine kritische Gesamtdeutung der modern-gesellschaftlichen Verhältnisse liefern – und dies nicht wie im katholischen Verständnis auf ontologisch-naturrechtlicher Grundlage, sondern einerseits am biblischen Ethos orientiert, andererseits auf der Höhe gegenwärtiger Soziologie und Zeitdiagnose. Der biblische Impuls besteht vor allem in einem »universal-eschatologischen Ansatz«, mit dem sich Wendland gegen den Dualismus einer statischen Zwei-Reiche-Lehre wendet. Die nicht aufs Futurische beschränkte, sondern christologisch begründete Reich-Gottes-Hoffnung (vgl. Wendland 1959: 156 f.) ziele auf die Verwandlung der Gesellschaft im umfassendsten Sinn, d. h. der »Gesamtheit aller sozialen Gebilde, Institutionen und Beziehungen« (Wendland 1958: 37) – kurz: die Totalität des sozialen Daseins. Diese sieht Wendland mit Verweis auf apokalyptische Motive des Neuen Testaments (1959: 199 f.) durch einen anderen Dualismus bestimmt, nämlich den Widerstreit zwischen guter Schöpfung und zerstörerischen dämonischen Mächten. Als »Vorhut des Reiches Gottes auf Erden« sei die Kirche in ihrer Dimension als »weltliche Christenheit« berufen, für die Entdämonisierung der sozialen Strukturen und die Neuintegration der Gesellschaft einzutreten (Wendland ²1958: 69 ff., 143; 1959: 139 f.). Zur soziologischen Zeitdiagnose greift er Hans Freyers »Theorie des gegenwärtigen Zeitalters« (1955) auf. Der gleichzeitig in Münster lehrende Freyer beschrieb die moderne Gesellschaft kulturkritisch als »sekundäres System« – sekundär deshalb, weil sie ein künstlich geschaffenes, rationales Gebilde darstellt, das den Menschen lediglich funktional definiert und ihn auf Kosten seiner Freiheit der Vermassung preisgibt (vgl. Wendland 1959: 129 ff., 170 ff.). Wendlands Sozialtheologie läuft somit darauf hinaus, die Erosion, denen die »göttlichen Fundamentalstiftungen« von Staat, Ehe und Arbeit (²1958: 81 f.; 1959: 167) durch das sekundäre System der Gesellschaft ausgesetzt sind, mit der Kategorie des Dämonischen zu deuten, d. h. als Ausdruck des kollektiven Machtcharakters der Sünde zu verstehen. Theologisch blieb dabei zu wenig berücksichtigt, dass auch die primären Institutionen durch die menschliche Sünde korrumpiert werden können. Und sozialtheoretisch klang hier mit kulturkonservativem Unterton noch immer die alte

---

[6] Zum ersten Mal programmatisch verwendet wurde der Terminus »Soziallehre« in der evangelischen Theologie der Nachkriegszeit wohl von dem in Tübingen zunächst als Dozent Religionsphilosophie und Sozialethik lehrenden Ernst Steinbach. Dessen höchst eigenwilliges Programm, die Gliederung des Sozialen aus den drei Gottestiteln »Herr«, »Meister« und »Vater« abzuleiten (Steinbach 1950), fand jedoch keine Resonanz.

Tönnies'sche Kontrastierung von »Gemeinschaft« und »Gesellschaft« an: Mit ihrer Opposition zur funktionalen Gesellschaft standen die fundamentalen Ordnungen in größerer Nähe zu primären Sozialgebilden vom Typ organischer Gemeinschaft, als es Wendland für sein Reformprojekt der 1950er Jahre lieb sein konnte.

Heinz Eduard Tödt, der 1963 den neuerrichteten Lehrstuhl für Systematische Theologie (Sozialethik) in Heidelberg übernahm, hat frühzeitig Kritik an einer theologischen Überhöhung soziologischer Gesellschaftsdiagnosen angemeldet. Tödt machte geradezu die Alternative »Theologie der Gesellschaft *oder* theologische Sozialethik« auf (1961). Wendlands späterer Nachfolger, Wolf-Dieter Marsch, witterte die Gefahr »christlicher Ideologie« (1958). Auch im Münsteraner Team herrschte Skepsis gegenüber einer totalisierenden eschatologischen Überbietungsperspektive, die mehr gegen die säkularisierte Zukunftshoffnung des Kommunismus gerichtet war, als dass ihre Relevanz für die konkrete sozialethische Urteilsbildung erkennbar gewesen wäre (Rendtorff 1997: 43 f.). Schon Wendland selbst bezog sich für die Aufgabe der normativen *Sozialethik* alsbald auf Brückenbegriffe, die zwischen Liebesgebot und allgemeinem Ethos vermitteln, wie »christliche Humanität« und »verantwortliche Gesellschaft«, aus denen sich Prinzipien eines »weltlichen Naturrechts« wie Freiheit, Gerechtigkeit, Solidarität und Menschenwürde ableiten ließen (vgl. 1959, ²1971).

4. Ausdifferenzierung

Systematisch und methodisch blieb in den Diskursen der 1960er Jahre vieles noch unscharf. Deutlich ist aber, dass sich die terminologische Abhebung einer Sozialtheologie gegenüber der Sozialethik nicht durchgesetzt hat. In der von Wendland 1958 begründeten Buchreihe »Studien zur evangelischen Sozialtheologie und Sozialethik« erschien der letzte Band 1962. An ihre Stelle trat 1967 die zusammen mit Heinz Eduard Tödt herausgegebene Reihe »Studien zur evangelischen Ethik«. Auch Wendland konnte sein Anliegen schlussendlich unter der Fachbezeichnung »Sozialethik« unterbringen (1966, ²1971). Der Terminus Soziallehre trat schon deshalb zurück, weil im Protestantismus die Verbindlichkeit konsensual erstellter kirchlicher Äußerungen zu gesellschaftspolitischen Fragen (etwa in Gestalt von »Denkschriften«) auf offene Verständigungsprozesse angewiesen ist und keine autoritative Geltung beansprucht (vgl. Honecker 1984). Seit der Nachkriegszeit und bis in die gegenwärtige politische Alltagssprache hinein signalisiert deshalb der Name »evangelische Sozialethik« die protestantisch-konfessionskulturelle Differenz gegenüber der »katholischen Soziallehre« mit ihrem grundlegenden Bezugspunkt in der lehramtlichen Sozialverkündigung der Kirche.[7] Außerdem stand »Sozialethik« in der evangelischen Theologie weiterhin für das Profil reformatorischer Ethik schlechthin, sofern sich für diese »Personalität und Sozialität einander bedingen« (Wolf 1975: 14). Oder aber man folgte der Tendenz, den Terminus mehr oder weniger unspezifisch als Synonym für die materiale oder konkrete Ethik im Ganzen in Anspruch zu nehmen (Honecker 1995, Körtner 1999).

In den letzten Jahrzehnten sind aber zwei Präzisierungen zu beobachten, die es ermöglichen, den Begriffsumfang schärfer abzugrenzen. Die *erste* Näherbestimmung begann sich bereits seit den 1980er Jahren durchzusetzen: Sozialethik wird jetzt konsequent als Sozial*strukturen*ethik verstanden, nämlich als *Ethik der Gesellschaft* im Sinn der Gesamtheit nach Regeln verfasster sozialer Institutionen – und zwar im Zuge der zunehmenden Vergesellschaftung des Politischen meist unter Einschluss des Staates. Exemplarisch sei auf die Konzeption verwiesen, die Arthur Rich im Rahmen seiner »Wirtschaftsethik« von 1984 entwickelt hat: Alle Ethik baut auf elementaren Grundbeziehungen menschlicher Existenz und ihnen entsprechenden Verantwortungsaspekten auf; Rich nennt hier – terminologisch zum Teil etwas eigenwillig – den »individualethischen« Aspekt der Verantwortung für sich selbst, die »personalethische« Dimension der Verantwortung für andere und den »umweltethischen« Gesichtspunkt der Verantwortung für die nichtmenschliche Natur. Rich knüpft damit in modifizierter Form an die traditionelle Pflichtentrias an,[8] um sie in die Sozialethik zu integrieren. Die Spezifik der Sozialethik jedoch bestehe darin, dass sie die genannten Verantwortungsaspekte in ihrer Vermittlung durch Institutionen bearbeitet, womit auch Institutionen als zu verantwortende Instanzen in den Blick kommen (vgl. Rich 1984: 57f.). Sozialethik fragt »nach *der strukturellen Ordnung des institutionell vermittelten Daseins*, die das verantwortlich sein wollende Leben von Einzelnen, Gruppen, Gesellschaften usf. in allen Ordnungsbezügen menschlicher Existenz, statt zu behindern, zu befördern vermag« (a. a. O.: 66).[9]

---

[7] Lexikografisch rezipiert durch die Lemmata der 4. Auflage der »Religion in Geschichte und Gegenwart«: einerseits Huber 1999, andererseits Anzenbacher 2001.

[8] Vgl. zu diesem Topos Korff 2016.

[9] Als ersten Beleg für diese Präzisierung der sozialethischen Fragestellung nennt Rich (a. a. O.: 71f., Anm. 1) den amerikanischen Theologen Reinhold Niebuhr (1911–1931/1977: 172). Im deutschen Sprachraum wäre auch Richs Lehrer Emil Brunner zu nennen, der als »Wahrheitskern« »der fatalen Unterscheidung von Individual- und Sozialethik« »die allerdings notwendige Unterscheidung der Personal- und Sozietätsethik« betrachtete, denn: »Etwas anderes ist es, ob ich mich ›zum Nächsten‹ unmittelbar oder mittels einer Ordnung, sei's Familie, Staat oder Beruf verhalte.« (1939/1978: 591, Anm. 2, vgl. 604, Anm. 5)

Diese Näherbestimmung erlaubt dann eine klarere Unterscheidung von der sog. Individualethik: Während es unter individualethischem Aspekt primär um die am guten Leben orientierte Lebensführung der Einzelnen geht, richtet sich die sozialethische Reflexion vor allem auf die Gerechtigkeit sozialer Ordnungen. Zwischen beiden Reflexionsgängen besteht somit ein Verhältnis der wechselseitigen Implikation: Die Verantwortung für die Gestaltung der institutionellen Strukturen muss genauso als Aufgabe der individuellen Lebensführung begriffen werden, wie umgekehrt die Auswirkungen gesellschaftlicher Strukturen auf die menschlichen Grundbeziehungen zu bedenken sind. Sozial- und Individualethik bezeichnen also nicht getrennte Teilgebiete der Ethik, sondern komplementäre Perspektiven.

Für die unterschiedlichen Teilgebiete der Ethik, die – wie Politische Ethik, Rechtsethik, Bioethik, Wirtschaftsethik usw. – der Ausdifferenzierung gesellschaftlicher Funktionsbereiche entsprechen, hat sich dagegen seit geraumer Zeit die Bezeichnung »Bereichsethiken« etabliert (Honecker 1999). Vor diesem Hintergrund versteht sich eine *zweite*, jetzt neue Näherbestimmung, die wir in unserem Handbuch der Evangelischen Ethik von 2015 vorgeschlagen haben: Torsten Meireis hat dort eine eigene, als Bereichsethik konzipierte, aber von der Wirtschaftsethik unterschiedene »Ethik des Sozialen« skizziert, die mit der Chancenverteilung beim Zugang zu materiellen Gütern, sozialen Gestaltungsmöglichkeiten und sozialer Anerkennung befasst ist (Meireis 2015). Zu ihren Themen gehören demnach Fragen der Wohlfahrtsstaatlichkeit, der Bildungsgerechtigkeit sowie positiver und negativer Diskriminierung.

Auf dem aktuellen Stand der Begriffsentwicklung erhalten wir also folgende Terminologie: Sozialethik im weiteren Sinn steht als Teil*perspektive* ethischer Reflexion für die Gesellschaftsethik, also die Ethik der gesellschaftlichen Strukturen und Institutionen. Sozialethik im engeren Sinn bezieht sich als Teil*gebiet* der theologischen Subdisziplin Ethik auf die Ethik des Sozialen. Ob dieser Sprachgebrauch rezipiert werden wird, bleibt abzuwarten.

5. Institutionalisierung

Sieht man von dem Sonderfall des 1931 in Marburg für den religiösen Sozialisten Georg Wünsch errichteten ersten Lehrstuhls für Sozialethik ab, so setzte die Institutionalisierung des Faches an den deutschen evangelisch-theologischen Fakultäten – außeruniversitäre Einrichtungen[10] und das deutschsprachige Ausland müssen hier außer Acht bleiben – erst in den Jahren nach dem Zweiten

---

[10] In kirchlicher Trägerschaft wären hier vor allem das Sozialwissenschaftliche Institut der EKD (1969 bis 2004 SWI in Bochum, seit 2004 SI in Hannover) und die Forschungsstätte der Evangelischen Studiengemeinschaft (seit 1957 FEST in Heidelberg) zu nennen.

Weltkrieg ein. In aller Regel dürfte die Benennung von Institutionen beständiger sein, als die fluide Semantik wissenschaftlicher Diskurse. Umso mehr ist von Interesse, dass in drei herausgehobenen Fällen früher oder später Namensänderungen zu beobachten sind.

Der *erste* Fall betrifft die älteste Einrichtung, nämlich das von Heinz-Dietrich Wendland in Münster gegründete »Institut für Christliche Gesellschaftswissenschaften«.[11] Genauer gesagt: Während in der Wendlands Berufung vorausgehenden Korrespondenz die Bezeichnungen für das Lehrgebiet noch munter durcheinander gingen, bemühte sich der Umworbene bei der Fakultät vor allem um eine Erweiterung seines Ordinariats auf das Neue Testament, um nicht, wie er zunächst befürchtete, auf ein »Randfach« eingeschränkt zu sein. Allerdings vergeblich: Im Mai 1955 wurde Wendland auf den neu errichteten Lehrstuhl für »Christliche Sozialwissenschaft« (sic!) berufen.[12] Das ihm angeschlossene Institut trug zunächst fast denselben, nur im Plural gefassten Namen: »Institut für Christliche Sozialwissenschaften«. Ein Institut desselben Namens existierte bereits seit einigen Jahren in der Münsteraner Katholisch-Theologischen Fakultät und wurde vom späteren Kardinal Joseph Höffner geleitet.[13] Die Neuerrichtung in der Evangelisch-Theologischen Fakultät erfolgte nicht nur im Interesse konfessionellen Gleichstands, sondern übernahm, wie man sieht, auch das Türschild von Höffners Institut gleich mit. Bei der Beantragung des Dienstsiegels jedoch teilte der Universitätskurator – wohl kaum ohne vorangegangene katholische Intervention – der evangelischen Fakultät mit, er halte es für zweckmäßig, »wenn aus der Anschrift der beiden Institute ein Unterschied zu ersehen wäre«[14]. Bald darauf schrieb Wendland seinem Dekan: »Der Name, auf den Herr Höffner und ich uns vorläufig geeinigt haben, Ihre Zustimmung etc. vorbehalten, lautet: ›Wichern-Institut für christliche Gesellschaftswissenschaften‹. Unser Anspruch auf das Wort christlich ist also aufrecht erhalten, obwohl H. Höffner sicher lieber ›evangelisch‹ sehen würde.«[15] Der offenbar als Protestantismusmarker vorgese-

---

[11] Vgl. zur Gründungsgeschichte des Instituts: Rendtorff 1997; Reuter 2001: 5–10; Rendtorff 2007: 14–39.

[12] Der Kultusminister des Landes Nordrhein-Westfalen an Wendland, Brief vom 13. Mai 1955 (Nachlass Wendland, ULB Münster, Kapsel 33, 14).

[13] Diese Bezeichnung war (und ist) selbst in der katholischen Theologie relativ singulär. Sie hing auch damit zusammen, dass Höffners Institut eine ältere Vorgeschichte mit Verankerung in der Rechts- und Staatswissenschaftlichen Fakultät besaß; vgl. dazu Hermanns 2002.

[14] Der Kurator der Universität Münster an den Dekan der Evangelisch-Theologischen Fakultät, Brief vom 2. Febr. 1956 (Universitätsarchiv Münster, Bestand 11, Nr. 103).

[15] Wendland fuhr fort: »Ein Schönheitsfehler ist das doppelte Vorkommen der Silbe ›schaft‹. Aber Gesellschaftslehre, Soziallehre, Sozialethik sind zu enge Bezeichnungen, weswegen ich sie gern vermieden sehen möchte; außerdem sind die Zusammensetzungen mit

hene Zusatz »Wichern« wurde im weiteren Prozedere wieder fallen gelassen, so dass die Einrichtung ab Mai 1956 unter »Institut für Christliche Gesellschaftswissenschaften (ICG)« firmierte.[16] Das ICG gewann Pionierfunktion für die Etablierung der ihres Namens noch ungewissen Fachrichtung im Nachkriegsdeutschland – auch deshalb, weil es als Rekrutierungsstätte für eine beachtliche Anzahl der nachfolgenden Generation evangelischer Sozialethiker diente.

Seinen im Kosmos evangelischer Theologie ungewöhnlichen Namen behielt das Institut länger als viereinhalb Jahrzehnte. 2004 hat unsere Fakultät auf meinen Antrag Institut und Professur umbenannt, um den Lehr- und Forschungsbereich unter den Bedingungen aktueller wissenschaftlicher Kommunikation deutlicher zu annoncieren: Erstens erschienen in der Wortverbindung »Christliche Gesellschaftswissenschaften« die normativ-evaluative und die deskriptiv-analytische Dimension auf heute irritierende Weise kurzgeschlossen – ging es um christliche Wissenschaft oder um die Wissenschaft von den gesellschaftlichen Folgen des Christentums? Zweitens war es in Anbetracht der seit den 1980er Jahren boomenden Ethik-Konjunktur ganz inopportun, die Zuständigkeit für das Gesamte des Faches im Institutstitel zu verschweigen. Drittens aber wollten wir das Institutsprogramm für die interdisziplinär ausgerichtete, theoriegeleitete Vermittlung von ethisch-normativer Orientierung und empirisch-sozialwissenschaftlicher Analyse offen halten. Deshalb also der neue Name »Institut für Ethik und angrenzende Sozialwissenschaften (IfES)« der Evangelisch-Theologischen Fakultät. Der zugehörige Lehrstuhl erhielt die davon unterschiedene Bezeichnung »Professur für Theologische Ethik«.

Der *zweite* Fall ist Tübingen. Dort wurde 1957 ein »Institut für Christliche Gesellschaftslehre« eingerichtet, das auf einen Antrag des Extraordinarius für Religionsphilosophie und Sozialethik, Ernst Steinbach, zurückging. Steinbach begründete dies ausdrücklich mit Verweis auf die »längst institutionalisierte Soziallehre der römisch-katholischen Theologie«[17]. 2002 erfolgte die Umbenennung in »Institut für Ethik«. Der damalige Direktor, Eilert Herms, begründet die Namensänderung wie folgt: »Das Epitheton ›christlich‹ könnte Zugang und Beteiligung an der allgemeinen Ethik-Debatte erschweren, bzw. als Dementi der Absicht missverstanden werden, zum allgemeinen öffentlichen Ethik-Diskurs beizutragen«. Zwar vollziehe sich, so Herms, unter pluralistischen Bedingungen

---

›lehre‹ in der Öffentlichkeit nicht geläufig. Andererseits ist ›Gesellschaft‹ als ganz umgreifender Terminus für die Gesamtheit aller sozialen Institutionen, Bewegungen etc. allgemein bekannt und eingeführt und speziell in der Soziologie, Sozialphilosophie usw. tausendfach täglich gebraucht«; Wendland an den Dekan der Evangelisch-Theologischen Fakultät, Brief vom 24. Febr. 1956 (Universitätsarchiv Münster, Bestand 11, Nr. 103).

[16] Der Kurator der Universität an Wendland, Brief vom 15. Mai 1956 (Universitätsarchiv Münster, Bestand 11, Nr. 103).

[17] Mitgeteilt bei Bayer 1986: 247, Anm. 70.

jede ethische Urteilsbildung im Rahmen je perspektivischer Wirklichkeitsdeutungen, doch solange diese außerhalb der Theologie von niemand sonst durch die institutionelle Nomenklatur offen gelegt werde, müsse man dem nicht einseitig und unter Inkaufnahme kommunikativer Nachteile folgen.[18] Diese Abwägung des Pro und Contra ist bemerkenswert, weil Herms' eigene Herleitung sozialer Ordnung aus dem christlichen Existenzverständnis programmatisch darauf hinausläuft, die Konzeption einer Christlichen Gesellschaftslehre unter modernen Bedingungen – in seinem Fall: in Anlehnung an die Güterethik Friedrich Schleiermachers – einzulösen (z. B. Herms 1991 u. ö.). Ebenso wie wir in Münster war man jedoch in Tübingen der Meinung, durch die Lokalisierung in der Evangelisch-Theologischen Fakultät sei im Institutsnamen eine explizite Bezugnahme auf das Christliche verzichtbar.

Das *dritte* Exempel betrifft einen Lehrstuhl: In Heidelberg war das neue, 1963 mit meinem Lehrer Heinz Eduard Tödt besetzte Ordinariat für Systematische Theologie (Sozialethik) nominiert. Unter seinem Nachfolger Wolfgang Huber wurde es schon Mitte der achtziger Jahre umgewidmet in Systematische Theologie (Ethik). Damit sollte dem Missverständnis gewehrt werden, Sozialethik sei ein eigenes, von der Individualethik getrenntes Fachgebiet. Lieber als von Sozialethik spricht Huber darum heute (2022: 69 ff.) von Institutionenethik und unterscheidet davon – im Sinn einer Differenzierung der Handlungsebenen – die professionsethische und die personalethische Perspektive.

Was lehrt nun der Rückblick auf diese drei frühen Gründungen und späteren Namensänderungen? Ich denke dreierlei:

Erstens: Die Gründungsdenominationen der 1950er und 60er Jahre waren Ausdruck ihrer Zeit. Oft knüpften sie paritätisch an das Vorbild katholischer Fakultäten an. Dort herrschte damals der Name Christliche Gesellschaftslehre vor – als Bezeichnung für eine von der Moraltheologie abgegrenzte Disziplin, deren Anspruch ursprünglich dahin ging, eine eigenständige Gesellschaftstheorie zu bieten, die auf dem neothomistischen Naturrecht basierte.

Zweitens: Bei den drei Beispielen für Umbenennungen, die wir kurz betrachtet haben, war die durch die allgemeine Wissenschaftsentwicklung und das gewachsene öffentliche Interesse motivierte Absicht erkennbar, die Ausrichtung auf das Fach Ethik in seinem Gesamtumfang deutlich zu machen. Freilich setzt dies voraus, dass eine solche Gesamtzuständigkeit auch durch die fakultätsspezifische Verteilung der Lehr- und Forschungsaufgaben gegeben ist – wie das in Heidelberg, Tübingen und Münster tatsächlich der Fall war und ist.

Drittens: Damit kommt als weitere Randbedingung der Namensgebung die disziplinäre Struktur der jeweiligen Fakultät ins Spiel. Türschilder hängen ja manchmal auch davon ab, wer sonst noch das Haus bewohnt: Dort, wo die Ethik bereits mit einem anderen Lehrstuhl im Gebiet der Systematischen Theologie

---

[18] Eilert Herms an den Vf., Email vom 20. August 2022.

verknüpft ist, liegt dann für die Ausgliederung der gesellschaftsethischen Fragen eine speziellere Fachbezeichnung nahe.

Diese Beobachtung führt wieder nach Bochum: Denn in der Evangelisch-Theologischen Fakultät (damals: Abteilung) der 1965 eröffneten Ruhr-Universität gab es bereits zwei Professuren für Systematische Theologie – davon eine mit dem Schwerpunkt Ethik – , als sieben Jahre später ein weiterer systematischer Lehrstuhl besetzt wurde, der sich unter dem Namen »Christliche Gesellschaftslehre« insbesondere der sozioökonomischen Probleme des Ruhrgebiets annehmen sollte (vgl. Jähnichen/Friedrich 1998: 148 f.). Zieht man in Betracht, dass sich in der theologischen Wissenschaftskultur des deutschen Protestantismus noch nicht einmal die relative Eigenständigkeit der Ethik gegenüber der Dogmatik überall herumgesprochen hat, so darf sich Bochum glücklich schätzen, über eine so differenzierte Vertretung unseres Faches zu verfügen. Ob freilich die Namensgebung, die dem Jubilar vor 50 Jahren zuteilwurde, heute genauso, nämlich in Parallelität zur katholischen Schwesterfakultät, ausfallen würde, sei dahingestellt. Auch auf katholischer Seite besteht ja seit den 1980er Jahren die Tendenz, »den Begriff der *Lehre* [...] in der Selbstbezeichnung der Disziplin durch *Ethik* zu ersetzen« (Heimbach-Steins 2019: 647). Weit wichtiger aber als die Verpackung ist der Inhalt – nämlich das Profil und das Gewicht der hier über fünf Jahrzehnte unter Günter Brakelmann und Traugott Jähnichen mit allen Mitarbeitenden geleisteten Arbeit. Dazu aus Münster mein herzlicher Glückwunsch – oder wie man hierzulande sagt: Glückauf!

Literatur

Anzenbacher, Arno: Art. Katholische Soziallehre, RGG[4] Bd. 4, Tübingen: Mohr-Siebeck 2001, 885–888.

Bayer, Oswald: Für eine bessere Weltlichkeit. Ernst Steinbach zum Gedenken, in: ZThK 83 (1986), 238–260.

Böhme, Monika: Die Moralstatistik. Ein Beitrag zur Geschichte der Quantifizierung in der Soziologie – dargestellt an den Werken Adolphe Quetelets und Alexander von Oettingens, Köln/Wien: Böhlau 1971.

Brunner, Emil: Das Gebot und die Ordnungen. Entwurf einer protestantisch-theologischen Ethik (1939), Zürich: Theologischer Verlag Zürich [4]1978.

Bruns, Katja/Dietzel, Stefan: Heinz-Dietrich Wendland (1900–1992). Politisch-apologetische Theologie, Göttingen: Edition Ruprecht 2017.

Dahm, Karl-Wilhelm/Marhold, Wolfgang: Theologie der Gesellschaft. Der Beitrag Heinz-Dietrich Wendlands zur Neukonstruktion der Sozialethik, in: ZEE 34 (1990), 174–191.

Drescher, Hans-Georg: Zur Entstehung von Troeltschs »Soziallehren«, in: Friedrich-Wilhelm Graf/Trutz Rendtorff (Hg.), Ernst Troeltschs Soziallehren. Studien zu ihrer Interpretation, Gütersloh: Gütersloher Verlagshaus 1993, 11–26.

[von Frank, Franz Hermann Reinhold]: Ueber Socialethik, in: ZPK NF 60 (1870), 75–109.
Geck, Adolph: Über das Eindringen des Wortes »sozial« in die deutsche Sprache, Göttingen: Otto Schwartz 1963.
Graf, Friedrich-Wilhelm: Art. Sozialethik, in: HWP Bd. 9, Basel: Schwabe 1995, 1134–1138.
Graf, Friedrich-Wilhelm: Einleitung, in: Ernst Troeltsch, Die Soziallehren der christlichen Kirchen und Gruppen (1912), Kritische Gesamtausgabe (KGA) Bd. 9, Berlin/Boston: de Gruyter 2021, 1–72.
Heimann, Eduard: Wirtschaftssysteme und Gesellschaftssysteme, Tübingen: Mohr Siebeck 1954.
Heimbach-Steins, Marianne: Art. Katholische Soziallehre, in: Staatslexikon Bd. 3, Freiburg/Basel/Wien: Herder [8]2019, 646–657.
Hermanns, Manfred: Berufung Joseph Höffners und Gründung des Instituts für Christliche Sozialwissenschaften, in: Karl Gabriel (Hg.), Kirche – Staat – Wirtschaft auf dem Weg ins 21. Jahrhundert. 50 Jahre Institut für Christliche Sozialwissenschaften, Münster: Lit 2002, 48–84.
Herms, Eilert: Grundzüge eines theologischen Begriffs sozialer Ordnung, in: Ders., Gesellschaft gestalten. Beiträge zur evangelischen Sozialethik, Tübingen: Mohr Siebeck 1991, 56–94.
Honecker, Martin: Sind Denkschriften »kirchliche Lehre«?, in: ZThK 81 (1984), 241–263.
Honecker, Martin: Grundriß der Sozialethik, Berlin/New York: de Gruyter 1995.
Honecker, Martin: Von der Dreiständelehre zur Bereichsethik. Zu den Grundlagen der Sozialethik, in: ZEE 43 (1999), 262–276.
Huber, Wolfgang: Art. Evangelische Sozialethik, in: RGG[4] Bd. 2, Tübingen: Mohr Siebeck 1999, 1723–1727.
Huber, Wolfgang: »Es geht vielmehr um eine Lebenshaltung« – Wolfgang Huber im wissenschaftsbiographischen Gespräch mit Christian Albrecht, Reiner Anselm u. Hans Michael Heinig, Tübingen: Mohr Siebeck 2022.
Jähnichen, Traugott/Friedrich, Norbert: Krisen, Konflikte und Konsequenzen – Die 68er Bewegung und der Protestantismus an der Ruhr-Universität Bochum, in: Westfälische Forschungen 48 (1998), 127–155.
Jellinek, Georg: Allgemeine Staatslehre, 1. Bd., Berlin: Häring [2]1905.
Kany, Roland: Exkurs: Zum Ursprung der Begriffe Individual- und Sozialethik aus der Pflichtentrias, in: Wilhelm Korff/Markus Voigt (Hrsg.), Gliederungssysteme angewandter Ethik. Ein Handbuch, Freiburg i. Br.: Herder 2016, 600–606.
Kaufmann, Franz-Xaver: Sozialpolitisches Denken. Die deutsche Tradition, Frankfurt a. M.: Suhrkamp 2003.
Körtner, Ulrich: Evangelische Sozialethik, Göttingen: Vandenhoeck & Ruprecht 1999.
Korff, Wilhelm: Von der Pflichtenkreislehre zur Verantwortungsethik, in: Ders./Markus Voigt (Hrsg.), Gliederungssysteme angewandter Ethik. Ein Handbuch, Freiburg i. Br. 2016, 596–610.
Linnenbrink, Günter: Die Sozialethik Alexander von Oettingens. Die Moralstatistik und ihre Bedeutung für den Entwurf einer christlichen Soziallehre, Diss. Münster 1961.
Linnenbrink, Günter: Die »Sozialethische Weltansicht« Alexander von Oettingens. Ein Beitrag zur Geschichte der evangelischen Sozialethik, in: Heinz-Dietrich Wendland

(Hrsg.), Sozialethik im Umbruch der Gesellschaft, Göttingen: Vandenhoeck & Ruprecht 1969, 180–197.

Marsch, Wolf-Dieter: Rezension von Wendland, Heinz-Dietrich, Die Kirche in der modernen Gesellschaft, 2. Aufl. Hamburg 1958, in: MPTh 47 (1958), 331 f.

Meireis, Torsten: Ethik des Sozialen, in: Ders.; Wolfgang Huber/Hans-Richard Reuter (Hrsg.), Handbuch der Evangelischen Ethik, München: C. H. Beck 2015, 265–329.

von Nathusius, Martin: Die Mitarbeit der Kirche an der Lösung der sozialen Frage. Auf Grund einer kurzgefaßten Volkswirtschaftslehre und eines Systems der christlichen Gesellschaftslehre (Sozialethik), Leipzig: Hinrichs ^{3}1904.

Niebuhr, Reinhold: His Early Writings, 1911–1931, ed. by William G. Chrystal, Saint Louis: Eden Publishing House 1977.

von Oettingen, Alexander: Die Moralstatistik in der wissenschaftlichen Bedeutung für eine Socialethik, in: DZTK 9 (1867), 461–538.

von Oettingen, Alexander: Die Moralstatistik und die christliche Sittenlehre. Versuch einer Socialethik auf empirischer Grundlage. I. Theil: Die Moralstatistik. Inductiver Nachweis der Gesetzmässigkeit sittlicher Lebensbewegung im Organismus der Menschheit, Erlangen: Deichert 1868.

von Oettingen, Alexander: Die Moralstatistik und die christliche Sittenlehre. Versuch einer Socialethik auf empirischer Grundlage. II. Theil: Die christliche Sittenlehre. Deductive Entwickelung der Gesetze christlichen Heilslebens im Organismus der Menschheit, Erlangen: Deichert 1873.

von Oettingen, Alexander: Die Moralstatistik in ihrer Bedeutung für eine Socialethik, Erlangen: Deichert ^{2}1874, ^{3}1882.

Plonz, Sabine: Fehlanzeige Öffentliche Gesundheit? Eine historisch-kritische Studie zum bevölkerungs- und geschlechterpolitischen Profil des Wohlfahrtsstaats und der deutsch-lutherischen »Sozialethik«, in: Öffentliche Gesundheit (Jahrbuch Sozialer Protestantismus Bd. 14), Leipzig: Evangelische Verlagsanstalt 2022, 233–270.

Põder, Thomas-Andreas: Solidarische Toleranz. Kreuzestheologie und Sozialethik bei Alexander von Oettingen, Göttingen: Vandenhoeck & Ruprecht 2016.

Rendtorff, Trutz: Sozialethik auf Standortsuche. Unerledigte Fragen einer dissensträchtigen Disziplin – Zum Gedenken an Heinz-Dietrich Wendland, in: Karl-Wilhelm Dahm (Hrsg.), Sozialethische Kristallisationen. Studien zur verantwortlichen Gesellschaft, Münster: Lit 1997, 31–48.

Rendtorff, Trutz: Ethik in der reflexiven Moderne. Beobachtungen zur Sozialethik einst und jetzt, in: Reuter 2007: 14–39.

Reuter, Hans-Richard (Hrsg.): Übergang. 45 Jahre Institut für Christliche Gesellschaftswissenschaften, Münster: Lit 2001.

Reuter, Hans-Richard (Hrsg.): 50 Jahre Ethik im sozialen Kontext. Festakt zum Jubiläum des Instituts für Ethik und angrenzende Sozialwissenschaften Münster, Münster: Lit 2007.

Rich, Arthur: Wirtschaftsethik. Grundlagen in theologischer Perspektive, Gütersloh: Gütersloher Verlagshaus 1984.

Steinbach, Ernst: Theologie als Soziallehre, in: ZThK 47 (1950), 94–105.

Tödt, Heinz Eduard: Theologie der Gesellschaft oder theologische Sozialethik? Ein kritischer Bericht über Wendlands Versuch einer evangelischen Theologie der Gesellschaft, in: ZEE 5 (1961), 211–241.

Troeltsch, Ernst: Die Soziallehren der christlichen Kirchen und Gruppen (1912), Kritische Gesamtausgabe (KGA) Bd. 9, Berlin/Boston: de Gruyter 2021.

Troeltsch, Ernst: Die Sozialphilosophie des Christentums, Zürich: Seldwyla 1922.

Walther, Christian: Art. Soziallehre, in: ESL, Stuttgart: Kreuz ^{7}1980, 1184.

Wendland, Heinz-Dietrich: Zur Grundlegung der christlichen Sozialethik, in: ZSTh 7 (1929), 22–56.

Wendland, Heinz-Dietrich: Die Kirche in der modernen Gesellschaft. Entscheidungen für das kirchliche Handeln im Zeitalter der Massenwelt (1956), Hamburg: Furche ^{2}1958.

Wendland, Heinz-Dietrich: Botschaft an die soziale Welt. Beiträge zur christlichen Sozialethik der Gegenwart, Hamburg: Furche 1959.

Wendland, Heinz-Dietrich: Art. Soziallehre, in: ESL, Stuttgart: Kreuz ^{3}1965, 1138–1139.

Wendland, Heinz-Dietrich: Art. Sozialethik, in: ESL, Stuttgart: Kreuz 1966, 2046–2053.

Wendland, Heinz-Dietrich: Die Kirche in der revolutionären Gesellschaft, Gütersloh: Gütersloher Verlagshaus 1967.

Wendland, Heinz-Dietrich: Einführung in die Sozialethik, Berlin: de Gruyter ^{2}1971.

Wolf, Ernst: Sozialethik. Theologische Grundfragen, hrsg. von Theodor Strohm, Göttingen: Vandenhoeck & Ruprecht 1975.

»Stell Dir vor, ›Kirche‹ spricht, und keiner will's hören!«
Zur Neujustierung öffentlichen Redens der Kirche angesichts ihres Bedeutungsverlustes[1]

Peter Dabrock

»Stell Dir vor, ›Kirche‹ spricht, und keiner will's hören.« Vielen von uns, gerade auch den etwas Älteren, kommt bei einem Satz der Form »stell Dir vor, [...] und keiner« sofort und selbstverständlich die von mir gewollte Assoziation: »Stell Dir vor, es ist Krieg, und keiner geht hin!« in den Sinn. Während bis Februar 2022 diese Anspielung möglicherweise ein romantisch angehauchtes Schmunzeln hervorgerufen hätte,[2] geht es uns in diesen Tagen ganz klar anders. Der Satz drückt in diesen Tagen eher ein schmerzliches Sehnen aus. Denn während wir in Deutschland – in dieser Hinsicht – durchatmen dürfen, fliegen nur 1200 km östlich (noch immer) die Bomben. So viele unschuldige Menschen werden im Angriffskrieg Putins und Russlands auf die Ukraine getötet, werden gefoltert, beraubt, erleben sexualisierte Gewalt. Wie schön wäre es, es wäre Krieg und keiner ginge hin.

Im Kontext von sozialem Protestantismus wie öffentlicher Theologie und Kirche erheben sich daher sogleich die Fragen: »Und Kirche?! Was magst Du zu all dem sagen? Hast Du was zu sagen? Wem hast Du etwas zu sagen? Wer von Dir und in Dir darf in ›Deinem‹ Namen sprechen?« Ich bin überzeugt: »Ja, sie hat etwas zu sagen!« Es gab und es gibt kluge und weiterführende Stellungnahmen zum russischen Angriffskrieg von Seiten der Kirche. Die Ex-Ratsvorsitzende der EKD Annette Kurschus bspw. hat m. E. vielfach sehr nachdenkliche Statements abgegeben, die sich den Stereotypen »Friedenstauben vs. Scharfmacher« wohltuend entzogen (vgl. Kurschus 2022; Kurschus 2023). Die Richtung ihrer Stellungnahmen war: Die Kirche sieht Krieg immer als Niederlage der Menschlichkeit an.

---

[1] Festrede beim Abend der Begegnung 2023 der Evangelisch-Lutherischen Landeskirche in Braunschweig am Dienstag, 23. Mai 2023; erstmals abgedruckt in: epd-Dokumentation 25/2023, 4–10; für die hiesige Publikation wurde der Text um Literaturhinweise erweitert.

[2] Selbst diese Reaktion zeugt von einer eigentümlichen, eurozentrischen Perspektive. Denn selbstverständlich haben kriegerische Konflikte in globalhistorischer Perspektive nie aufgehört.

Gerechter Frieden ist mehr als Waffenstillstand. Auch das Scheitern von gerechten Friedenswegen im Angesicht eines brutalen, rücksichtslosen Aggressors und die daraus resultierende Notwendigkeit rechts- und territorialerhaltender Verteidigungsgewalt wie ihrer Unterstützung wurden von ihr nicht verschwiegen, aber eben immer auch als Niederlage des Guten schmerzlich gedeutet. Schließlich und erst recht, wo so viele vermeintlich zu wissen meinen, was Sache ist, wagt sie das Eingeständnis, dass wir oft nicht wüssten, was richtig sei, aber dennoch gehandelt werden müsse, weil auch Unterlassen Verantwortung nach sich zöge. In der aufgeheizten Stimmung bei der Deutung des fürchterlichen Kriegsgeschehens und im Ringen um Waffenlieferungen hätte es der Gesellschaft gutgetan, solche Stimmen noch intensiver wahrzunehmen und ihre Worte intensiver zu bedenken. Doch, wenn wir ehrlich sind, trifft zwar zu: »Es ist Krieg! Und zu viele gehen hin!«; aber es gilt leider auch: »Die Kirche spricht, und keiner will's hören!«

Die Formulierung »[...] keiner will's hören!« ist selbstverständlich überspitzt – eine rhetorische Hyperbel. Aber in der Überspitzung bricht sich der kaum zu leugnende Eindruck Bahn, dass die öffentliche Bedeutung der Kirchen dramatisch abgenommen hat und der zivilgesellschaftliche und politische Resonanzraum von Kirche immer kleiner wird. Für Menschen, die auf die eine oder andere Weise der Kirche verbunden sind, ist diese bittere Einsicht in den massiven Vertrauensverlust, dem sich Kirche ausgesetzt sieht, überraschungsfrei. Schaut man – was zur Einordnung bisweilen hilft – in die Geschichte, findet sich die Klage über Kirchenaustritte, abnehmenden Gottesdienstbesuch und sinkenden Einfluss zumindest in Deutschland in den letzten 200 Jahren als Cantus firmus, wenn über Kirche nachgedacht wird: Schleiermacher, Fichte, Hegel, Troeltsch, Barth – alle, um nur einige zu nennen, haben diesen Abgesang in ihrem theologischen Reflexionskoffer (vgl. Rendtorff 1970: 35–46). Und doch lebt Kirche immer noch, auch im Jahr 2023. Aber man sollte sich nicht zu leichtfertig auf Artikel 3 des Rheinischen Grundgesetzes berufen: »Et hätt noch emmer joot jejange.« (o. V. 2023) Denn: Das Ausmaß und die Geschwindigkeit des Wegbrechens kirchlichen Einflusses erschüttert, erschüttert auch mich, nicht nur als Christ und als Theologieprofessor, sondern auch als Bürger des Landes, das immerhin – mit allerlei Auf und Ab ein religionsverfassungsrechtliches und religionspolitisches Modell cum grano salis etabliert hat, dessen Gemeinsinnkultivierung immerhin knapp 70 Jahre nicht nur, aber auch profitiert hat vom Mitwirken der großen Kirchen in Staat und Gesellschaft. Da gibt es Grund zur Besorgnis, wenn in einer so wichtigen bioethisch und gesellschaftlich relevanten Kommission wie der zur »reproduktiven Selbstbestimmung und Fortpflanzung« zum ersten Mal in der Geschichte der Bundesrepublik (wenn ich es recht sehe) die Kirche nicht gebeten wurde, Vertreter und Vertreterinnen zu benennen.

Nun hilft alles Wehklagen nicht. Auch Fatalismus erscheint mir nicht angebracht. Selbst wenn man in der näheren Zukunft nicht optimistisch ist, sollten

Christinnen und Christen hoffnungsfroh bleiben.[3] Damit aber Hoffnung nicht in Selbsttäuschung abdriftet, empfiehlt es sich, auf nüchternem Boden eine Analyse der Gründe des Bedeutungsverlustes vorzunehmen (vgl. Kap. I) und darauf aufsetzend Einstellungsmuster im Umgang mit der Krise zu prüfen (vgl. Kap. II) und entsprechende konkrete Handlungsempfehlungen zu bedenken (vgl. Kap. III).

I. Das Krisenkonglomerat des Vertrauensverlustes der Kirchen

Wenn man versucht zu verstehen, was zu der jetzigen kumulierten Krisenlage der Kirchen beigetragen hat und beiträgt, mag man einen Unterscheidungsgestus von Niklas Luhmann aufgreifen und noch etwas weiterführen, indem man bei der Beantwortung einer Fragestellung zwischen deren Zeit-, Raum-, Sach- und Sozialdimension unterscheidet, aber diese Dimensionen nicht voneinander trennt. Jedenfalls lassen sich lang-, mittel- und kurzfristige Aspekte der Religions- und Kirchenkrise unterscheiden, die sich zudem sachlich und sozial unterschiedlich auswirken – es bei uns im kulturell »westlich« genannten Europa anders tun als in anderen Teilen des Kontinents und erst recht als in anderen Weltgegenden (in denen Religionen blühen). Auch bei uns gilt es Unterschiede zu beachten zwischen West- und Ost-, Süd- und Norddeutschland, Stadt und Land (vgl. Pollack und Rosta ²2022). Selbst wenn man diese Differenzierungen im Blick hat, wird man nicht leugnen können, dass der langfristige Trend der sog. Säkularisierung direkte, ungefilterte Religionspraxis nicht unmöglich, aber weniger selbstverständlich macht als früher. Der akademische Streit um die sog. Säkularisierungsthese, also die Frage, ob der moderne Mensch überhaupt noch religiös sein könne, geht ohne präzise Orts-, Zeit- und Sozialangaben am Kern der Sache vorbei. Detlef Pollack bspw. hat Recht, dass die Bedeutung der Religion in einer immer komplexeren Gesellschaft nachlässt – wie eben aller praktisch als selbstverständlich oder naturwüchsig erscheinenden Institutionen (vgl. Pollack et al. 2023). Auch Gewerkschaften, Gesangsvereine oder Familienbilder werden nicht als gegeben und erst recht nicht als gottgegeben wahrgenommen und anerkannt – so läuft es seit Dezennien. Das erhöht den Druck auf sie. Damit sind sie aber auch in ihrem tradierten und erst recht nicht in einem für eine moderne Gesellschaft adaptierten Dispositiv irrational. Möglicherweise bieten sie sogar unter veränderten Bedingungen für sie selbst und andere neue Möglichkeiten, sich neu zu erfinden. Genau darauf weist mit Beharrlichkeit seit vielen Jahren der kirchenaffine, genauer: der katholischen Kirchen gegenüber affine Sozialtheo-

---

[3] Vgl. im Anschluss an Eagleton 2016 Dabrock 2022b.

retiker Hans Joas hin, zuletzt in seinem jüngst erschienenen Buch: »Warum Kirche?« – dazu gleich mehr (vgl. Joas 2022).

Wo immer man sich im Streit um die Säkularisierungsthese positioniert, ob man also in ihr den Untergang traditioneller oder die Chance sich auf ihre Eigenarten besinnender modernitätssensibler Religion und Kirche sieht, wird man nicht leugnen können: Sich zu ihr zu bekennen, ist – wie der bedeutendste Deuter der Säkularisierungsdynamiken, der kanadische Philosoph Charles Taylor, betont – zu einer Option geworden (vgl. Taylor 2007). Und das bedeutet zumindest ein zweifaches: Erstens ist nichts mehr selbstverständlich und könnte – Musils »Mann ohne Eigenschaften« lässt grüßen[4] – auch ganz anders sein. Und zweitens meint Optionalität eben immer auch Entscheidungsnotwendigkeit. Entscheidungsnotwendigkeit wiederum erfordert ein explizites: »Ich bin dafür«, wenn man sich zur Kirche zugehörig fühlt. Das hat Vor-, aber eben auch Nachteile. Als ein Nachteil lässt sich festhalten, dass niemand mehr mit einer erbhaften Zugehörigkeit zur Kirche rechnen kann. Dort, wo pro-aktive Entscheidungen relevanter werden, drängt sich die Vermutung auf, dass sich die Zahl der Mitglieder verstärkt verringert (Pollack 2022).

Glaubwürdigkeit, von innen gelebt und von außen zugesprochen, attrahiert dagegen immer noch, setzt aber auch höhere Erwartungen in die individuelle wie soziale Praxis und Praxistheorie des Glaubens. Umso schwerer wiegt es, wenn es den Kirchen seit über 13 Jahren – und das ist bedauerlicher- resp. erschütternderweise keine kurz-, sondern inzwischen eine mittelfristige Zeitangabe – nicht gelingt, die eben 2010 das erste Mal auf breiter Front bekannt gewordenen Fälle sexualisierter Gewalt glaubwürdig zu bearbeiten und den überzeugenden Eindruck zu erwecken, dass diese schwere Schuld einschließlich der sie begünstigenden Strukturen angemessen, sprich: radikal bekämpft wird. Dieses Versagen – und ich kenne natürlich viele Erklärungen, dass und warum es nicht gelingt, die Aufarbeitung dieses skandalösen Geschehens umfassend hinter sich zu bringen – nagt massiv an allen Versuchen, in der Öffentlichkeit Hörbereitschaft für eigene Positionen zu bewerben und der Kirche zuzutrauen, angesichts gesellschaftlicher und eigener Transformationen anders, vor allem in der Sache überzeugend und in der Selbstpräsentation glaubwürdig zu sprechen. Und so müssen wir, die wir uns mit der Kirche identifizieren, damit rechnen, dass auf absehbare Zeit auf inhaltliche Äußerungen aus dem kirchlichen Milieu, sei es von einzelnen Repräsentanten und Repräsentantinnen oder von Gremien, so gut

---

[4] »Nun, es könnte wahrscheinlich auch anders sein. So ließe sich der Möglichkeitssinn geradezu als die Fähigkeit definieren, alles, was ebensogut sein könnte, zu denken und das, was ist, nicht wichtiger zu nehmen als das, was nicht ist. Man sieht, daß die Folgen solcher schöpferischen Anlage bemerkenswert sein können, und bedauerlicherweise lassen sie nicht selten das, was die Menschen bewundern, falsch erscheinen und das, was sie verbieten, als erlaubt oder wohl auch beides als gleichgültig.« (Musil 1978: 16)

gemeint sie sein mögen, mit der Glaubwürdigkeits-TÜV-Frage respondiert, um nicht zu sagen: gekontert wird: »Und wie schaut es bei Euch aus?«

II. Einstellungsänderung: Von der Wozu- zur Warum-Frage

Was hilft? Radikale Umkehr, was im christlichen Kontext wohl hieße: sich am Kreuz zu orientieren oder – provozierend formuliert – zu Kreuze zu kriechen[5] (vgl. Dabrock 2022a), wäre vielleicht nicht das Schlechteste. Aber wie soll dies geschehen, wenn man die gute Arbeit nicht gefährden will, die doch wohl im Sozialbereich wie in sehr vielen Gemeinden in unterschiedlichen Aktivitäten und Gruppen, aber mit Blick auf öffentliche Performances auch in den weiter viel beachteten, von den Kirchen im Unterschied zu seit Jahren recht wenig Impact erzeugenden Sinnfluencern oft stiefmütterlich behandelten Verkündigungssendungen im öffentlich-rechtlichen Rundfunk geleistet wird?

Reinhard Bingener, einer der profiliertesten, weil – auch das spricht Bände – letzten Journalisten der großen deutschen Qualitätsblätter mit Schwerpunkt »Kirche« schlägt vor, dass sich Kirche auf Kernaufgaben fokussieren solle. In einem Kommentar schreibt der neben der Kirchenthematik vor allem für die Niedersachsen-Berichterstattung zuständige Journalist: »Der Versuch, diesen Vertrauensverlust mittels noch stärkerer Politisierung zu kompensieren, ist zum Scheitern verurteilt, denn er führt zu innerer Polarisierung und noch mehr Austritten. Stattdessen muss es für die Kirchen darum gehen, vor Ort präsent zu bleiben, den Kontakt zu den Mitgliedern zu pflegen und sich über diese Nähe allmählich wieder Vertrauen zu erarbeiten. Ein Anfang wäre es, wenn die Bischöfe die dramatisch schrumpfenden Ressourcen entschlossen daran ausrichten, statt es sich in einer Moderatorenrolle bequem zu machen und die lieb gewonnenen, aber häufig toten Pferde ihrer Apparate zu reiten.« (Bingener 2023)

Mitgliederkontaktpflege vor Ort statt noch stärkerer Politisierung und bischöflicher Moderatorenrolle – darin sieht Bingener die Zukunft, um den »freien Fall« aufzuhalten. Erkennbar atmet diese Empfehlung eine »Wozu?«-, sprich funktionale, Orientierung. Seien wir ehrlich: Ganz ohne die funktionale Wozu-Orientierung geht es nicht. Aber, und hier legt Hans Joas in seinem jüngsten Buch den Finger in die Wunde: Wenn sich die Kirche zu stark an der Wozu-Frage orientiert, hat sie beim Ringen, ihre Krise besser verstehen zu wollen, ein unangemessenes Mindset. Deshalb müsse die Kirche vor allem den Fokus auf die

---

[5] Ursprünglich gab ich diesem Beitrag (Dabrock 2022a) den Titel »›Zu Kreuze kriechen‹ – das wäre der Öffentlichkeitsauftrag der römisch-katholischen Kirche, die die ›Zeichen der Zeit im Lichte des Evangeliums zu deuten‹ gewillt ist.« Den Herausgebenden erschien eine unverfänglichere Variante angemessener.

Warum-Frage richten. Was heißt das? Schlicht, nicht nur die Bedeutung der Kirche an ihrer funktionalen Verwertung in der Gesellschaft, sondern am Grund ihrer Existenz festzumachen.

Der Grund der Existenz der Kirche ist schlicht und einfach, Zeugnisgemeinschaft der geglaubten Versöhnung und erhofften Erlösung zu sein, die dem Glauben nach besiegelt ist in dem als Gottes Sohn geglaubten Jesus von Nazareth und in der liebenden Nachfolge seines Auftrages gegenüber anderen Menschen, vor allem den Schwachen und besonders Verletzlichen. Über diesem Grund, dem in Glaube, Liebe und Hoffen respondiert wird, liegt eine Verheißung, die in keinem funktionalen Wozu aufgeht oder – mit dem großen Theologen Eberhard Jüngel gesprochen – die »mehr als notwendig« ist (Jüngel ³2000: 7).

So spricht der Glaube, soweit die religionskulturelle Binnensprache, deren »Inhalt« ich traue, dem ich vertraue. Doch hilft es alles nicht, so zu tun, als ob »wir« (ich unterstelle mal ein Wir in dieser Versammlung) nicht auch das »Wozu?« bedenken können müssten – allerdings ebenso, dass wir es durch die Warum?-Fokussierung mit einer neuen Form – und so höre ich Joas – konstruktiver Distanziertheit zur Funktionalitätserwartung (der eigenen wie der fremden) und damit auch einer neuen Form von Nüchternheit zu tun bekommen.

In solch nüchterner Reflexion darauf, dass ein verheißungsvolles, aber in dieser Klammer auch anspruchsvolles Warum die Kirche trägt, darf also zunächst nicht dys-, aber afunktional nach ihrem geglaubten und zu bezeugenden Auftrag gefragt werden. Obwohl es richtig ist, Mitgliederpflege vor Ort zu betreiben – die lebendige Gemeinde vor Ort trägt legitimatorisch die Organisationsstrukturen der Landeskirchen samt ihren gesamten Beratungs- und Verwaltungsbeschäftigungsapparaten, nicht umgekehrt –, wäre es falsch, unter dem generischen Begriff der »Politisierung« den Gemeinwohlauftrag wie die Sorge um die Schwächsten in der Gesellschaft, egal ob sie Mitglieder sind oder nicht, zu vernachlässigen. Gerade in der »Warum von Kirche?«-Perspektive wird man solche Alternativen nur als unangemessen ablehnen müssen. Muss man etwa daran erinnern, dass Christinnen und Christen der Stadt Bestes suchen sollen? »Der Stadt Bestes zu suchen!« – diese Aufforderung nimmt ein passendes Wort des Propheten Jeremia (Jer 29,7) auf, der damit nicht den eigenen homogenen Religionskulturraum Jerusalem, sondern die multikulturelle Metropole Babylon in den Blick nahm. Dieses Wort ist für unsere Situation der kumulierten Kirchen-Krise nicht an den Haaren herbeigezogen, sondern erinnert an die Verantwortungsbereitschaft für eine Gesellschaft, die nicht einmal mehr der religionssoziologischen Figur der »Vicarious Religion« (vgl. Davie 2000) traut, also der Einstellung, dass man zwar sich selbst nicht mehr einer Religion zugehörig fühlt, aber dennoch ihrem Wirken in der Gesellschaft Sinn abgewinnen kann. Selbst dort, wo das nicht mehr gegeben ist, quasi in einer notorischen Diaspora-Situation, appelliert Jeremia an die Verantwortungsbereitschaft des versprengten Volk Gottes.

Und dass dieser Gemeinsinn, den man bei Jeremia feststellen kann, nicht nur der eigenen Gemeinde gilt, unterstreicht auch die große, für die Theologie des Matthäus-Evangeliums zentrale Gerichtsrede (Mt 25,31–46). Rümpfen manche Lutheraner bisweilen die Nase gegenüber dem vermeintlichen Hauch von Werkgerechtigkeit des großen Evangelisten, der halt doch immer hinter Paulus gestellt wird, so gilt doch die eindringliche Mahnung – Werkgerechtigkeitsverdacht gegenüber Matthäus hin oder her – für Christinnen und Christen, die Wohltaten, die sie in und als Dankbarkeit für ihren Glauben anderen zukommen lassen dürfen, nicht an der Grenze »Wir – die da« festzumachen (vgl. Dabrock 2022b). Christliches Engagement gilt vor allem denen, die im Abseits stehen, die ausgegrenzt werden, die nicht dem Mainstream entsprechen, die hochgradig verletzlich sind, die Schuld auf sich geladen haben. Ob im persönlichen oder im gesellschaftlichen Kontext – Christinnen und Christen darf deren Schicksal nicht kalt lassen – in Wort und Zunge und in Tat und Wahrheit (1 Joh 3,18).

Daher atmet der Vorschlag, sich primär um Mitglieder vor Ort zu kümmern und politische Statements zu lassen, eine doppelte Verkennung des christlichen Zeugnisses, jedenfalls wenn man nicht nur »Wozu Kirche?«, sondern auch »Warum Kirche?« fragt: Es geht nicht nur um Mitgliederkontaktpflege, und die Kirche kann nicht nicht politisch sein, weil ihr Engagement nicht auf die interne Gruppe beschränkt sein kann, sondern eine vom Grund ihrer Botschaft her den eigenen Kreis weiternde Dynamik besitzt, die vorrangig die Schwächsten in den Blick nimmt. Wer die Schwächsten sind, das zu identifizieren, führt ehrlicherweise oft zu Konflikten, zu Anerkennungs- und nicht selten auch zu Verteilungskonflikten.

Davon – egal welche Krise »wir« erleben, egal warum uns wozu zugehört wird – dürfen wir nicht lassen, wenn wir in Dankbarkeit das Warum, nein: den Grund unseres Glaubens bezeugen und ihn nicht aufgeben oder um irgendwelcher Zahlen willen verleugnen wollen.

III. Welche konkreten Schritte bedacht werden sollten

Aber wie können »wir« der Herausforderung von Kirche angesichts des Säkularisierungstrends, der Krise von Institutionen in der Optionsgesellschaft wie des massiven Glaubwürdigkeitsverlustes im Gefolge der immer noch unangemessenen Aufarbeitung und Kommunikation der sexualisierten Gewalt begegnen? Zunächst steht sie vor einer Dialektik von Gabe und Aufgabe: Einerseits muss eine Kirche, die primär aus dem »Warum?« lebt, aber das »Wozu?« nicht unbeachtet lässt, sich um ihrer Botschaft willen immer wieder neu, sprich: zeitgemäß und menschengerecht, Gedanken machen, dass und wie ihre Botschaft »rüberkommt«; sie hat andererseits eine ermutigende Zusage, dass die Botschaft auch jenseits der irdischen Performance »lebendig und kräftig und schärfer« (Hebr 4,12) sein wird. Sehen sich kirchliche Akteure von dieser Gabe getragen, könnten oder sollten sie in der Erfüllung ihrer Aufgabe drei aus meiner Sicht weiterführende Perspektiven bedenken – ob sie zielführend sind, wage ich nicht zu sagen, aber ich hoffe, dass sie zumindest weiterführend sind.

1. Bildung, Bildung, Bildung

Die Reformation war eine Bildungsrevolution (vgl. Schweitzer 2016): Luther und die Seinen trauten den Menschen zu und erwarteten auch von ihnen, die Quellen des Glaubens selbst und in ihrer eigenen Sprache lesen zu dürfen. Ob es ihm bewusst war, weiß ich nicht. Aber de facto legt eine Religion, die ihren Gläubigen zumutet, das Geglaubte nicht nur selbst zu verinnerlichen, sondern die sie dazu auch befähigt, kritisch nachzufragen, potenziell die Axt an die eigene Institution – nichts ist ja per se selbstverständlich. Es braucht ja nicht allzu viel Phantasie, um zu realisieren: Die gewonnene freie Urteilskompetenz ist ja nur dann wirklich frei, wenn sie sich auch gegen das eigene System wenden kann. Das Streben nach Wahrheit und nach Freiheit sind eben nicht deckungsgleich – erst recht nicht für Menschen, die sich nach Karl Barth notorisch durch Hochmut, Trägheit und Lüge in Selbstwidersprüche verstricken (vgl. KD § 60, 65, 70). Aber genau sich diesen hochgradigen Ambivalenzen zu stellen, macht Bildung aus.

Kirche kann und sollte in einer Zeit, in der sie weniger, aber nicht nicht gehört wird, den Dienst an der Gesellschaft auch dadurch leisten, dass sie aus der ihr historisch und kulturell zugewachsenen eigenen Differenzkompetenz – nämlich sich als endliche und ihrem eigenen Auftrag notorisch hinterher hechelnde Organisation zu begreifen – Zeugnis abgibt, wie Bildung in der großen Zeitenwende der Digitalisierung vonstatten gehen kann.

Wir stehen alle noch erschrocken und ratlos vor den Auswirkungen, die ChatGPT, dieser wundersame Sprachbot, der nichts kann, als die Wahrscheinlichkeit des nächsten Wortes zu ermitteln – es aber so perfekt tut, dass er wie eine nahezu perfekte Mimikry menschlicher Vernunft wirkt –, für uns bereitzuhalten scheint. Gegen diese Simulation von Vernunft und Menschlichkeit hilft nur, Urteilskraft selbst einzuüben (vgl. Dabrock 2023b; Dabrock und Höhne 2023). Das ist mühsam, das führt notorisch zu Enttäuschung (was alle wissen, die in ihrem Leben Lernkrisen durchgemacht haben) und ist doch der einzige Weg, uns nicht dem Opium der einschläfernden und einpampernden Assistenzsysteme hinzugeben. Wir haben – eben und vor allem auch in der Religionskultur des Christentums und seiner Quellen wie Geschwisterreligionen – einen derartigen Bildungsschatz, der Orientierung, aber auch Differenzkompetenz und daraus erwachsend Ambiguitätssensibilität einschließt, dass wir – mit allem, was uns inhaltlich wie organisationell zur Verfügung steht – unsere alte Warum?-Verpflichtung mit vor-bildlichen Bildungsbemühungen in unseren verschiedenen Handlungsfeldern umsetzen können.

2. Weniger moralisches »Wächteramt«, mehr Nachdenklichkeit ausstrahlen

Wenn wir Bildung, also das Ineinander von Differenzkompetenz, Zweideutigkeitssensibilität und Wahrhaftigkeitsanmutung, hochhalten dürfen, dann sollen wir dieser Einsicht auch praktisch in unseren öffentlichen Äußerungen Raum geben – und zwar so Raum geben, dass dies ein Zeugnis besseren Kommunizierens in den so aufgeheizten zivilgesellschaftlichen Debatten wird. Von den m. E. in die richtige Richtung weisenden Stellungnahmen der Ratsvorsitzenden war bereits die Rede.

Ich möchte Ihren Blick lenken auf eine andere gesellschaftliche Frage, die aufgrund von russischem Angriffskrieg und Klimakrise etwas in den Hintergrund geraten ist, aber doch auch viele Menschen – ganz konkret, weil sie selbst oder ihre Zu- oder Angehörigen jetzt oder bald betroffen sind – berührt: die Frage nach der Hilfe im und beim Sterben. Warum beziehe ich mich auf diese Debatte? Weil sie zeigt, wie kirchliche und theologische Akteure – sensibel für Orientierungsbedarf und Einsicht in Zweideutigkeiten und Komplexitäten der modernen Welt – Lernbereitschaft gezeigt haben. Sie erinnern sich vielleicht: 2020 hatte das Bundesverfassungsgericht in einem spektakulären Urteil den bis dato gültigen § 217 des Verbots der geschäftsmäßigen Suizidassistenz gekippt und im Gegenzug sogar ein umfassendes Recht auf Hilfe beim Suizid als Ausdruck der von ihm so bezeichneten »autonomen Selbstbestimmung« etabliert.

Plötzlich waren Diakonie und Caritas als größte freie Wohlfahrtsträger gefragt, wie sie mit der sofort geltenden liberalen rechtlichen Lage umzugehen hätten. Dürften sie in ihren Einrichtungen Suizidhilfe als Regel oder zumindest als Ausnahme zulassen oder verbieten? Wie sollen, wie dürfen, wie müssen sich die haupt-, aber auch die vielen ehrenamtlichen Mitarbeitenden verhalten? Blickt man drei Jahre später auf die bis dato erfolgte Beantwortung dieser Fragen, der man zahllose ethische, organisationspraktische bis arbeitsrechtliche Detailfragen beiseitestellen kann (vgl. Dabrock 2023a), so kann man zumindest für die evangelische Seite feststellen: In der Praxis wie in den sie begleitenden Reflexionsagenturen wurde sachlich wie kommunikativ viel dazugelernt. Während sich anfangs – gerade in der ethischen Kommentierung der rechtspolitischen Debatten – die Empörung über das Urteil des Verfassungsgerichts Bahn brach, setzte sich zunehmend die Einsicht durch: Das Urteil ist nun mal da; wir können es nicht rückgängig machen; schauen wir, wie wir damit nun umzugehen haben. Ein aufwändiger Diskursprozess unter Einbeziehung der vor Ort praktisch Tätigen, der Organisationsleitungen wie auch theologischer und rechtlicher Expertisen identifizierte einen Korridor an Einsichten. Ich will zitieren, was zusammen mit der Palliativmedizinerin Claudia Bausewein und dem katholischen Staatsrechtler Wolfram Höfling mein Kollege Reiner Anselm und ich, die wir jeweils mit anderen 2021 in der FAZ sehr unterschiedliche Konsequenzen aus dem Urteil gezogen haben, jüngst in einem gemeinsamen Artikel mit Blick auf diesen Korridor festgehalten haben: Das »vom Bundesverfassungsgericht als vorrangig gegenüber Lebensschutz und Fürsorgebeziehungen eingestufte Konzept der Selbstbestimmung soll in kirchlichen Einrichtungen nicht autonomistisch, sondern lebensschutzfreundlich sowie inklusions-, beziehungs- und vulnerabilitätssensibel ausgelegt werden. Entsprechend gilt es dafür Sorge zu tragen, dass dem sozialen Beziehungsgefüge, in dem solche Wünsche und Entscheidungen immer stehen, Rechnung getragen wird. Die kommunikative Beziehung auch in einer so schwierigen Situation aufrecht zu erhalten, gebietet nicht nur die Nächstenliebe, sondern bildet auch einen wichtigen Baustein für die Suizidprävention. Daher gilt es, ein Klima zu schaffen, in dem der Wunsch nach Suizidbeihilfe aus der Tabuzone herausgeholt wird und offen artikuliert werden kann. Zu diesem kommunikativen Klima gehört, das Traumatisierende und Traurige von Suizidwünschen, Suizid und Suizidassistenz – gerade auch für Hinterbliebene, An- und Zugehörige, aber auch die Beteiligten in den Care- oder therapeutischen Teams – zu sehen und zu thematisieren. Insgesamt soll überall ein Geist prägend sein, der wachhält, dass Suizid keine Normaloption des Sterbens werden darf, der aber auch deutlich werden lässt, dass niemand – auch und gerade bei einem stabilen Suizidanliegen – allein gelassen wird. Jeder und jede muss seelsorgliche und fürsorgliche Begleitung bis zum Schluss erfahren. Konkret bedeutet dies, dass Mitarbeiterinnen und Mitarbeiter der Diakonie in dieser Funktion nicht aktiv Suizidassistenz betreiben können und dass es dafür keine Werbung in den gemeinschaftlich genutzten Bereichen geben soll. Wie sie sich in ihrer professionellen Funktion, als Ehrenamtliche oder privat zur Suizidassistenz verhalten, wirft arbeits- und organisationsrechtliche Fragen auf, die organisationsintern geklärt werden können und müssen. Das Auftauchen solcher Problemlagen spricht nicht von vornherein gegen die Begleitung eines Suizids, sondern verlangt eine Organisationskultur, die mit diesen Fragestellungen umzugehen weiß. Sehr nachvollziehbar sind deshalb Diakonie und evangelische Kirche gegenwärtig durch eine Position geprägt, die innerhalb des wohlfahrtsstaatlichen Pluralismus nicht auf eine gesetzliche Festschreibung setzt, sondern auf eine aus sich selbst heraus überzeugende Lebens- und Sterbebegleitungskultur, die sich dem Thema Suizidassistenz nicht per se verweigert, aber auch weit darüber hinausreicht.« (Anselm 2023)

Darauf aufruhend können unterschiedliche Vor-Ort-Umsetzungen, die zudem die Mitarbeitenden ernstnehmen, weil sie sie in die Ausarbeitung der jeweiligen Leitlinien einbeziehen, implementiert werden.

Die Lerngeschichte evangelischer Ethik und evangelischer Einrichtungen, die solche auf gutem Grund stehende, begrenzte Pluralität zulässt, zeigt: Wir müssen nicht moralische Eindeutigkeit bedienen, wo es – angesichts von Pluralität und Komplexität der Gesellschaft – keine solche gibt. Orientierung könnte man heute gerade dadurch geben, dass man – nicht in jetzt umgekehrter moralischer Überheblichkeit eines sich als überlegen wähnenden Ressentiments –

die falschen Vereindeutiger überführt, ohne deshalb alles für gleichgültig zu erklären.

So kommen Orientierung und Trost zusammen. Denn es tut gut und macht Mut, wenn gesagt wird, dass Unsicherheiten im Urteil keine kognitive oder moralische Schwäche darstellen, sondern vielfach keine einfachen oder eindeutigen Rezepte zur Lösung einer einzelnen Krise (die zudem oft in die vielbeschworene Polykrise verwebt ist) vorliegen. Die so neu freigesetzte Suche nicht nach perfekten, aber besseren Lösungen im Vorletzten schafft einen Mehrwert für alle. Solche Kultur des Innehaltens, des Nachdenkens, des »Ja, aber – vielleicht – auch« bräuchte es viel mehr in Zeiten von Polarisierung und Empörungsinszenierung.

Gerade weil sie einen festen Grund hat, könnte Kirche stark sein, Zweideutigkeiten zuzulassen, ohne deshalb darauf zu verzichten, nachdenklich Orientierung anzubieten. Die Vertrauenskrise macht deutlich, was sich unter Beachtung der Warum-Perspektive nahelegt: Der Stil muss sich ändern: nicht mehr primär moralisch, also mit dem sogenannten Gestus des »Wächteramtes der Kirche« sollte in gesellschaftliche Debatten eingegriffen werden. Vielmehr sollte aus dem eigenen Glauben, der um die eigene fachliche wie moralische Begrenztheit weiß, ein solidarisches Ringen in Problemlagen, die nicht leicht oder vielleicht sogar gar nicht zu lösen sind, praktiziert werden. (All das schließt nicht aus, dass es Situationen gibt, in denen eindeutige Botschaften erfolgen müssen.)

Wenn Kirche vornehmlich so agierte, würde sie sicher Erwartungen und wohl auch viele Erwartungserwartungen enttäuschen. Aber damit muss sie rechnen, denn die kürzeste Definition von Religion ist nun mal »Unterbrechung« – so der große katholische Theologe Johann Baptist Metz (vgl. 1992: 166).

3. AN PROFESSIONELLEN QUALITÄTSSTANDARDS FESTHALTEN

Wenn Kirche die Ambition hochhalten will, Orientierung und Zweideutigkeitssinn zugleich hochzuhalten, dann muss sie im Angesicht ihrer Krise nicht weniger, sondern mehr Qualität für ihre unterschiedlichen professionellen Performances erwarten und entsprechend ausbilden. Kürzungen werden angesichts des erwartbaren Mitgliederschwundes überall, aber hoffentlich nicht nach Maßgabe des üblen Rasenmäherprinzips nötig sein. Der Nachwuchsmangel – das zeigt sich schon jetzt – übersteigt aber offensichtlich in den nächsten Jahren sogar noch diesen Trend. Diesem Mangel an »Fachkräften« in der Kirche zu begegnen, sollte nicht bedeuten, die Standards leichtfertig zu senken (was nicht heißt, dass in der Ausbildung alles so bleiben muss, wie es gerade ist). Vielmehr muss es darum gehen, die Attraktivität für die Berufe, die Trost spenden und Vertrauensnetzwerke anstoßen und öffentlich die gute Botschaft bezeugen sollen, nein: dürfen, zu erhöhen. Nur durch eine – auch evaluierte – Qualitätsoffensive wird man der anspruchsvollen Aufgabe, noch sprach-, orientierungs- und trostfähiger zu werden, gerecht. Menschen im Pfarr- und Lehramt sind die ersten, aber keineswegs die einzigen Boten der attrahierenden Botschaft des Evangeliums. Wer geschickt fokussiert (was immer auch heißt: kürzt), hat auch in dem kleiner werdenden öffentlichen Aufmerksamkeitsraum der Kirche noch genügend Spielraum, auf Qualität zu setzen.

Zusammengefasst: Kirche soll und kann radikaler aus dem Warum ihres Auftrags leben, auf diesem Grund, der gelegt ist, gelassener nach ihrem Wozu fragen und in der Zwischenzeit eigene und fremde Orientierungserwartungen so enttäuschend bedienen, dass zwar die Grundlage ihres Zeugnisses gewiss (*certitudo*) ist, aber genauso eingestanden werden kann: Moralische und politische Orientierung ist in der komplexen Welt selten eindeutig. Diese Unsicherheit (*insecuritas*) anzuerkennen, wäre in einer Welt so viel vorgetäuschter Sicherheit ein wertvoller Schritt, ja: es wäre ein *role model*.

Ob man dafür belohnt wird, darf für eine Kirche, die primär nach dem Warum und nicht nach dem Wozu fragt, eine zweitrangige Frage sein. Kurzum: Gesellschaftliche Konfliktlagen mehr zu begleiten, mehr zu moderieren, als moralisch zu kartieren und zu normieren – auch um diese Art des Zeugnisses geht es in öffentlichen Stellungnahmen von kirchlichen Akteuren. So kann sie in den hitzigen Debatten dieser Tage mehr Freiraum zum Durchatmen schaffen.

Ob ihr dann wer zuhört, ist nicht gewiss, aber gewiss ist, dass man – wie es der erste Petrusbrief so eindrücklich formuliert hat – Rechenschaft über die Hoffnung bezeugt, die in einem ist (vgl. 1 Petr 3,15). So könnten wir angesichts der Kirchenkrise nicht nur beharrlich im Gebet und geduldig in der Trübsal, sondern auch fröhlich in der Hoffnung sein und diese Hoffnung ausstrahlen (vgl. Röm 12,12). Das täte nicht nur uns, das täte der Gesellschaft gut – und ich bin zuversichtlich, dann hört man der Kirche – wieder – mehr zu.

Literatur

Anselm, Reiner u. a.: Recht auf Leben, Rechte im Sterben. Die Regelung der assistierten Selbsttötung bedarf keiner weiteren gesetzlichen Interventionen. Die Verbesserung der Suizidprävention sowie der Palliativ- und Hospizversorgung sehr wohl. Ein Gastbeitrag (14.05.2023); URL: https://www.faz.net/aktuell/politik/inland/assistierter-suizid-regelung-bedarf-keiner-weiteren-interventionen-18876086.html (Stand: 19.08.2023).

Barth, Karl: Die kirchliche Dogmatik, Zürich: Theologischer Verlag Zürich 1932 ff. (KD).

Bingener, Reinhard: Im freien Fall. Die Kirchen müssen sich mehr um ihre Mitglieder kümmern und dürfen den Austrittsrekord nicht auf die Säkularisierung schieben (07.03.2023); URL: https://www.faz.net/aktuell/politik/inland/kirchenaustritte-auf-rekordniveau-was-die-kirchen-tun-muessen-18730934.html (Stand: 19.08.2023).

Dabrock, Peter: Die Lage ist viel ernster!, in: Beck, Wolfgang u. a. (Hrsg.), Aufbruch statt Rückzug. Die römisch-katholische Kirche in der Öffentlichkeit heute, Freiburg i. Br.: Herder 2022a, 198–203.

Dabrock, Peter: Hoffnung trotz Schlamassel. Warum wir auch in den großen Krisen unserer Zeit nicht resignieren müssen (31.05.2022b); URL: https://zeitzeichen.net/node/9799 (Stand: 19.08.2023).

Dabrock, Peter: »Safe Spaces« für Selbstbestimmung im Leben und im Sterben. Suizidassistenz als Herausforderung für kirchliche und diakonische Einrichtungen zwischen rechtlicher Normierung, gesellschaftlicher Verantwortung und Einzelfallsensibilität, in: Anselm, Reiner u.a. (Hrsg.), Was tun, wenn es unerträglich wird. Die Frage nach dem assistierten Suizid als Herausforderung für Kirche und Diakonie, Gütersloh: Gütersloher Verlagshaus 2023a, 94–122.

Dabrock, Peter: So lässt sich ChatGPT verantworten. Der Chatbot gilt als Meilenstein künstlicher Intelligenz. Doch er ermöglicht auch Täuschungen und Missbrauch und wirft neue ethische Fragen auf. Ein Vorschlag (30.01.2023b); URL: https://www.spiegel.de/netzwelt/chatgpt-so-laesst-sich-kuenstliche-intelligenz-verantworten-gastbeitrag-a-d89746ff-a263-4a70-a6d2-7029bb45b7ac (Stand: 19.08.2023).

Dabrock, Peter/Höhne, Florian: Noch lange nicht fertig. Über die Bedeutung künstlicher Intelligenz für die Religion, in: Zeitzeichen 24 (2023), 8–11.

Davie, Grace: Religion in Modern Europe. A Memory Mutates, Oxford: Oxford University Press 2000.

Eagleton, Terry: Hoffnungsvoll, aber nicht optimistisch, München: Ullstein 2016.

Joas, Hans: Warum Kirche. Selbstoptimisierung oder Glaubensgemeinschaft, Freiburg i.Br.: Herder 2022.

Jüngel, Eberhard: Unterwegs zur Sache. Theologische Erörterungen I, Tübingen: Mohr Siebeck ³2000.

Kurschus, Annette: Was liegt jenseits von Eden. Androhung und Ausübung von Gewalt sind aus Sicht des christlichen Glaubens nicht illegitim. Aber sie sind strikt an die Aufgabe gebunden, für Recht und Frieden zu sorgen. Ein Gastbeitrag (08.06.2022); URL: https://www.faz.net/aktuell/politik/ekd-ratsvorsitzende-zum-ukraine-krieg-freiheit-und-recht-verteidigen-18084139.html?printPagedArticle=true#pageIndex_2 (Stand: 19.08.2023).

Kurschus, Annette: Es gibt keine christliche Pflicht zu radikalem Pazifismus. Waffenlieferungen zur Verteidigung gegen die russische Aggression sind legitim, meint die EKD_Ratsvorsitzende. Aber eine Einsicht dürfe nicht vergessen werden. Keine Waffe allein schaffe Frieden. Ein Gastbeitrag (23.02.2023); URL: https://www.faz.net/aktuell/politik/ukraine-krieg-keine-pflicht-zu-radikalem-pazifismus-18701347.html (Stand: 19.08.2023).

Metz, Johann Baptist: Glaube in Geschichte und Gesellschaft. Studien zu einer praktischen Fundamentaltheologie, Mainz: Matthias-Grünewald Verlag ⁵1992.

Musil, Robert: Der Mann ohne Eigenschaften. Roman. Erstes und zweites Buch, Reinbek bei Hamburg: Rowohlt 1978.

Pollack, Detlef: Das ist ein kultureller Erdrutsch. Selbst zu Weihnachten entgleiten den Kirchen die Gläubigen. Die Zahl der Konfessionslosen wächst unablässig. Der Religionssoziologe Detlef Pollack spricht von einem »Kipppunkt«. Was bedeutet das für die Gesellschaft? Interview von Hilmar Schmundt (26.12.2022); URL: https://www.spiegel.de/geschichte/leere-kirchen-zu-weihnachten-das-ist-ein-kultureller-erdrutsch-a-e44f0aa6-a062-42ba-ae68-585fad0967fe (Stand: 19.08.2023).

Pollack, Detlef/Demmrich, Sarah, Müller, Olaf: Editorial. Religious Fundamentalism. New Theoretical and Empirical Challenges across Religions and Cultures, in: ZRGP (2023), 1–11.
Pollack, Detlef, Rosta, Gergely: Religion in der Moderne. Ein internationaler Vergleich, Frankfurt a. M.: Campus ²2022.
Rendtorff, Trutz: Christentum zwischen Revolution und Restauration. Politische Wirkungen neuzeitlicher Theologie, München: Claudius Verlag 1970.
Schweitzer, Friedrich: Das Bildungserbe der Reformation. Bleibender Gehalt, Herausforderungen, Zukunftsperspektiven, Gütersloh: Gütersloher Verlagshaus 2016.
Taylor, Charles: A Secular Age, Cambridge (Massachusetts): Belknap Press 2007.
o. V., Das Rheinische Grundgesetz (03.02.2023); URL: https://de.wikipedia.org/w/index.php?title=Das_Rheinische_Grundgesetz&oldid=230483191 (Stand: 9.08.2023).

Wozu Sozialethik?
Schnittmengen und Spannungen zwischen universitärer Verankerung, evangelischer Gewissensunterweisung und öffentlicher Verantwortung der Kirche

Traugott Jähnichen

Einleitung

Auf der Grundlage des Sendungsauftrages des Auferstandenen (vgl. Mt 28,18–20) ist es Aufgabe evangelischer Ethik, an der Bestimmung des exemplarisch von Paulus angemahnten »vernünftigen Gottesdienstes« aller Christenmenschen im Alltag der Welt mitzuwirken und zu prüfen, was »Gottes Wille ist, nämlich das Gute und Wohlgefällige und Vollkommene.« (Röm 12,1 f.) In diesem Sinn hat evangelische Sozialethik als spezielle Perspektive auf gesellschaftsethische Fragen vorrangig die sozialen, ökonomischen und politischen Entwicklungen angemessen wahrzunehmen, diese theologisch reflektiert zu beurteilen und durch eigene Stellungnahmen im Sinn einer Ethik des Komparativs[1] Reform-Impulse für das gesellschaftliche Leben zu setzen.[2]

Die akademische Wahrnehmung dieser am Ende des 19. Jahrhunderts neu erkannten Aufgabe lag – von einzelnen im universitären Kontext arbeitenden Theologen wie Alexander von Oettingen abgesehen –[3] wesentlich bei freien protestantischen Initiativen, etwa bei Ausschüssen der Inneren Mission und insbesondere beim Evangelisch-Sozialen Kongress (vgl. Jähnichen 1999: 1733),

---

[1] Das Ziel einer Ethik des Komparativs definiert Günter Brakelmann dahingehend, sich für das einzusetzen, »was in einer konkreten Situation gerechter, ... eben relativ besser ist als der status quo.« (Brakelmann 1997: 57)

[2] Eine ähnliche Zielsetzung wird bereits in der Satzung des Evangelisch-Sozialen Kongresses deutlich, nach der die Aufgabe des Kongresses darin besteht, »die sozialen Zustände unseres Volkes vorurteilslos zu untersuchen, sie an dem Maßstab der sittlichen und religiösen Forderungen des Evangeliums zu messen und diese für das heutige Wirtschaftsleben fruchtbarer zu machen als bisher.« (Satzung des ESK von 1891, in: Soziale Programme 1930: 48)

[3] Vgl. hierzu den Beitrag von Hans-Richard Reuter in diesem Band.

ferner bei eigenständigen Institutsgründungen,[4] bevor an der Theologischen Fakultät der Universität Marburg im Jahr 1931 erstmalig ein sozialethischer Lehrstuhl in Deutschland eingerichtet wurde, besetzt mit dem seinerzeit prominenten religiösen Sozialisten Georg Wünsch (vgl. Ziesche 1996). Wegweisend in der Zeit der frühen Bundesrepublik wurde die Gründung des Instituts für Christliche Gesellschaftswissenschaften an der Evangelisch-theologischen Fakultät der Universität Münster mit dem ersten Institutsdirektor Heinz-Dietrich Wendland im Jahr 1956.[5]

Im kirchlichen Kontext wurde nach 1945 in vielen evangelischen Landeskirchen die Barmer Theologische Erklärung (BTE) für ein neues Verständnis der Wahrnehmung öffentlicher Verantwortung grundlegend. In Aufnahme insbesondere der zweiten These der BTE, die gegen die Vorstellung von Eigengesetzlichkeiten bestimmter Lebensbereiche »Gottes kräftigen Anspruch auf unser ganzes Leben« (Barmer Theologische Erklärung 1984: 35) herausgestellt hatte, betonte die evangelische Kirche nach dem Ende des Zweiten Weltkrieges in unterschiedlichen Varianten ihren »Öffentlichkeitsauftrag« (vgl. Thielicke 1948) und nahm diesen zunehmend engagiert wahr, seit 1962 insbesondere in der Form der sog. Denkschriften.

Vor diesem Hintergrund steht evangelische Sozialethik in einem komplexen Bezugsfeld: Als universitäre Disziplin reflektiert sie gesellschaftliche Entwicklungen in einer eigenständigen normativen Perspektive, im Dialog insbesondere mit der praktischen Philosophie sowie den Human- und Sozialwissenschaften. Zugleich bezieht sie sich im Rahmen der professionsbezogenen Ausbildung von Pfarrpersonen und Religionslehrer*innen kritisch-beratend auf gesellschaftsbezogene Formen kirchlichen Handelns und steht in Kontakt zu außeruniversitären Instituten, zumeist in diakonischer oder kirchlicher Trägerschaft. Schließlich nimmt sie an der Aufgabe evangelischer Gewissensunterweisung von Christenmenschen in öffentlicher wie in privater Verantwortung teil.

---

[4] 1927 gründete Reinhold Seeberg ein im deutschsprachigen Raum erstes akademisch ausgerichtetes sozialethisches Institut, das Institut für Sozialethik und Wissenschaft der Inneren Mission, an der Theologischen Fakultät der Universität Berlin. Zu weiteren Institutsgründungen im außeruniversitären Kontext vor 1945 vgl. Jähnichen 1989: 30–37.

[5] Wendland wurde 1955 nach Münster berufen, das Institut im Mai 1956 gegründet. Vgl. dazu auch den Beitrag von Hans-Richard Reuter in diesem Band. Die Errichtung des Bochumer Lehrstuhls für Christliche Gesellschaftslehre hat sich stark an dem Vorbild in Münster orientiert, vgl. hierzu den Beitrag von Norbert Friedrich in diesem Band.

1. Evangelische Sozialethik und ihr Beitrag zur gesellschaftlichen Verantwortung der Wissenschaften

1.1. Wissenschaftskommunikation und Politikberatung als Ausdruck einer erweiterten Verantwortung der Wissenschaften[6]

In Erweiterung der klassischen Kernkompetenzen wird eine angemessene Information der Öffentlichkeit durch die Wissenschaftler*innen selbst zunehmend ein zentrales Qualifikationsmerkmal. So kommt es pointiert in den »10 Thesen zur Wissenschaftsfreiheit«, zum Jubiläum des deutschen Grundgesetzes von den wichtigsten deutschen Wissenschaftsorganisationen veröffentlicht,[7] zum Ausdruck. Der Wissenstransfer in die Gesellschaft hinein ist somit neben Forschung und Lehre zu einem weiteren grundlegenden Merkmal akademischer Arbeit geworden,[8] was für die Theologien durch ihren Bezug zu den Religionsgemeinschaften in besonderer Weise gilt. Die Vermittlung von komplexen wissenschaftlichen Zusammenhängen sowie die orientierende Beratung der Öffentlichkeit stellen schwierige Anforderungen an eine sachgemäße Wissenschaftskommunikation. Zudem fehlt es für diese Aufgaben vielfach an Unterstützungssystemen, Evaluationen und Anreizen seitens der Hochschulen.

Erschwert wird die Form der öffentlichen Wissenschaftskommunikation ferner dadurch, dass deren systemische Bedingungen oft wenig geklärt sind, da

---

[6] Der erste Teil des Abschnitts 1.1. ist eine stark gestraffte Fassung des Kapitels III.2.2.3. in: Jähnichen 2023: 238–245.

[7] Die Thesen sind von der Allianz der Wissenschaftsorganisationen, einem Zusammenschluss der bedeutendsten Wissenschaftsorganisationen in Deutschland, veröffentlicht worden. Die Leibniz-Gemeinschaft ist Mitglied der Allianz und hat für 2019 die Federführung übernommen. Weitere Mitglieder sind die Alexander von Humboldt-Stiftung, der Deutsche Akademische Austauschdienst, die Deutsche Forschungsgemeinschaft, die Fraunhofer-Gesellschaft, die Helmholtz-Gemeinschaft, die Hochschulrektorenkonferenz, die Max-Planck-Gesellschaft, die Nationale Akademie der Wissenschaften Leopoldina und der Wissenschaftsrat. DFG-Pressemitteilung Nr. 40/2019.

[8] Innerhalb der Wissenschafts-Community ist dieser Sachverhalt nicht unumstritten. Nach den Daten einer Umfrage unter knapp 5.700 Wissenschaftler*innen an Universitäten in Deutschland, durchgeführt von der Impact Unit von Wissenschaft im Dialog, dem Deutschen Zentrum für Hochschul- und Wissenschaftsforschung sowie dem Nationalen Institut für Wissenschaftskommunikation stimmen rund 25% der Befragten dem Item, dass Wissenschaftskommunikation zum Job dazugehört, eher nicht bzw. überhaupt nicht zu und rd. 37% sehen einen eher negativen Einfluss auf Karrierechancen und befürchten eine häufig unzutreffende Darstellung von Forschungsergebnissen. Rund 44% der befragten Wissenschaftler*innen meinen, dass Wissenschaftskommunikation Wissenschaft und Forschung inhaltlich nicht weiterbringt. (Vgl. Kirchgessner 2021: 15)

angesichts einer medial wie politisch »gesteigerten öffentlichen Aufmerksamkeit« (Dabrock 2021: 6) eine von häufig unsachgemäßen Eindeutigkeitsunterstellungen bestimmte Erwartungshaltung gegenüber wissenschaftlicher Expertise vorherrscht. Dadurch werden tendenziell problematische Entdifferenzierungen von wissenschaftlich-methodisch gewonnenen, in der Regel komplexen und idealerweise multiperspektivischen Erkenntnissen einerseits sowie von Bedingungen massenmedialer Kommunikation und politischer Entscheidungslogiken andererseits, die auf Eindeutigkeit abstellen, gefördert. Wenn sich Wissenschaftskommunikation in Gestalt der Politikberatung unmittelbar beratend auf der Grundlage wissenschaftlicher Erkenntnisse auf das Herbeiführen politischer Entscheidungen einlässt, ist stets die Gefahr zu bedenken, dass das durch strenge wissenschaftliche Regeln aufgebaute Vertrauen einer breiten Öffentlichkeit in wissenschaftliche Erkenntnisse durch teilweise kurzschlüssige und methodisch wenig geklärte Bezugnahmen unterminiert werden kann (vgl. Dabrock 2021: 6).[9]

Ungeachtet dieser Schwierigkeiten einer angemessenen Wissenschaftskommunikation beschreibt das Ideal einer gesellschaftlichen Verantwortung der Wissenschaften ein grundlegendes »Leitbild bei dem Selbstmanagement der wissenschaftlichen Forschung« (vgl. Reydon 2013: 130). Aus guten Gründen gehen daher auch die Vergabekriterien für Forschungsprojekte seitens der DFG sowie anderer Wissenschaftsstiftungen schrittweise in die Richtung, dass durch eine aktive Wissenschaftskommunikation eine öffentliche Rechenschaft über erwartbare gesellschaftliche Folgen in die beantragten Projekte nach Möglichkeit einzubeziehen ist. In diesem Sinn gehört es zur Verantwortlichkeit von Wissenschaftler*innen, dass sie die öffentliche Resonanz auf ihre Forschungen sowie mögliche Folgen von Anwendungen bedenken und dementsprechend auch ethische Überlegungen einzubeziehen sind. Diese individuelle wie auch bei den in der Regel größeren Forschungsprojekten gemeinschaftliche Verantwortungsübernahme ist als Konsequenz der Wissenschafts- und insbesondere der Forschungsfreiheit unabdingbar, da sich Wissenschaftler*innen zumindest in demokratischen Gesellschaften öffentlich zu verantworten haben.

Eine besondere gesellschaftliche Verantwortung ergibt sich für diejenigen Wissenschaftler*innen, die unmittelbar in Prozesse der Politikberatung einbezogen werden. Während der Hochphase der Corona-Pandemie sind teilweise medizinisch-wissenschaftliche oder modelltheoretische Studien mit einer speziellen Perspektive Grundlage für weitreichende Entscheidungen geworden, ohne dass deren Folgen in anderen Lebensbereichen (psychische Belastungen von Kindern, Jugendlichen und Menschen mit Behinderungen, ökonomische Folgen u.a.) immer hinreichend berücksichtigt worden sind. Eine kritische

---

[9] Nachdrücklich problematisiert Dabrock in diesem Zusammenhang die irreführende Rede von »der« Wissenschaft im Singular.

Auswertung dieser speziellen Wissenschaftskommunikation steht weithin noch aus.

Von Sondersituationen wie der Corona-Pandemie abgesehen lässt sich der Einfluss wissenschaftlicher Politikberatung nur schwer einschätzen. Eine Auswertung von sog. Meinungsführermedien in Deutschland sowie Befragungen von Politiker*innen und Ministerialbeamt*innen im Jahr 2014 hat eine besondere öffentliche Bedeutung von Ökonom*innen ergeben, die mit 63% aller medial gelisteten Wissenschaftler*innen ein deutliches Übergewicht in der Wahrnehmung erzielen konnten (vgl. Haucap et al. 2015: 68 ff.). Dabei wurde zudem deutlich, dass die medial präsenten Ökonom*innen vielfach in außeruniversitären wissenschaftlichen Instituten arbeiten oder in offiziellen Gremien, wie dem Sachverständigenrat, tätig waren. Die von den Politiker*innen und Ministerialbeamt*innen genannten Ökonom*innen sind allesamt in den Medien prominent vertreten. Neben ökonomischer Expertise wurden in der Auswertung bzw. den Befragungen Wissenschaftler*innen mit einer großen Nähe zu den Politik- und Rechtswissenschaften genannt.

Diese Ergebnisse dürften auch gegenwärtig weitgehend Bestand haben. Die Einberufung eines nationalen Ethikrates im Jahr 2008 hatte sich in den Analysen des Jahres 2014 noch kaum niedergeschlagen. Der Ethikrat spielt zwischenzeitlich eine deutlich größere Rolle, speziell im Blick auf den Vorsitz in diesem Gremium. Auch hier wird die starke Bedeutung von Gremien für die mediale und damit für die öffentliche Wahrnehmung deutlich. Dies gilt weitgehend auch für Theolog*innen, die zumeist aufgrund ihrer Positionen in kirchlichen Leitungsämtern oder in bedeutenden Gremien mediale Aufmerksamkeit finden. In der Kommunikation über bzw. mit den Kirchen spielen ethische Themen eine größere Rolle als bei Vertreter*innen anderer wissenschaftlicher Disziplinen, nicht zuletzt im Blick auf kritische Berichterstattungen über das Verhalten von kirchlichen Mitarbeitenden oder den Kirchen als Organisationen. Demgegenüber werden Ökonom*innen oder andere Wissenschaftler*innen in der Regel auf ihre Fachexpertise angesprochen, wobei die in ihren Voten häufig aufweisbaren impliziten ethischen Wertungen oder gar deren normative Zielvorstellungen weniger thematisiert und kaum transparent dargestellt werden.

Angesichts dieser Konstellationen gibt es einen hohen Bedarf öffentlicher ethischer Urteilsbildung, bei dem allerdings – von den Stellungnahmen und Beratungen des Ethikrates abgesehen – Vertreter*innen theologischer oder philosophischer Ethik nur selten eine öffentlich wahrnehmbare Rolle spielen. Ethisch relevante Fragen im Blick auf gesellschaftliche Zielvorstellungen oder auch Fragen der Lebensführung werden teilweise von Politiker*innen, vor allem aber von Journalist*innen in den traditionellen Medien sowie neuerdings von Influencer*innen in den sozialen Medien repräsentiert. Welche Bedeutung in diesem Zusammenhang ethischer Expertise oder persönlichen Kontakten zu einzelnen Ethiker*innen sowie zu Vertreter*innen von Kirchen oder anderen

Religions- und Weltanschauungsgemeinschaften zukommt, ist bisher kaum erforscht.

1.2. Zur Thematisierung und Klärung impliziter und expliziter ethischer Wertungen in den Wissenschaften

Orientierungen aus dem Bereich der Religionen, im europäischen Kontext speziell der christlichen Kirchen, sind nach wie vor grundlegend für die Entwicklung gesellschaftlicher Wertvorstellungen. Innerhalb der Universitäten sollen die »Theologien und ihre ethischen Systeme«, so die zentrale Empfehlung des Wissenschaftsrates, bei der Bearbeitung entsprechender Fragestellungen im Sinn einer »kritische(n) Betrachtung der wissenschaftlichen Weltsicht« (Wissenschaftsrat 2010/2013: VII) ihre Expertise einbringen. Wissenschaftliche Zugänge wie auch konkrete Forschungsprojekte sind zumeist von impliziten ethischen Bewertungen bestimmt, die transparent und damit nachvollziehbar kommuniziert werden müssen. Die Theologien stehen vor der Herausforderung, in diesem Zusammenhang ihre Perspektiven, im Blick auf den Naturumgang exemplarisch die Grundhaltung der Ehrfurcht vor allem Lebendigen (vgl. Schweitzer 1923/1958), im Sinn einer Erweiterung und ggf. Neuperspektivierung der wissenschaftlichen Weltsicht produktiv in den Diskurs einzubringen.

Eine solche Aufgabenstellung steht nicht im Widerspruch, wohl aber in einer Spannung zu dem von Max Weber prominent betonten Prinzip der »Wertfreiheit« (Weber 1917/1982: 489 ff.) wissenschaftlichen Arbeitens. Webers Kritik richtete sich seinerzeit mit guten Gründen gegen eine Vermischung von wertenden und analytischen Aussagen, wobei er die Rolle der Wissenschaftler*innen - insbesondere in der Lehre - von den Rollen der ethisch gesinnten Volksaufklärung oder gar des politischen Agitators scharf abgrenzte. Des Weiteren verwahrte er sich insbesondere dagegen, dass subjektive oder auch kollektiv geteilte Wertvorstellungen von Forschenden unbesehen und somit intransparent in die Untersuchungen einfließen und die Ergebnisse verfälschen.

Demgegenüber sind vollzogene Wertungen durchaus Objekte des Forschens, insbesondere in den Humanwissenschaften, wie exemplarisch Karl Jaspers in seiner Interpretation des Prinzips der Wertfreiheit im Anschluss an Weber eindrücklich dargestellt hat. Wertungen sind in diesem Sinn »der wesentliche Gegenstand für die Erforschung der menschlichen Dinge; durch Wertfreiheit allein entsteht jene Kühle in der Erforschung jeder Wertung, ihres Sinns, ihres Ursprungs, ihrer Folgen, welche sie wirklich vor Augen und zu Bewusstsein führt.« (Jaspers 1932/1988: 87) Die Erforschung der jeweils impliziten Wertungen ist, weil diese in der Regel nicht transparent kommuniziert werden, eine notwendige Aufgabe wissenschaftlicher Selbstklärung. Dies schließt die Wahl der Forschungsgegenstände ebenso wie die Zielsetzungen und Untersuchungsmethoden ein. Denn mit der Wahl eines Forschungsgegenstandes, einer Zielsetzung oder häufig auch eines bestimmten Instrumentariums ist häufig eine Wertung verbunden, insbesondere »die Wertentscheidung darüber, was mich angeht, (ist) Voraussetzung der echten Leidenschaft in der Forschung.« (Jaspers 1932/1988: 87)

Darüber hinaus hatte bereits Weber selbst ausgehend von der Notwendigkeit der Herstellung einer Werte-Transparenz und einer sachlichen Erforschung von faktischen Wertungen auch Werte-Diskussionen unter Wissenschaftler*innen für sinnvoll erachtet. Solche Verständigungen galten ihm allerdings nicht als Teilbereich der wissenschaftlichen Forschung, sondern sie sollten im Blick auf Wertsetzungen vorrangig einer Verdeutlichung der jeweiligen Standpunkte dienen. Dementsprechend ging es ihm um die Herstellung der Klarheit über die Vielfalt der Wertgesichtspunkte, d. h. über eine Offenlegung des von ihm propagierten »Polytheismus«[10] der Werte. Die These des Polytheismus der Werte kann man als »Angelpunkt von Webers Wissenschaftslehre« (Peukert 1989: 17) interpretieren, wobei er einen antagonistischen Streit unterschiedlicher Wertideen unterstellt hat (vgl. Peukert 1989: 25). Letztlich ging Weber im Sinn der bei ihm häufig zu findenden Kampfmetaphorik davon aus, dass sich in diesem Streit in jeder Epoche ein Leitgedanke »durch kulturprägenden Erfolg« (Peukert 1989: 25) siegreich durchsetzen wird, was im Sinn Webers wissenschaftlich-analytisch beschrieben, jedoch nicht bewertet werden sollte.

Demgegenüber versteht sich evangelische Sozialethik als normative Wissenschaft, der es nicht nur um die Herstellung einer Werte-Transparenz, sondern auch um die Begründung von Wertentscheidungen geht. Auf diese Weise kann sie gerade durch ihre eigene, nachvollziehbar darzustellende Positionalität auf die Erörterung der normativen Implikationen wissenschaftlichen Arbeitens in anderen Disziplinen aufmerksam machen, indem sie »für die konfessionellen Subtexte und ideenpolitischen hidden agendas anderer Kulturwissenschaften« – sowie der Wissenschaften generell – zu »sensibilisieren« (Graf 2007: 265) vermag. Weil evangelische Sozialethik – wie die Theologie idealerweise insgesamt – sich kritisch zu ihren »konfessionskulturellen Bindungen« zu verhalten hat und sich in diesem Sinn der Gefahr der »Ideologisierbarkeit« (Graf 2007: 276) der je eigenen Glaubenstradition bewusst ist, eröffnet dies zugleich die Perspektive des Aufweises und der Thematisierung der »›impliziten Theologie‹ kulturwissenschaftlicher Deutungsangebote« (Graf 2007: 265).

Universitäre Bildung, sofern sie mehr als Wissensbestände und berufsspezifische Ausbildung umfassen will, ist immer auch auf Formen einer reflektierten

---

[10] »Die alten vielen Götter, entzaubert und daher in Gestalt unpersönlicher Mächte, entsteigen ihren Gräbern, streben nach Gewalt über unser Leben und beginnen untereinander wieder ihren ewigen Kampf ... Schicksal unserer Kultur aber ist es, daß wir uns dessen wieder deutlicher bewußt werden, nachdem durch ein Jahrtausend die ... Orientierung an dem großartigen Pathos der christlichen Ethik die Augen dafür geblendet hatte.« (Weber 1920/1990: 219)

Selbstvergewisserung und einer ethischen Verantwortlichkeit angewiesen. Indem evangelische Sozialethik auf ihre Weise dazu ihren Beitrag leistet und zu begründeten normativen Wertungen anleitet, vermittelt sie ihrerseits notwendige Impulse, um »in den Arenen von Wissenschaft, Zivilgesellschaft, Kirche und Politik der heilsamen Unterscheidung von Gott und Mensch Geltung zu verschaffen.« (Graf 2007: 278)

2. Evangelische Sozialethik und ihre Bedeutung für die interne und öffentliche Urteilsbildung im deutschen Protestantismus

2.1. Die Vermittlung sozialethischer Kompetenzen in beruflichen und ehrenamtlichen Kontexten

Vor dem Hintergrund der Dramatik der sozialen Frage im 19. und in der ersten Hälfte des 20. Jahrhunderts sowie unzureichender Antworten der evangelischen Ethik und der Kirchen kam es in der Zeit nach dem Zweiten Weltkrieg zu einer Intensivierung und einem Ausbau sozialethischer Kompetenz im deutschen Protestantismus. Dabei rückte insbesondere die »Welt der Arbeit« seit der EKD-Synode 1955 in Espelkamp (vgl. v. Bismarck 1955) in den Fokus der Aufmerksamkeit. Neben der Schaffung besonderer arbeitsweltbezogener Einrichtungen und Dienste der einzelnen Landeskirchen[11] sollten Theologiestudierende sowohl wissenschaftlich wie auch begleitend zu entsprechenden Praktika auf die Bedingungen einer spätestens seit den 1960er Jahren wesentlich von der Industrialisierung und seit den 2000er Jahren grundlegend von Informationstechnologien bestimmten Lebenswelt vorbereitet werden. Angestrebt wurde und wird, dass Pfarrpersonen auf diese Weise einen vertieften Einblick in die alltäglichen Erfahrungen ihrer Gemeindeglieder erhalten und dies für die pastorale Arbeit fruchtbar machen können. Dazu gehört die Beschäftigung mit aktuellen Entwicklungen der Arbeitsmärkte und der Sozialpolitik. Dementsprechend zielt die Arbeit sozialethischer Lehrstühle wesentlich darauf, in diesem Feld theologische Begründungen und normative Grundlagen zur Bewertung wirtschafts- und sozialpolitischer Entwicklungen zu erarbeiten. Pfarrpersonen wie auch Lehrer*innen sollen dadurch in die Lage versetzt werden, entsprechende Themen sachkundig aufgreifen und eigenständig beurteilen zu können. In diesem Zusammenhang ist schließlich die Kenntnis einschlägiger kirchlicher Verlautbarungen grundlegend und die Fähigkeit, diese in der Öffentlichkeit zu vermitteln und ggf. kritisch zu kommentieren.

---

[11] Klaus von Bismarck hat in den 1950er Jahren diesen Arbeitsbereich, ausgehend von seiner Tätigkeit in Haus Villigst/Westfalen, wesentlich geprägt. Vgl. dazu den Beitrag von Sigrid Reihs in diesem Band.

Die Kirchen selbst haben zunehmend seit den 1960er Jahren die gesellschaftspolitischen Auseinandersetzungen in der Bundesrepublik begleitet und eigene Impulse zu setzen versucht. Neben entsprechenden Ausschüssen und fachlichen Arbeitsbereichen in den einzelnen Landeskirchen sind in diesem Prozess auf der Ebene der EKD die Kammern, seit 2022 das neu geschaffene Kammernetzwerk, von zentraler Bedeutung. Bereits die erste reguläre Synode der EKD vom März 1949 in Bethel beschloss auf der Grundlage des Art. 22, Abs. 2 der 1948 beschlossenen Grundordnung der EKD, »für bestimmte Sachgebiete kirchliche Kammern aus sachverständigen, kirchlichen Persönlichkeiten zu bilden« zur Beratung der kirchenleitenden Organe, zunächst war dies neben der »Kammer für öffentliche Verantwortung« die »Kammer für soziale Ordnung«. Im Prozess der Ausdifferenzierung gesellschaftlicher Mitverantwortung der evangelischen Kirche wurden bis zu zehn parallel arbeitende Kammern und zeitweise zusätzliche ad-hoc-Kommissionen einberufen. Diese Struktur ist nunmehr abgelöst durch ein neuartiges Kammernetzwerk, das, gesteuert durch einen Leitungskreis, flexibel Persönlichkeiten des Netzwerkes zu bestimmten Arbeitsaufträgen zusammenführen soll, wodurch die Arbeit projektbezogener und zeitlich flexibler geschehen soll.

Die Kammern bzw. nunmehr das Kammernetzwerk sind den kirchenleitenden Organen klar nachgeordnet und haben die Aufgabe, diesen Organen zuzuarbeiten. Grundsätzlich werden eine interdisziplinäre wissenschaftliche Zusammensetzung sowie eine Berücksichtigung unterschiedlicher politischer und gesellschaftlicher Akteur*innen in diesen Gremien angestrebt. Ziel dieser Arbeit ist es, versachlichend und dialogfördernd in den Prozess der gesellschaftlichen Meinungsbildung einzugreifen und in besonderer Weise »vergessene oder verdeckte Zusammenhänge zur Sprache« (EKD 1970/1978: 65) zu bringen. Dementsprechend sind die jeweiligen Gremien immer wieder neu vor die Aufgabe gestellt, jeweils einen argumentativ begründeten, gesellschaftspolitisch innovativen Konsens zu erarbeiten, der im Idealfall von allen Mitgliedern der Kammern bzw. der im Netzwerk zusammengeführten Expert*innen getragen werden kann. Diese Einmütigkeit der Orientierung war bisher insbesondere für die Qualifizierung von Stellungnahmen als »Denkschriften« grundlegend, da diese die Funktion erfüllen sollen, in besonders grundlegenden Fragen einen »stellvertretenden Konsens« (Winkler 1984: 194) für die Gesellschaft zu formulieren.

In diesem Prozess spielt nicht zuletzt ethische Kompetenz eine große Rolle, so dass es eine wesentliche Aufgabe der an der Kammerarbeit beteiligten Sozialethiker*innen war und ist, die in den Diskussionen der entsprechenden Gremien aufbrechenden Zielkonflikte oder normativen Grundfragen, die über konkrete soziologische Analysen oder Instrumente zur Bekämpfung von Missständen hinausgehen, aufzuzeigen und im Sinn evangelischer Gewissensunterweisung zu schärfen. Gerade bei umstrittenen Meinungsbildungen ist es von zentraler Bedeutung, das jeweilige Recht unterschiedlicher Positionen herauszustellen und nicht vorschnell auf einen Konsens zu drängen. Die Vielfalt individueller Gewissensentscheidungen ist ebenso zu respektieren, wie es zugleich Aufgabe evangelischer Sozialethik ist, Richtungsimpulse für eine möglichst gemeinsam zu verantwortende Perspektive zu vermitteln. In dieser oft spannungsreichen Zusammenarbeit können diejenigen evangelischen Sozialethiker*innen, die in den entsprechenden kirchlichen Gremien mitarbeiten, im Dialog mit anderen kirchlich engagierten Expert*innen die Profilbildung evangelischer Ethik voranbringen. Nicht an diesen Prozessen beteiligte Sozialethiker*innen sind ihrerseits herausgefordert, in Kritik und/oder konstruktiver Weiterarbeit die entsprechenden Impulse begründet zurückzuweisen, zu reformulieren oder zu modifizieren.

Die Arbeit der kirchlichen Gremien ist im Grundsatz als eine interne Form der Beratung der Kirchen zu charakterisieren, wobei auf Grund der Annahme und der Veröffentlichung der Ausarbeitungen der Kammern durch den Rat der EKD zugleich eine breitere öffentliche Resonanz angestrebt wird. Die Resonanz ist somit einerseits »nach innen« (EKD 2008: 40) gerichtet – auf eine »Orientierung« der evangelischen Christen »für wichtige Fragen der Zeit« (ebd.) – und erfüllt andererseits »nach außen« (ebd.) gerichtet den Auftrag Christi, »sich für eine friedfertige und gerechte Welt einzusetzen« (EKD 2008: 41). In diesem Sinn finden sich in den entsprechenden Stellungnahmen Positionierungen aus evangelischer Sicht zu grundlegenden gesellschaftlichen Entwicklungen. Daneben und teilweise ergänzend zu den Positionierungen versuchen diese Erklärungen auch Zuspruch und Stärkung des Glaubens zu vermitteln.

Vor dem Hintergrund dieser Zielsetzungen ist insbesondere die innerkirchliche Rezeption der kirchlichen Stellungnahmen von hoher Bedeutung. In unterschiedlichen Formaten kirchlicher Bildungsarbeit wird versucht, die Themen und ethisch orientierenden Perspektiven der entsprechenden Texte und Stellungnahmen zu diskutieren. Dabei geht es wesentlich darum, kirchliche Mitarbeitende und insbesondere Ehrenamtliche auskunfts- und sprachfähig zu machen. Ebenso wie in der Ausbildung von Theolog*innen soll bei wichtigen, öffentlich diskutierten Fragestellungen auf diese Weise eine Hilfe zur Orientierung und insbesondere zur eigenständigen Urteilsbildung geleistet werden. Insofern gehört die Vermittlung sozialethischer Kompetenz im Rahmen solcher Bildungsformate zur genuinen Aufgabe evangelischer Sozialethiker*innen.

2.2. Evangelische Sozialethik und ihr Beitrag zur »öffentlichen Theologie«

Die Stellungnahmen der Kirche zielen immer auch nach außen, um den Beitrag des christlichen Glaubens zur Mitgestaltung der Gesellschaft deutlich zu machen. Dementsprechend trägt evangelische Sozialethik zum Projekt der »öffentlichen Theologie« bei, sofern dieses Projekt »die kritische Reflexion über das Wirken und die Wirkungen des Christentums in die gesellschaftliche Öffentlichkeit hinein sowie die dialogische Teilnahme am Nachdenken über die Identität und die Krisen, die Ziele und die Aufgaben der Gesellschaft« (Huber 1999: 117) meint.[12]

Allerdings haben sich die öffentliche Relevanz der Kirchen und ihr Selbstverständnis in den letzten beiden Jahrzehnten deutlich verändert. Weil sich speziell die evangelischen Kirchen lange Zeit schwergetan haben, ihre Herkunft und Tradition als staatsanaloge Institutionen in Frage zu stellen, ist der Versuch einer Selbstpositionierung im zivilgesellschaftlichen Feld ein langwieriger Prozess, der mit der Entwicklung einer »pluralismusfähigen« (EKD 2008: 46) Grundhaltung einhergeht. Dementsprechend ist ein mehr oder minder direkter Bezug als Gegenüber zum Staat nicht mehr konstitutiv, die Kirche versteht sich vielmehr als »intermediäre Institution« (Huber 1999: 267) in der Zivilgesellschaft. Im Hintergrund steht die Entwicklung, dass die Kirchen ihre vor allem in den 1950er Jahren restituierte, deutlich hervorgehobene Stellung in der Öffentlichkeit weithin verloren haben, sie sind nunmehr ein gesellschaftlicher Akteur neben vielen anderen. Ethische Fragen sind zunehmend »zu einem öffentlichen Thema geworden, zu dem nicht allein die Kirchen einen Beitrag leisten« (EKD 2008: 15).

Somit äußern sich die evangelischen Kirchen unter den Bedingungen eines gesellschaftlichen Pluralismus, was die Konsequenz nach sich zieht, dass ein Diskurs über gesellschaftliche Probleme explizit »nicht (mehr) als Interessenabgleich zwischen den Größen ›Staat‹ und ›Kirche‹ ..., sondern als Teil einer breit angelegten Kommunikation« (EKD 2008: 23) zu führen ist, in welchem unterschiedliche politische, ökonomische und zivilgesellschaftliche Akteure mit ihren jeweiligen Kompetenzen und Sichtweisen eingebunden sein sollen. Diese auf einen breiten Diskurs angelegte, »pluralismusfähige« Haltung nimmt die Bedingungen des gesellschaftlichen Pluralismus ernst, in dem eine kirchliche Stellungnahme »nur eine Stimme im vielstimmigen Chor der öffentlichen Diskussion« sein kann, allerdings »eine Stimme mit eigenem Gehalt, eigenem Rang und eigenem Gewicht« (EKD 2008: 42). Pluralismus meint in diesem Zusammenhang – im Unterschied zur Pluralität, die innerkirchlich als Vielfalt von Perspektiven auf das eine Heilshandeln Gottes interpretiert wird (vgl. EKD 2008: 45) – eine »Mehrzahl weltanschaulich-religiöser Ausrichtungen und Orientierungen ..., die durch fundamentale Differenzen voneinander unterschieden sind« (EKD 2008: 43).

---

[12] Wie »öffentliche Theologie« und/oder »öffentlicher Protestantismus« zu verstehen und voneinander abzugrenzen sind, bezeichnet diesbezüglich eine Differenz. Vgl. dazu in diesem Band die Beiträge von Reiner Anselm und Torsten Meireis. Ein wesentlicher Grund dieser Differenz liegt in einem unterschiedlich akzentuierten Kirchenverständnis.

Diese Realität ist einerseits unhintergehbar und erfordert andererseits von den evangelischen Kirchen eine Positionierung: Sie haben, da sie um die Unverfügbarkeit des eigenen Glaubens wissen, den gesellschaftlichen Pluralismus theologisch zu bejahen und sich von dieser Voraussetzung her als eine »wache, sensible und gerade so pluralismusfähige Kirche« (EKD 2008: 46) zu erweisen. Dies schließt profilierte und eigenständige Stellungnahmen im Wettbewerb um die Gestaltung des Gemeinwesens keinesfalls aus, weil gerade die Demokratie »mit der Vielfalt der Lebensstile und daher auch mit verschiedenen Vorstellungen vom guten Leben« (EKD 2017: 11) rechnet und insofern »Auseinandersetzungen um die Grundlagen und die künftige Gestalt des Gemeinwesens« (ebd.) benötigt. Eine »demokratische Streitkultur« mit einer möglichst umfassenden Beteiligung (EKD 2017: 12; 20) ist daher wünschenswert.

Das Plädoyer für eine pluralistische Vielfalt der Meinungen, die »nicht in einer umfassenden oder höheren Einheit aufgehoben werden können« (EKD 2008: 43), wie es ältere kirchliche Äußerungen zumeist implizit unterstellt hatten, findet seine Grenze allerdings dort, wo »Gewalt und Rassismus« (EKD 2017: 26) zum Ausdruck kommen. Darüber hinaus verstehen sich die evangelischen Kirchen – wie es der eigenen Tradition entspricht – als »Orte der Suche nach Kompromissen« (EKD 2017: 29) und sie sehen sich in besonderer Weise herausgefordert, »die Suche nach dem, was individuell und gemeinsam trägt und zusammenhält« (EKD 2008: 48), mitzugestalten. Konflikthafte Auseinandersetzungen und die Suche nach Konsens sind in dieser Perspektive aufeinander zu beziehen, wobei allerdings deutlich wird, dass es immer auch »bleibende Konflikte geben wird« und daher Wege zu finden sind, »um diese Konflikte aushalten zu können« (EKD 2017: 29).

Angesichts dieser Konstellation wissen sich die Kirchen vor die Aufgabe gestellt, ihre spezifischen Perspektiven in die Öffentlichkeit einzubringen, wie es über einen langen Zeitraum vorrangig im Modus der Denkschriften der Fall gewesen ist. In zwei Denkschriften zur Selbstklärung dieses Auftrages (EKD 1970/1978; EKD 2008) ist herausgestellt worden, dass die Bedeutung und mögliche Wirkung kirchlicher Stellungnahmen nicht in einer vorgegebenen oder angemaßten Autorität gründen können, sondern sich anhand ihrer »Schrift- und Sachgemäßheit (jeweils) im Vollzug bewähren und erweisen« (EKD 1970/1978: 58; EKD 2008: 13) müssen. Kirchliche Stellungnahmen sollen im öffentlichen Diskurs überzeugen. Ergänzend zu diesen beiden inhaltlich zentralen Kriterien sind die »Zeit- und Situationsgemäßheit« (Huber 2008: 9) wesentlich, um jeweils einen »passenden Zeitpunkt und (eine) ...passende inhaltliche Zuspitzung des kirchlichen Redens« (ebd.) zu finden. Die Legitimation eines solchen öffentlichen Redens leitet die evangelische Kirche theologisch, wie eingangs angesprochen, aus »dem umfassenden Verkündigungs- und Sendungsauftrag ihres Herren« (EKD 1970/1978: 49; EKD 2008: 19) ab.

Exemplarisch lässt sich dieses Profil anhand des Wirtschafts- und Sozialwortes der beiden großen Kirchen »Für eine Zukunft in Solidarität und Gerechtigkeit« aus dem Jahr 1997 aufzeigen. Die Kirchen haben hier ihr Selbstverständnis prägnant so formuliert, dass sie mit ihren öffentlichen Stellungnahmen »nicht selbst Politik machen«, sondern »Politik möglich machen« (EKD/DBK 1997: 7) wollen. Mit diesem Anspruch der Ermöglichung einer veränderten, konstruktiv auf neue Herausforderungen reagierenden Politik verstehen sich die Kirchen explizit weder als politische Parteien noch als Sachverständigengremien, sondern es geht ihnen darum, »für eine Wertorientierung einzutreten, die dem Wohlergehen aller dient« (EKD/DBK 1997: 8). Dieses Eintreten für das Gemeinwohl wird vielfach als eine besondere Domäne kirchlichen Redens angesehen. Es ist – der Logik des Wirtschafts- und Sozialwortes gemäß – insbesondere dann herausgefordert, wenn einzelne Gruppen ihre partikularen Interessen rigoros durchzusetzen trachten und es darum geht, »dem Anliegen jener Gehör zu verschaffen, die im wirtschaftlichen und politischen Kalkül leicht vergessen werden ... (die) Armen, Benachteiligten und Machtlosen, auch (die) ... kommenden Generationen und (die) ... stumme Kreatur« (ebd.).

Einige Denkschriften und vor allem die von beiden großen Kirchen erarbeiteten Stellungnahmen haben deutliche politische Impulse zu setzen vermocht, so bereits die erste EDK-Denkschrift zur Eigentumsbildung: Die Denkschrift forderte die Schaffung kräftiger Sparanreize sowie die Einführung eines Investivlohns, um eine breitere Eigentumsverteilung zu ermöglichen. Konkretisiert wurde diese Zielsetzung durch ein gemeinsam mit der römisch-katholischen Kirche im Jahr 1964 publiziertes Memorandum für eine breitere Eigentumsverteilung, das schließlich die Verabschiedung des zweiten Vermögensbildungsgesetzes und die gesetzliche Ermöglichung des Investivlohns mit vorbereiten geholfen hat (vgl. Strohm 1993: 117 ff.). Ebenso wegweisend war das gemeinsame »Wirtschafts- und Sozialwort« der Kirchen, das wesentlich dazu beigetragen hat, die Gerechtigkeitsthematik im Rahmen des Bundestagswahlkampfes 1998 zu verankern. Dieses Wort hat insofern auch eine unmittelbare Wirkung entfaltet, als dass die 1998 gewählte rot-grüne Bundesregierung in dem Gesetzgebungsverfahren zur Einführung eines regelmäßig zu erstellenden »Nationalen Armuts- und Reichtumsberichts« explizit auf dieses gemeinsame Wort der Kirchen Bezug genommen hat. In der Tradition dieser Beispiele versteht die evangelische Kirche ihr öffentliches Reden im Sinn einer »anwaltschaftliche(n) Haltung« (EKD 2008: 41), indem sie gemeinwohlorientierte Positionen vertreten will und sich insbesondere für gesellschaftliche Randgruppen ohne starke Lobby engagiert.

Im Vergleich zu früheren Stellungnahmen dient es der Transparenz, dass in dem Selbstverständigungspapier »Das rechte Wort zur rechten Zeit« von 2008 auch das Eintreten für Belange, welche die Kirche »und ihren Auftrag unmittelbar betreffen« (EKD 2008: 41), thematisiert wird. Dabei wird herausgestellt, dass die

Kirche »um der Wahrnehmung und Erfüllung ihres Auftrages willen auch für eigene Interessen und Belange streiten« (ebd.) darf und muss. Angestrebt wird in diesen Fällen, dass es nicht primär und allein um ein Eigeninteresse der Kirche geht, sondern dass die jeweiligen Anliegen einen wichtigen gesellschaftlichen Bezug aufweisen. Als Beispiel ist hier der Einsatz der Kirchen für den Sonntagsschutz zu nennen, der einerseits ein deutliches kirchliches Anliegen benennt, aber auch Interessen von vielen Arbeitnehmer*innen unterstützt und nicht zuletzt der Stärkung der Sozialkultur der Gesellschaft insgesamt dient. Ähnliches gilt für sozialpolitische Anliegen, welche die Kirchen öffentlich vertritt. Hier können auch Eigeninteressen im Spiel sein, wenn etwa der Ausbau und die finanzielle Unterstützung von Kindertagesstätten und anderen Einrichtungen gefordert wird, wobei vielfach die Kirchen bzw. die Diakonie als Trägerinstitutionen fungieren. Diese Doppelrolle als sozialanwaltschaftlich-öffentliche Stimme und zugleich als institutionelle Akteurin in diesem Feld nimmt in besonderer Weise die Diakonie ein. Sozialethische Reflexion hat hier zur Rollenklarheit und -transparenz beizutragen. Gerade aufgrund der der Wissenschaftsfreiheit verpflichteten universitären Verankerung ist evangelische Sozialethik herausgefordert, in der ihr eigenen Unabhängigkeit und Distanz gegenüber kirchlichen und diakonischen Akteur*innen sozialpolitische Anliegen, nachvollziehbare Eigeninteressen und klassischen Lobbyismus zu differenzieren und in begründeten Fällen eine kritische Position gegenüber den Kirchen und ihren Sozialverbänden zu beziehen. Evangelische Sozialethik hat diesbezüglich die Aufgabe, an die Voraussetzungen und Bedingungen des kirchlichen Auftrags zu erinnern und in diesem Sinn eine selbstkritische Perspektive im Blick auf die kirchliche und diakonische Praxis einzunehmen. Denn nur dann ist die »Überzeugungskraft und Plausibilität« kirchlicher Forderungen erkennbar, wenn die Kirche »selbst mit gutem Beispiel vorangeht und zumindest Zeichen setzt. Kirchliche Äußerungen müssen sich daran messen lassen, ob sie von den Kirchen und ihrer Diakonie selbst befolgt werden« (EKD 2008: 38). Die Notwendigkeit eines stimmigen Gesamtkonzepts von kirchlicher bzw. diakonischer Praxis einerseits und einer dem Evangelium gemäßen Kommunikation gesellschaftspolitischer Forderungen andererseits ist in diesem Sinn ein wesentlicher Maßstab, an dem sich evangelische Sozialethik orientiert und den sie kirchenintern wie öffentlich zu vertreten hat.

3. Ausblick

Evangelische Sozialethik steht in vielfältigen Bezugsverhältnissen, zum universitären, zum kirchlichen und zum zivilgesellschaftlich-öffentlichen Kontext. Innerhalb der Universität thematisiert sie – ausgehend von internen theologischen Klärungen – vorrangig im Dialog mit den Human- und Gesellschaftswissenschaften – die normativen Dimensionen gesellschaftlicher und wissenschaftlicher Entwicklungen. Dabei stellt sie ihre spezifischen Bewertungsmaßstäbe zur Diskussion und fragt nach expliziten und impliziten normativen Wertungen anderer Disziplinen.

Im Sinn der wachsenden Bedeutung der Wissenschaftskommunikation in der Öffentlichkeit stellt evangelische Sozialethik ihre Expertise in den Dienst kirchlicher wie allgemeiner zivilgesellschaftlicher Diskussionsprozesse. Insofern ist sie als ein Beispiel der Ausgestaltung interner und öffentlicher Beratung von Akteur*innen der Zivilgesellschaft zu verstehen. Einerseits engagieren sich evangelische Sozialethiker*innen in kirchlichen (und anderen zivilgesellschaftlichen) Gremien und arbeiten auf diese Weise vorrangig, jedoch nicht nur, kirchlichen Leitungsorganen zu. Andererseits versuchen sie nach außen gegenüber kirchlichen Gremien wie gegenüber einer breiten Öffentlichkeit meinungsbildend zu wirken und aus evangelisch-sozialethischer Sicht kirchliche wie öffentliche Diskussionen zu beeinflussen und ggf. zu prägen. Eine derartige Form der Rollenpluralität ist kompliziert, kann sich aber bei einer Klarheit und Transparenz über die jeweilige Rolle als fruchtbar erweisen. So beteiligen sich Sozialethiker*innen an kontroversen innerkirchlichen und zivilgesellschaftlichen Diskussionen – gegenwärtig etwa hinsichtlich der Friedensethik, der Inklusionsdebatte oder gentechnischer Entwicklungen –[13] und engagieren sich auf diese Weise für eine Profilierung der ethischen Urteilsbildung innerhalb der evangelischen Kirche. Zugleich knüpfen sie Kontakte zu anderen zivilgesellschaftlichen Akteur*innen und verbreitern so das Spektrum der Meinungsbildung innerhalb der evangelischen Sozialethik.

In diesem Sinn sind nicht zuletzt durch die theologisch-sozialethische Arbeit in kirchlichen Gremien und zivilgesellschaftlichen Initiativen weitreichende Impulse für gesellschaftliche Reformprozesse ausgegangen, wie es insbesondere anhand des Wirtschafts- und Sozialwortes der Kirchen von 1997 exemplarisch gezeigt werden kann. Grundlegend für eine bedeutendere öffentliche Wirkung dürfte, wie auch bei anderen Wissenschaftler*innen, die institutionelle Einbindung der Sozialethiker*innen sein. Dabei kommt es, wie es exemplarisch in vielen kirchlichen Gremien der Fall ist, auf eine interdisziplinäre und im Blick auf gesellschaftliche Interessen kontroverse Zusammensetzung an. Gerade im Zusammenwirken von hauptamtlichen kirchlichen Funktionsträger*innen, ehrenamtlich Engagierten und universitären Sozialethiker*innen können konstruktiv neue Perspektiven eröffnet werden. Auf diese Weise gelingt es immer wieder, die Orientierungskraft evangelischer Sozialethik angesichts gesellschaftlicher Wandlungsprozesse deutlich zu machen. Viele kirchliche Gremien sind von einer gemeinwohlorientierten Suche nach konsensfähigen Lösungen

---

[13] Vgl. hierzu die Beiträge von Dieter Beese, Anika Albert und Clemens Wustmans in diesem Band.

geprägt. Allerdings wird, anders als in der Vergangenheit, die hohe Bedeutung produktiver Konflikte, wie sie für universitäres Arbeiten ohnehin kennzeichnend ist, deutlicher benannt und gewürdigt.

In diesem Sinn geht es um die Organisation von Suchprozessen der Verständigung. Wenn die beiden »großen« Kirchen solche Verständigungsprozesse mit einer breiten Beteiligung, wie es exemplarisch im Rahmen des Konsultationsprozesses zur Vorbereitung des Wirtschafts- und Sozialwortes praktiziert worden ist, gemeinsam durchführen, können sie am ehesten eigenständige, profiliert christlich geprägte Beiträge in den öffentlichen Diskurs einbringen und haben die Chance, von Politiker*innen und Medien wahrgenommen zu werden. Dementsprechend ist eine ökumenische Orientierung für viele Bereiche der sozialethischen Arbeit grundlegend, ohne dabei durch vorschnelle und nicht tragfähige Konsenspapiere die gemeinsamen Suchprozesse scheinbar zu erleichtern. Gerade im Feld der ökumenischen Arbeit an sozialethischen Themen gilt, dass Konsens und Konflikt in eine spannungsvolle Balance zu bringen sind.

LITERATUR

Die Barmer Theologische Erklärung, Einführung und Dokumentation, hrsg. von Alfred Burgsmüller und Rudolf Weth, Neukirchen 1984.
von Bismarck, Klaus (Hrsg.): Die Kirche und die Welt der industriellen Arbeit. Die EKD-Synode 1955 in Espelkamp, Witten 1955.
Brakelmann, Günter: Über den Segen einer komparativen Ethik, in: Karl-Wilhelm Dahm (Hrsg.), Sozialethische Kristallisationen. Studien zur verantwortlichen Gesellschaft, Münster 1997, 49–58.
Dabrock, Peter: Folgt der Wissenschaft?, in: FAZ vom 13.12. 2021, 6.
Evangelische Kirche in Deutschland (EKD)/Deutsche Bischofskonferenz (DBK): Für eine Zukunft in Solidarität und Gerechtigkeit. Wort des Rates der EKD und der DBK zur wirtschaftlichen und sozialen Lage in Deutschland, Hannover/Bonn 1997.
EKD: Aufgaben und Grenzen kirchlicher Äußerungen zu gesellschaftlichen Fragen (1970), in: Die Denkschriften der EKD, Bd. 1/1, Gütersloh 1978.
EKD: Das rechte Wort zur rechten Zeit. Eine Denkschrift des Rates der EKD zum Öffentlichkeitsauftrag der Kirche, Gütersloh 2008.
EKD: Konflikt und Konsens. Politik braucht Auseinandersetzung, Hannover 2017.
Graf, Friedrich Wilhelm: Die Wiederkehr der Götter. Religion in der modernen Kultur, München 2007.
Haucap, Justus/Thomas, Tobias/Wagner, Gert G.: Welchen Einfluss haben Wissenschaftler in Medien und auf die Wirtschaftspolitik?, in: Wirtschaftsdienst, 95. Jg. (1), Januar 2015, 68–75.
Huber, Wolfgang: Kirche in der Zeitenwende. Gesellschaftlicher Wandel und Erneuerung der Kirche, Gütersloh 1999.

Huber, Wolfgang: Vorwort, in: Das rechte Wort zur rechten Zeit. Eine Denkschrift des Rates der EKD zum Öffentlichkeitsauftrag der Kirche, Gütersloh 2008, 7–11.

Jähnichen, Traugott: Das SWI hatte Vorläufer: Anfänge sozialethischer Besinnung – Das sozialwissenschaftliche Institut in Genf, in: Moderne Zeiten – soziale Gerechtigkeit? 20 Jahre Sozialwissenschaftliches Institut der EKD, hrsg. von Ulf Claußen, Bochum 1989, 30–37.

Jähnichen, Traugott: Artikel »Evangelisch-sozialer Kongreß«, in: RGG, 4. Aufl., Bd. 2, hrsg. von H. D. Betz u. a., Tübingen 1999, Sp. 1733 f.

Jähnichen, Traugott: Evangelischer Glaube in der pluralen Religionskultur der Moderne, Stuttgart 2023.

Jaspers, Karl: Max Weber. Politiker – Forscher – Philosoph (1932), in: Ders., Max Weber. Gesammelte Schriften. Mit einer Einführung von Dieter Henrich, München 1988, 49–114.

Kirchgessner, Kilian: Das heisse Thema, in: HumboldtKosmos Nr. 113/2021, 13–20.

Peukert, Detlev: Max Webers Diagnose der Moderne, Göttingen 1989.

Reydon, Thomas: Wissenschaftsethik, Stuttgart 2013.

Schweitzer, Albert: Kultur und Ethik, München 1958 (11. unver. Aufl., Erstaufl. 1923).

Soziale Programme der Kirchen und freier religiöser Organisationen. Life and work. Studien und Dokumente, Berlin 1930 (2. Aufl.).

Strohm, Theodor: »Eigentum in Arbeitnehmerhand« im Lichte der evangelischen Sozialethik, in: Beteiligung am Produktiveigentum. Hrsg. vom Kirchenamt der Evangelischen Kirche in Deutschland und vom Sekretariat der Deutschen Bischofskonferenz, Hameln: Sponholtz 1993, 117–135.

Thielicke, Helmut: Kirche und Öffentlichkeit, Tübingen 1948.

Weber, Max: Der Sinn der »Wertfreiheit« der soziologischen und ökonomischen Wissenschaften (1917), in: Ders., Gesammelte Aufsätze zur Wissenschaftslehre, Tübingen 1982, 489–540.

Weber, Max: Wissenschaft als Beruf (1920), in: Über das Studium der Geschichte, hrsg. von W. Hardtwig, München 1990, 195–227.

Winkler, Tilmann: Kirche und Expertentum – Die Denkschriftenarbeit der Kammern und Kommissionen der EKD, in: Die Mitarbeit, 33. Jahrgang, Heft 3/1984, 188–196.

Wissenschaftsrat: Empfehlungen zur Weiterentwicklung von Theologien und religionsbezogenen Wissenschaften an deutschen Hochschulen, Köln 2010, zitiert nach: Walter Homolka/Hans-Gert Pöttering: Vorwort, in: Dies. (Hrsg.), Theologie(n) an der Universität. Akademische Herausforderung im säkularen Umfeld, Berlin/Boston 2013.

Zische, Frank: »Evangelische Wirtschaftsethik«. Eine Untersuchung zu Georg Wünschs wirtschaftsethischem Werk, Erfahrung und Theologie, Frankfurt a. M. 1996.

Impulse aus der Tradition evangelischer Sozialethik

»... EIN VETTER DES TRINKHALLENBESITZERS ...«

GÜNTER BRAKELMANN UND SEINE BERUFUNG AUF DEN NEU ERRICHTETEN LEHRSTUHL FÜR CHRISTLICHE GESELLSCHAFTSLEHRE IM JAHR 1972

Norbert Friedrich

Es mag vielleicht aus einem aktuellen Blickwinkel fast beruhigend erscheinen, aber die Klage über den Relevanzverlust von Kirche und Theologie bestimmte schon die Diskurse der 1960er Jahre. In den letzten Jahren ist diese Zeit des Umbruchs verstärkt in den Blick der kirchlichen Zeitgeschichtsforschung gerückt, selbst wenn eine genaue und auch den Bildungsbereich umfassende Studie bisher noch fehlt (vgl. Hermle/Lepp/Oelke 2007; Greschat 2013; Großbölting 2013). Dabei findet sich auch in der zeitgenössischen Literatur zur jüngeren Geschichte des deutschen Protestantismus die Klage über diesen Relevanzverlust von Kirche und Gesellschaft in den 60er und 70er Jahren des 20. Jahrhunderts, nicht zuletzt verursacht durch eine komplett veränderte politisch-gesellschaftliche Situation.

Beispielhaft schreibt der Neutestamentler Eduard Lohse (1924–2015), von 1971 bis 1988 Landesbischof der Hannoverschen Landeskirche und EKD-Ratsvorsitzender (von 1979 bis 1985) in seinem Lebensbericht: »Um die Wende von den sechziger zu den siebziger Jahren wurde eine gewisse innere Schwäche der evangelischen Kirche an manchen Symptomen sichtbar. Die Zahlen derjenigen, die der Kirche den Rücken kehrten, stiegen nicht unerheblich. Die Gottesdienste wurden schwächer besucht. Die Kraft des Kirchentages, der in der unmittelbaren Nachkriegszeit große Bedeutung gewonnen hatte, ließ nach. (...) Weil sich innere Schwäche aber nicht durch ein neues äußeres Gewand überdecken läßt, mußte die Erneuerung der Kirche sich vornehmlich darauf richten, Reform der Kirche im Zentrum ihres Lebens zu bedenken und zu fördern.« (Lohse 1990, 27)

Lohse macht schon mit dem Titel des Buches »Erneuern und Bewahren« auf das Spannungsverhältnis der damaligen Zeit aufmerksam, wobei ihm offensichtlich das »Bewahren« ein größeres Anliegen war, mit dem er sich dem »Absturz in die Nachmoderne« (Großbölting 2013) entgegenstemmen wollte.

In diese Zeit der Transformation, die ebenso von Verunsicherung wie von großem Veränderungswillen und Hoffnung geprägt war, fiel auch der Beginn des flächendeckenden Ausbaus der Universitäten in der gesamten Bundesrepublik.

Dabei nimmt die 1965 offiziell eröffnete Ruhr-Universität Bochum eine gewisse Sonderstellung ein, da man dort erstmals nach 1945 »eine Universität von Grund auf neu« (vgl. Stallmann 2004a: 175; Stallmann 2004b) schuf. Die Gründung im »rheinisch-westfälischen Industrierevier«, wie es in der Empfehlung des Wissenschaftsrates von 1960 hieß (vgl. Stallmann 2004a: 173), war nicht allein mit der dortigen »Unterversorgung« an Bildungseinrichtungen und der gezielten Strukturförderung zu erklären. Sehr früh tauchten eine Reihe von inhaltlichen Überlegungen auf wie die Forderung nach verstärkter Interdisziplinarität und die Idee der Überwindung von Gegensätzen zwischen Technik und Geisteswissenschaften (vgl. Stallmann 2004a: 177 f.).

Die Ruhr-Universität Bochum war zusammengefasst eine als Campus-Universität gegründete Reformuniversität. Ihr Standort mitten im dichtbesiedelten und industrialisierten Ruhrgebiet war Programm in einer Phase expansiver Bildungsreform.

Die Einrichtung theologischer Fakultäten wurde dabei erst in einer späten Gründungsphase beschlossen (vgl. Brakelmann/Friedrich/Jähnichen, 1998: 313-317). Zunächst war nur die Einrichtung sog. »Weltanschauungslehrstühle« geplant gewesen – eine Idee, die bei beiden Kirchen auf Kritik stieß (vgl. Dietz 1990: 55-128; Dietz 1996: 44-59).

Während das 1958 neugegründete Bistum Essen innerhalb seiner Diözese eine eigene Priesterausbildung haben wollte, hatte die evangelische Kirche von Westfalen (zu der Bochum gehört) zunächst nur wenig Interesse an einer zusätzlichen Ausbildungsstätte für zukünftige Pfarrerinnen und Pfarrer, Religionslehrerinnen und Religionslehrer in Westfalen.

So war die Gründung einer Fakultät besonders der katholischen Kirche zu verdanken, auch wenn es maßgebliche evangelische Stimmen gab. Diese waren besonders der Bochumer Pfarrkonvent und die Evangelische Stadtakademie Bochum, die sich nicht nur im sog. »Städtekampf« mit Dortmund für Bochum aussprachen, sondern auch theologische Fakultäten forderten (vgl. Brakelmann 2003: 47-98).[1] Ohne theologische Fakultäten wäre die Idee der Universität nicht vollständig umgesetzt. Auch der NRW-Kultusminister und Pfarrerssohn Werner Schütz (1900-1975) konnte sich eine Universität ohne wissenschaftliche Theologie nicht vorstellen.

Nachdem dann im Februar 1962 der Hannoversche Landesbischof und stellvertretende Vorsitzende des Rates der EKD, Hanns Lilje (1899-1977), in einem Vortrag (»Von der Freiheit des Geistes«) (vgl. Lilje 1962)[2] vor der Evan-

---

[1] Das entsprechende Gutachten des Bochumer Pfarrkonventes befindet sich im Universitätsarchiv Bochum, *Gesellschaft der Freunde der Ruhr-Universität Bochum e.V., Nr. 1*.

[2] Das hektographierte Exemplar befindet sich im Universitätsarchiv Bochum, Bestand 007, Bd. 1. Lilje beruft sich in seiner Rede v. a. auf das Freiheitsverständnis Luthers. Die entscheidende Passage zur Universität Bochum lautet: »Hier ist einer der seltenen Au-

gelischen Stadtakademie Bochum vehement für eine Universität mit vollständiger wissenschaftlicher Theologie eingetreten war und dies mit dem Bildungsverständnis der reformatorischen Theologie begründet hatte, fiel schließlich im März 1962 im Gründungsausschuss der Universität die Entscheidung zur Errichtung zweier vollständiger theologischer Fakultäten. Somit wurde die Ruhr-Universität Bochum die einzige Universitätsgründung in der Aufbruchsphase nach 1960, die zwei theologische Fakultäten erhielt (vgl. Huber 1973: 351–359; o. A. 1962).[3]

Die Berufung der ersten Professoren erfolgte 1962/63 mit dem Kirchenhistoriker Walter Elliger (1903–1985) (vgl. Friedrich 2008: 105–120), dem Systematiker Gottfried Hornig (1927–2010) (vgl. o. A. Theologische Literaturzeitung 2011: 117f.) und insbesondere dem Neutestamentler Heinrich Greeven (1906–1990) (vgl. Mell 2015: 233–254), der später zum ersten Rektor der Universität gewählt wurde und 1965 mit einem Vortrag zum Thema »Und Gott sprach« die Universität eröffnete (vgl. Greeven 1965: 26–40).

Konzipiert und in großen Teilen realisiert wurde dann eine voll ausgebaute theologische Fakultät, wobei neben der Doppelbesetzung der klassischen Disziplinen ein besonderer Schwerpunkt durch ein eigenes ökumenisches Institut gesetzt wurde.

Abgesehen von den beiden Nestoren der Fakultät, Heinrich Greeven und Walter Elliger, und – etwas jünger – dem Ökumeniker Hans Heinrich Wolf (1911–1987), wurden in der Besetzungsphase, die bis zum Anfang der 70er Jahre dauerte, jüngere Wissenschaftler auf die Lehrstühle berufen, die noch am Anfang ihrer akademischen Karriere standen.

In den ersten Jahren stand, neben drängenden Aufbauproblemen, die Fakultät schnell vor den Auseinandersetzungen der Studentenbewegung, die auch in Bochum, mit leichter Verspätung, den Diskurs bestimmte (vgl. Jähnichen/

---

genblicke, da wir Theologen von uns einmal etwas Gutes sagen müssen: Unser Studium ist immer noch das am meisten zweckfreie Studium an der ganzen Universität heute, von wenigen Ausnahmen im Bereich der Philosophie abgesehen. Wir Theologen treiben noch ein Studium, in dem die Zweckbestimmung, das Pragmatische, nicht von Anfang bis Ende dominierend ist. ... Aber das Gespräch, das eine hohe Schule, eine Universitas Literarum führen soll, ist nicht vollständig, wenn nicht die Auseinandersetzung mit dem, was die Theologie ist, ständig geführt wird, deswegen sollte man nicht den Ausweg in einzelne Lehrstühle suchen, sondern eine richtige Fakultät bilden«. Vgl. auch die sich anschließenden Zeitungsberichte, z. B. Westdeutsche Allgemeine Zeitung (WAZ) v. 21.2. 1962 (»Theologische Fakultät gehört zur Ruhr-Universität«).

[3] Das Gutachten des Gründungsausschusses mit den Empfehlungen für die einzelnen Fakultäten ist einsehbar in: https://einrichtungen.ruhr-uni-bochum.de/de/geschichte-der-rub (Zugriff 31.05.2023).

Friedrich 1998: 128-154). Dabei repräsentierten die berufenen Professoren verschiedene theologische Traditionen und Forschungsschwerpunkte.

Deutlich machen kann man dies vielleicht an den beiden 1965 bzw. 1967 nach Bochum berufenen Praktischen Theologen Hans-Eckehard Bahr (1927-2019) und Johannes Schreiber (1927-2016). Während Bahr durch die amerikanische Bürgerrechtsbewegung und einen längeren Amerikaaufenthalt geprägt war, eine breite Öffnung in Kirche und Gesellschaft befürwortete und so seine Kritik an überkommenen Traditionen der Kirche formulierte, stand Schreiber in der Tradition der liberalen historisch-kritischen Exegese, profilierte sich in dieser Frage in den öffentlichen Konflikten der 60er Jahre, stand aber gleichwohl, anders als Bahr, einer Politisierung von Kirche und Theologie ablehnend gegenüber; gleichzeitig repräsentierte er eine theologische Tradition, die von evangelikalen Kreisen abgelehnt wurde.

Die theologischen Gegensätze (vgl. Jähnichen/Friedrich 1998: 133 f.), die sich an diesen beiden Persönlichkeiten äußern, zeigen, dass sich Kirche und Theologie in der damaligen Zeit veränderten. Die in der Diskussion befindlichen Begriffe, wie Individualisierung und Pluralismus, treffen auch hier den Kern der Entwicklung. Verbindlichkeit und Normativität schwanden zusehends, stattdessen wurden alte Frontstellungen, die den Protestantismus schon immer bestimmt hatten, etwa die Konflikte zwischen liberalen und konservativen Protestanten, wieder virulent. Hinzu kamen vielfältige programmatische und thematische Öffnungen innerhalb der Theologie, wobei hier besonders die Öffnung zu den Sozial- und Humanwissenschaften herausgestellt werden soll, mit denen ein neuer Dialog begonnen wurde (vgl. Jähnichen 2008: 45 ff.).

Für all dies war eine neugegründete Fakultät an einer Universität ideal, die zudem von vielen Studierenden aus der Region besucht wurde, die oftmals nicht aus akademischen und bildungsbürgerlichen Haushalten kamen. Wichtige Themen waren insbesondere Fragen nach Partizipation und Mitbestimmung innerhalb der Hochschule sowie die Forderung an Kirche und Christen, verstärkt eigene gesellschaftliche Verantwortung zu übernehmen. Theologie sollte eine gesellschaftliche Relevanz haben, gerade in einer Region, in der die Industrie von Strukturwandel und Veränderungen betroffen war.

Alle diese Positionen lassen sich gut in der Geschichte der Einrichtung des neuen Lehrstuhls für Christliche Gesellschaftslehre und der Berufung des ersten Lehrstuhlinhabers, Günter Brakelmann, 1972 skizzieren.

Schon in den Empfehlungen zu den einzelnen Abteilungen der neu zu gründenden Ruhr-Universität Bochum hieß es 1962 zur Abteilung für Evangelische Theologie programmatisch, man wolle »die besonderen örtlichen Gegebenheiten des Ruhrgebietes« berücksichtigen (vgl. o. A. 1962: 13). Auch wenn dort der Lehrstuhl noch nicht explizit genannt wurde und nicht recht klar war, was man genau damit meinte, war doch deutlich, dass man sich verstärkt gesellschaftlich-sozialethischen Fragestellungen mit Blick auf den beginnenden Strukturwandel zuwenden wollte.

Innerhalb der Gründungsüberlegungen hatten sowohl der katholische Theologe Joseph Höffner (1906–1987), zu diesem Zeitpunkt noch Inhaber des Lehrstuhls für Christliche Gesellschaftslehre an der Universität Münster, als auch der Systematiker Carl Heinz Ratschow (1911–1999), Professor in Münster bzw. Marburg, bei der Einrichtung und Profilierung der Fakultäten beraten. Höffner hatte dabei u. a. auf die Bedeutung der christlichen Sozialwissenschaften hingewiesen (vgl. Hermanns 2006).[4]

Nach der Berufung der ersten Professuren, die die grundsätzliche Lehre abdecken konnten, stockte allerdings die weitere Profilierung der Fakultät. Grund war offensichtlich der sehr dynamische Aufbau der Universität insgesamt, der die theologische Abteilung gegenüber anderen etwas ins Hintertreffen brachte. Jedenfalls wurde der vorgesehene ethische Lehrstuhl – noch ohne explizite inhaltliche Beschreibung – von der Planstelle her 1967 zunächst an die wirtschaftswissenschaftliche Fakultät ausgeliehen, da diese das Personal dringend brauchte (vgl. Jähnichen/Friedrich 1998: 133 f.). Die Stelle sollte später an die Ev. Theologie zurückfallen. Als nun zu Beginn der 1970er Jahre klar wurde, dass der Aufwuchs an Studierenden überall eine Stellenausweitung notwendig machte, stimmte das Rektorat im März 1971 der Ausschreibung eines weiteren Lehrstuhls in der Abteilung für Evangelische Theologie zu. Dieser hieß nunmehr »Christliche Gesellschaftslehre«, in Parallelität zur Abteilung für Katholische Theologie, wo ein solcher Lehrstuhl schon bestand. Er wurde im April 1971 öffentlich ausgeschrieben.[5]

Parallel zum anlaufenden Besetzungsverfahren kam es zu einer bemerkenswerten Initiative von zwei sozialdemokratischen Landtagsabgeordneten. Hans-Guenter Toetemeyer (1930–2017) aus Köln, der einmal Ev. Theologie an der KiHo Wuppertal studiert hatte, und Michael Hereth (*1938), Bochumer Landtagsabgeordneter, wollten eine Umwidmung des Lehrstuhls für Christliche Gesellschaftslehre erreichen. Sie sahen hier eine zu geringe Relevanz und wollten eine stärker soziologische Ausrichtung (vgl. o. A. 1971: 25 f.). Dieser Vorstoß wurde von der Universität und der Abteilung als Störaktion empfunden, beeinflusste aber das Besetzungsverfahren nicht.

Die Kommission begann ihre Arbeit mit dem Versuch der inhaltlichen Beschreibung eines solchen Lehrstuhls. Als Konsens wurde schließlich eine Aufgabenbeschreibung definiert, die durchaus einen weiten Interpretationsraum

---

[4] Vgl. auch Theologische Fakultät an der Ruhr-Universität, in: Landesarchiv NRW, NW 1243, Nummer 485.

[5] Die Berufung sowie Diskussionen während des Verfahrens lassen sich gut anhand dieser Personalakte rekonstruieren; zu den haushaltstechnischen Fragen vgl. Landesarchiv NRW, NW 1310, Nr. 1266 (Akte Prof. Dr. Günter Brakelmann).

ließ, allerdings auch eine Reihe von Leitplanken setzte. Wichtig war dabei allen beteiligten Professoren, dass die Stelle mit einem Theologen besetzt werden sollte.

Es heißt konkret: »Es wird übereinstimmend festgestellt, daß sich der Lehrstuhl nicht auf empirische Sozialforschung beschränken soll. Vielmehr soll das Gewicht der Lehr- und Forschungstätigkeit auf Fragen sozialethischer Normen unter Berücksichtigung der Sozialgeschichte liegen. Gleichzeitig und sehr wesentlich aber ist der Bezug theologischer Normen auf aktuelle gesamtgesellschaftliche Problemzusammenhänge herauszuarbeiten und zu reflektieren.

Im Verhältnis zu den Belangen anderer Lehr- und Forschungseinrichtungen in unserer eigenen und in anderen Abteilungen solle eine Verdoppelung der Lehr- und Forschungsverpflichtungen vermieden werden. Der Lehrstuhl solle definitiv-theologisch verstanden werden, nicht religionssoziologisch im engeren Sinne, auch nicht kirchensoziologisch, sondern makrosoziologisch im Blick auf das Verhältnis von Kirche und Gesellschaft.«[6]

In der Kommission war der Vertreter der Abteilung für katholische Theologie, Professor Gustav Ermecke (1907–1987) (vgl. Sobiech 2002: 464–469; Schmidt 2014: 390), der dort bereits seit 1965 den Lehrstuhl für Gesellschaftslehre innehatte, der Einzige, der formal das Fachgebiet vertrat. Allerdings stieß Ermeckes heilstheologische Auslegung der christlichen Gesellschaftslehre nicht nur bei den Studierenden auf Ablehnung. Zu Kooperationen oder Kontakten zwischen den beiden Lehrstühlen ist es auch später offensichtlich nicht gekommen.

Bis zum Ende der Bewerbungsfrist Ende Juni 1971 gingen insgesamt 13 Bewerbungen ein. Obwohl es ausdrücklich verlangt war, war nur eine knappe Mehrheit der nur männlichen Bewerber habilitiert; viele arbeiteten zur Zeit der Bewerbung nicht an der Universität, sondern bei einer kirchlichen Einrichtung. All dies trifft auch auf den späteren Lehrstuhlinhaber Günter Brakelmann zu. Wenngleich die Bandbreite der Geburtsjahrgänge von 1922 bis 1939 reichte, war die Mehrheit in den 1930er Jahren geboren. Im Laufe des Verfahrens kam noch eine vierzehnte Person dazu, die Benennung erfolgte auf Hinweise aus der Fakultät selbst.[7] Dabei handelt es sich um den Sozialethiker Theodor Strohm[8] (*1933), der zu dem damaligen Zeitpunkt in Berlin an der Kirchlichen Hoch-

---

[6] Hier zitiert nach dem Brief zur Besetzung des Lehrstuhls des Dekans der Abteilung für Evangelische Theologie an den Minister für Wissenschaft und Forschung des Landes NRW vom 7. Februar 1972, in: Universitätsarchiv Bochum, Einzelakten diverser Provenienzen, Nr. 26.

[7] Da noch einige der Personen, die sich damals beworben hatten, leben, wird – obwohl die Namen durch das Flugblatt des Fachschaftsrates damals bekannt waren –, auf die Nennung verzichtet. Dies ist auch deswegen möglich, weil sich sehr schnell eine kleine Gruppe von Favoriten herauskristallisierte.

[8] Vgl. zu Strohm https://de.wikipedia.org/wiki/Theodor_Strohm (Zugriff: 11. Juni 2023).

schule lehrte. Dieser gehörte dann, gemeinsam mit Christian Walther[9] (1927–2012) und Siegfried Keil (1934–2018), schnell zum Favoritenkreis. Strohm wurde erst kurz vor den Probevorlesungen zu einem Vortrag eingeladen.

Günter Brakelmann, der seit 1970 Direktor an der Evangelischen Akademie Berlin war und seine Habilitation nicht abgeschlossen hatte, entschloss sich erst knapp vor dem Ende der Bewerbungsfrist, seine Unterlagen einzureichen, wohl auch nach Hinweis des Bochumer Assistenten Hans-Jürgen Benedict, der Brakelmann auf einem Vortrag gehört hatte.[10] Brakelmann wies in seinem Lebenslauf ausdrücklich auf die noch fehlende Habilitation hin. Bei Brakelmann wurden im Verfahren besonders dessen pädagogische Fähigkeiten hervorgehoben. Übrigens finden sich viele der Genannten, inklusive Günter Brakelmann, bereits auf ersten Namenslisten aus dem Jahr 1962, die im Vorbereitungskreis für die Universitätsgründung ventiliert wurden, wobei es damals primär darum ging, ob es überhaupt genügend Personen zur Besetzung der Lehrstühle gebe (o. A. o. D.: 403; Walther 1962).

Die Offenheit des Bewerberkreises spiegelt die Tatsache wider, dass es für den zu besetzenden Lehrstuhl weder ein formuliertes Programm noch eine Konzeption innerhalb der Abteilung für Ev. Theologie gab. Dies wurde auch schnell von den Studierenden kritisiert, die sich intensiv für die Besetzung engagierten und das gesamte Verfahren begleiteten.

Dabei gerieten die Diskussionen um die Besetzung in doppelter Weise in den Fokus der Öffentlichkeit. Einerseits ging es um die Frage der Partizipation, um die Frage, wer welche Mitspracherechte bei der Besetzung hatte. Konkret wurde dies bei der Frage des Einflusses des sog. wissenschaftlichen Mittelbaus und der Studentenschaft an der Hochschule. Hier hatte es zuvor Kontroversen um eine neue Verfassung der Ruhr-Universität gegeben, die wegen weitgehender Mitbestimmungsrechte von vielen stark kritisiert und gerne »Biedenkopf-Verfassung« (vgl. Schreiber 1992: 269–290; Stallmann 2004b: 223 ff.) genannt wurde. Andererseits stand ein so benannter Lehrstuhl trotz der Unklarheit der Schwerpunkte in einem besonderen politischen Interesse in der Zeit der Studentenbewegung.

Wie stark dieses Verfahren nun im öffentlichen Fokus stand, wird an dem 16-seitigen Flugblatt »die berufungsfarce. Lehrstuhl für Christliche Gesellschafts-

---

[9] Vgl. zu Walther https://de.wikipedia.org/wiki/Christian_Walther (Zugriff: 11. Juni 2023).
[10] So die Erinnerung von Prof. Dr. Hans-Jürgen Benedict in einem Telefonat mit dem Verfasser am 5. Juni 2023. Die Unterlagen zur Bewerbung liegen alle in der Berufungsakte Brakelmann (wie Anm. 5). Brakelmann hatte sein Habilitationsthema ändern müssen, da kurz vor dem Abschluss eine vergleichbare Studie erschienen war.

lehre Abt. 1«[11] deutlich, welches die einzelnen Bewerber noch vor den Probevorlesungen im Dezember 1971 einer kritischen Sicht unterzog und mehrheitlich ablehnte. Dabei zeichnete das Flugblatt den gesamten Beratungsprozess der Berufungskommission nach, nannte alle Bewerber und berichtete von der internen Diskussion in den Sitzungen. Dass dieses Flugblatt das gesamte Berufungsverfahren nachhaltig gestört und belastet hat, ist offensichtlich. Dabei zeigen die studentischen Stellungnahmen sowohl eine gründliche Beschäftigung mit den Inhalten der einzelnen Bewerber, zugleich aber auch ein ideologisiertes Beurteilungsschema. So wird Siegfried Keil als »Antimarxist, Pluralismusapologet, gegen die Revolution, Individualethiker, empiristischer Kulturanthropologe« beschrieben, der »in fast genialer Weise« vereinige, »was heute Herrschende von Lehrenden« erwarten« (9). Ebenso wurde Christian Walther abgelehnt, denn »er vertritt eine Theologie, die nur den Herrschenden und dem Kapital nützlich ist, emanzipatorische Bewegungen aber grundsätzlich abzuwiegeln versucht« (15).

Milder ist das Urteil zu Günter Brakelmann, der »Marxkenner, aber kein Marxist« (8) sei, mit dem »nicht der wissenschaftliche Sozialismus an diese Abteilung kommen« werde, denn dies »ist in dieser Gesellschaft ohnehin nicht möglich«, er werde aber durch seine fortschrittlichen Positionen gegen den »Rechtsblock der Profs« die Abteilung in Bochum attraktiver machen. Kritisch wurde Brakelmanns Vortragsthema »Sozialethische Reflexionen zum Thema Mitbestimmung« betrachtet, sah man doch darin – wie es in einem Flugblatt zu seiner Vorlesung am 17. Dezember 1971 heißt – eine »Illusion ... daß der Kapitalismus ein klein wenig angenehmer wird« (vgl. Sondermann 2023: 105).

Brakelmann hatte dennoch im gesamten Verfahren die mehrheitliche Unterstützung der Studierenden und wurde auch von der Mehrheit der Kommission als ein ernstzunehmender Kandidat angesehen. Einerseits scheint es in der Professorenschaft eine gewisse bildungsbürgerliche Überheblichkeit gegenüber dem aus Bochum-Querenburg stammenden Brakelmann gegeben zu haben. Hierzu gehört auch das als Überschrift gewählte Zitat, welches in der Kommissionssitzung gefallen sein soll (vgl. o. A. 1971: 2). Andererseits wurde genau dies ausdrücklich und positiv von einem der Gutachter genannt. Zu Beginn des Verfahrens hatte man nämlich eine Reihe von systematischen Theologen um eine Stellungnahme zu den Bewerbungen gebeten, man suchte dabei den externen Sachverstand. Heinz-Dietrich Wendland hob in seinem Gutachten hervor, »daß Br. ein echter Arbeitersohn ist, der sich durch Zähigkeit und Energie heraus-

---

[11] Es findet sich u. a. im Universitätsarchiv Bochum, Abgabe Schreiber, Nr. 23. In der Broschüre fehlt noch die Bewerbung von Theodor Strohm, die erst danach kam.

gearbeitet hat; er hatte *nicht* die Startposition der anderen Bewerber hinsichtlich der Chancen und der Bildungstraditionen.« (o. A. 1971)[12]

Nach den Probevorlesungen ging die Entscheidung schnell. Nachdem man zunächst Theodor Strohm auf Platz eins und (letztlich gleichrangig) Günter Brakelmann auf den zweiten Platz gesetzt hatte, wurde diese Entscheidung, wohl auch nach einer schriftlichen Petition der Studierenden, revidiert. Für Brakelmann wurde dabei ein Argument ins Feld geführt, welches im gesamten Verfahren immer wieder genannt wurde: seine pädagogischen Fähigkeiten. Seine Begabung, komplexe Zusammenhänge verständlich zu formulieren, wurde allgemein gelobt, wenngleich in der Kommission manche sein Buch über die soziale Frage als »keine überragend, wenn auch gute Arbeit« bewerteten und wenngleich Gustav Ermecke, der mit Brakelmann und seinem Ansatz wenig anfangen konnte, bemängelte, »daß er bei Aufsätzen nicht die Zahl der Seiten angibt« (o. A. 1971: 3).

Schließlich setzte die Kommission Brakelmann auf Platz eins der Liste. Diese wurde schon am 7. Februar 1972 vom Dekan der Abteilung, Prof. Dr. Hans Heinrich Wolf, an das Ministerium für Wissenschaft und Forschung des Landes NRW geschickt. Von dort erging bereits am 28. März 1972 der Ruf an Günter Brakelmann, der dann am 3. April ankündigte, zu entsprechenden Verhandlungen nach Düsseldorf zu kommen.

Interessanterweise führte die genannte Intervention der beiden Landtagsabgeordneten Hereth und Toetemeyer, die einen Lehrstuhl für »Religionswissenschaften unter Berücksichtigung der Religionssoziologie« gefordert hatten, wohl zu einer Beschleunigung des Verfahrens und einer Intervention des Ministeriums. So heißt es in einem internen Vermerk in der Personalakte Günter Brakelmanns: »Nach der Entscheidung des Herrn Ministers bzw. des Herrn Staatssekretärs vom 17.3.1972 – siehe hierzu den beiliegenden besonderen Vorgang – soll das Berufungsverfahren jedoch mit der ursprünglichen Bezeichnung des Lehrstuhls durchgeführt werden.«[13] Der Minister, Johannes Rau, setzte sich damit auch, wie er später selbst einmal berichtete, über Einsprüche hinweg,

---

[12] Gutachten vom 5. August 1971, vgl. Personalakte Brakelmann (wie Anm. 5). Wendland setzte Christian Walther auf Platz 1 der Liste und Günter Brakelmann auf Platz 2, informierte aber nicht darüber, dass Walther sein Schwiegersohn war. Viele Gutachter lehnten aus Zeitgründen eine Stellungnahme ab.

[13] In der Personalakte Brakelmann (wie Anm. 5) befinden sich die Notizen des zuständigen Gruppenleiters Dr. Danco, der auf Gespräche mit den beiden Landtagsabgeordneten verwies. Bei der Entscheidung dürfte auch eine Rolle gespielt haben, dass in dieser Zeit die Religionswissenschaft bereits mit einer Dozentur besetzt war, die Prof. Dr. Johan Bouman (1918–1998), der später nach Marburg ging, innehatte, vgl. zur Person BBKL Bd. 17, 159–164.

die ihn gewarnt hatten, »diesem linken Systemveränderer junge Menschen anzuvertrauen« (Rau 1996: 17).

Am 1. Juli 1972 kann Günter Brakelmann seine neue Stelle in Bochum antreten und direkt mit dem Aufbau des Lehrstuhls für Christliche Gesellschaftslehre beginnen. Bis zu seiner Emeritierung 1996 bleibt er in Bochum.

In seinem Schreiben vom 7. Februar 1972 zur Einreichung der Berufungsliste hatte Hans Heinrich Wolf zur Bedeutung des Lehrstuhls Folgendes ausgeführt: »Ich möchte hinzufügen, daß gerade dieser Lehrstuhl für Christliche Gesellschaftslehre von der Fakultät immer als einer der zentralen innerhalb der Abteilung für Evangelische Theologie angesehen wurde, sich auch ganz besonders den Problemen des gesellschaftlichen, politischen, ökonomischen und kulturellen Lebens des Ruhrgebietes zuzuwenden hat, die gleichzeitig natürlich auch Probleme von allgemeiner Gültigkeit sind. Von diesem Gesichtspunkt war auch die Auswahl unter den Bewerbern bestimmt.« (Wolf 1972)

Es ist hier nicht der Ort, die weitere Geschichte des Lehrstuhls und der Forschungsschwerpunkte Günter Brakelmanns ausführlicher darzustellen und zu untersuchen. Man kann sicher allgemein feststellen, dass Brakelmann in seiner Bochumer Tätigkeit die an ihn gestellten Erwartungen erfüllt hat. Er hat den Lehrstuhl nicht allein zu einer Einrichtung gemacht, die sich stark den regionalhistorischen Fragestellungen zur Kirchen- und Religionsgeschichte des Ruhrgebietes zuwendete. Vielmehr sei der Schwerpunkt, wie er selbst in einem Brief an den Kultusminister Johannes Rau (»Lieber Johannes«) allgemein formulierte, »Protestantismus, soziale Frage und Sozialismus«, wie auch viele Veröffentlichungen zeigten.[14]

Brakelmanns erstes Seminar in Bochum hatte den Titel »Sünde und Entfremdung« und untersuchte quasi in dialektischer Verschränkung theologische Sündenvorstellungen sowie »Entfremdung bei Hegel und Marx« (vgl. Beese 2006: 85). In Fortsetzung seiner älteren auch bildungspolitischen Arbeit in Friedewald und Berlin kombinierte Brakelmann seine historischen und systematisch-theologischen Studien in den nächsten Jahren in unterschiedlichen Publikationen. Zu nennen sind hier besonders die gemeinsam mit Klaus Peters herausgegebenen Bände zu »Karl Marx über Religion und Emanzipation« (vgl. Brakelmann/Peters 1975) sowie der Quellenband »Kirche, soziale Frage und Sozialismus« von 1977 (vgl. Brakelmann/Peters 1977). Es erschienen zudem eine Vielzahl von kleineren sozial- und kirchenhistorischen Studien, z.B. zu Wichern, Stoecker, der evangelischen Arbeitsvereinsbewegung etc.

Gleichzeitig verstärkte sich Brakelmanns Interesse an der Geschichte der Kirchen in der NS-Zeit, hervorzuheben ist hier vor allem seine langjährige Be-

---

[14] Personalakte Brakelmann (wie Anm. 5), Brief vom 27.4.1977. Anlass des Briefes waren Kürzungen seiner Berufungszusagen und die Frage, ob er – wegen der vielen Projekte – eine Ganztagssekretärin bekommen könne.

schäftigung mit Hans Ehrenberg (vgl. Brakelmann 1979: 125–150). Die beeindruckende Menge der bearbeiteten Themen und der Veröffentlichungen gelang deshalb, weil Brakelmann in Bochum sehr schnell einen zeithistorischen Schwerpunkt setzte und eine entsprechende Bibliothek aufbaute (vgl. Beese 2006: 105). Die hier gesammelten Dokumente sind bis heute ein wertvoller Bestandteil der Institutsbibliothek.

Brakelmann hat sein sozialethisches Konzept einmal sehr prägnant so beschrieben: »Ich wollte konkrete Sozialethik mit konkreten Menschen zu einer konkreten Zeit.« (Beese 2006: 64) Als Brakelmann nach Bochum berufen wurde, stand für ihn das Thema der Mitbestimmung im Fokus. Hierzu hatte er bereits seine Probevorlesung gehalten; sie sollte ihn auch weiter beschäftigen, gerade nach dem Mitbestimmungsgesetz von 1976 (vgl. Sondermann 2023: 188 ff.).

Kurz nach der Berufung erschien der kleine Text »Priorität für die Arbeit«, der, ältere Ideen aufgreifend, aus einer ethischen Perspektive im Kontext des Gegensatzpaares Kapital und Arbeit der Arbeit den Vorrang einräumte – mit entsprechenden politischen Forderungen, der Idee des demokratischen Sozialismus entsprechend (vgl. Sondermann 2023: 114).

Mit Fragen der konkreten Politik befasste sich der überzeugte und engagierte Sozialdemokrat in dieser Zeit intensiv, wie viele Veröffentlichungen belegen. Die Ausgestaltung menschengerechter Arbeitsverhältnisse (vgl. Sondermann 2023: 105 ff.) bedeutete für ihn, wirklich Verantwortung zu übernehmen, sei es als »11. Mann« in Aufsichtsräten der Stahlindustrie, sei es als Aufsichtsratsvorsitzender der Bavaria in München (vgl. Beese 2006: 93 ff.).

Innerhalb der Abteilung für Evangelische Theologie setzte Günter Brakelmann als engagierter Sozialdemokrat und als politisch engagierter Christ einen anderen Akzent als die Mehrheit seiner Fakultätskollegen. In seiner Person verdichten sich die Fragen nach Relevanz von Kirche und Christentum in Politik und Gesellschaft.

LITERATUR

Landesarchiv NRW, NW 1243, Nummer 485.
Landesarchiv NRW, Personalakte Prof. Dr. Günter Brakelmann (NW 1310, Nr. 1266).
Landeskirchliches Archiv Düsseldorf, Bestand Evangelisches Büro, o. D., 403.
Universitätsarchiv Bochum, Gesellschaft der Freunde der Ruhr-Universität Bochum e.V., Nr. 1.
Universitätsarchiv Bochum, Bestand 007, Bd. 1.
Universitätsarchiv Bochum, Einzelakten diverser Provenienzen, Nr. 26.
Universitätsarchiv Bochum, Abgabe Schreiber, Nr. 1.
Empfehlungen zum Aufbau der Ruhr-Universität Bochum. Denkschrift des Gründungsausschusses, Bochum 1962.

Beese, Dieter (u.a.): Günter Brakelmann. Ein Theologe in Konflikten seiner Zeit. Biografische Interviews, Münster 2006.
Brakelmann, Günter/Peters, Klaus: Karl Marx über Religion und Emanzipation, Gütersloh 1975.
Brakelmann, Günter/Peters, Klaus: Kirchenleitungen und Synoden über soziale Frage und Sozialismus, Gütersloh 1977.
Brakelmann, Günter: Hans Ehrenberg. Ein judenchristliches Schicksal im »Dritten Reich«, in: Jahrbuch für westfälische Kirchengeschichte 72 (1979), 125-150.
Brakelmann, Günter: Die Stadtakademie Bochum. Vorgeschichte und Geschichte bis 1993, in: Manfred Keller (Hrsg.), Gott und der Welt begegnen. Geschichte und Themen evangelischer Akademiearbeit 1953 bis 2003. 50 Jahre Evangelische Stadtakademie für Bochum, Bochum 2003, 47-98.
Brakelmann, Günter/Friedrich, Norbert/Jähnichen, Traugott (Hrsg.): Kirche im Ruhrgebiet, Essen 1998.
Dietz, Burkhard: Hochschulpolitik in Nordrhein-Westfalen und die Gründung der Ruhr-Universität Bochum, in: Dietz, Burkhard u.a. (Hrsg.), Universität und Politik. Festschrift zum 25jährigen Bestehen der Ruhr-Universität Bochum, Band 1, Bochum 1990, 55-128.
Dietz, Burkhard: Eine Hochschule entsteht. Das Beispiel Ruhr-Universität Bochum, in: »Gaudeamus«. Das Hochschulland wird 50. Eine Ausstellung des Ministeriums für Wissenschaft und Forschung des Landes Nordrhein-Westfalen, Düsseldorf 1996, 44-59.
Friedrich, Norbert: Walter Elliger als Kirchenhistoriker in drei politischen Systemen, in: Jochen-Christoph Kaiser (Hrsg.), Vom Ertrag der neueren Kirchengeschichte für Kirche und Gesellschaft, Symposium zum 70. Geburtstag von Martin Greschat, Marburg 2008, 105-120.
Greschat, Martin: Der Protestantismus in der Bundesrepublik Deutschland 1945-2005, in: Kirchengeschichte in Einzeldarstellungen IV/2, Leipzig 2010.
Großbölting, Thomas: Der verlorene Himmel. Glaube in Deutschland seit 1945, Göttingen 2013.
Hermanns, Manfred: Sozialethik im Wandel der Zeit. Persönlichkeiten - Forschungen - Wirkungen des Lehrstuhls für Christliche Gesellschaftslehre und des Instituts für Christliche Sozialwissenschaften der Universität Münster 1893-1997, Paderborn 2006.
Hermle, Siegfried/Lepp, Claudia/Oelke, Harry (Hrsg.): Umbrüche. Der deutsche Protestantismus und die sozialen Bewegungen in den 1960er und 1970er Jahren, in: AKIZ B, 47, Göttingen 2007.
Hornig, Gottfried: Rückblick auf die Entstehung der Evangelisch-theologischen Abteilung an der Ruhr-Universität Bochum, in: Ruhr-Universität Bochum Jahrbuch 1986, 25-45.
Huber, Wolfgang: Kirche und Öffentlichkeit, Stuttgart 1973.
Jähnichen, Traugott/Friedrich, Norbert: Krisen, Konflikte und Konsequenzen - Die »68er Bewegung« und der Protestantismus an der Ruhr-Universität Bochum, in: Westfälische Forschungen 48 (1998), 128-154.

Jähnichen, Traugott: Wirtschaftsethik. Konstellationen – Verantwortungsebenen – Handlungsfelder, Stuttgart 2008.

Lohse, Eduard: Erneuern und Bewahren. Evangelische Kirche 1970–1990, Göttingen 1990.

Lilje, Hanns: Von der Freiheit des Geistes, Bochum 1962.

Mell, Ulrich: Text und Ethik. Heinrich Greeven (1906–1990), in: Felix John/Swantje Rinker (Hrsg.), Exegese in ihrer Zeit. Ausleger neutestamentlicher Texte. Porträts, zusammengestellt anlässlich des 350jährigen Bestehens der Christian-Albrecht-Universität zu Kiel, Leipzig 2015, 233–254.

Rau, Johannes, in: Dirk Bockermann u.a. (Hg.), Freiheit gestalten. Zum Demokratieverständnis des deutschen Protestantismus 1789–1989. Kommentierte Quellentexte, Göttingen 1996, 17–21.

Schmidt, Konrad: Die Theologische Fakultät seit dem Zweiten Vatikanischen Konzil, in: Josef Meyer zu Schlochtern (Hrsg.), Die Academia Theodoriana. Von der Jesuitenuniversität zur Theologischen Fakultät Paderborn 1614–2014, Paderborn 2014, 359–414.

Schreiber, Johannes: Universitätsreform als menschliche Schöpfung, in: Wilfried Härle (Hrsg.), Unsere Welt – Gottes Schöpfung. Eberhard Wölfel zum 65. Geburtstag, Marburg 1992, 269–290.

Sobiech, Frank: Gustav Ermecke, in: Biographisch-Bibliographisches Kirchenlexikon (BBKL), Band 20, Bautz, Nordhausen 2002, 464–469.

Sondermann, Dirk: Vorrang für die Arbeit. Die Sozial- und Arbeitsethik Günter Brakelmanns. Ihre Entwicklung in Bezug auf das Eigentum, die Mitbestimmung und die Humanisierung der Arbeitswelt in Theorie und Praxis, Münster 2023, 105.

Stallmann, Hans: Am Anfang war Bochum. Die Gründung der Ruhr-Universität Bochum im Kontext der sechziger Jahre, in: Die Hochschule. Journal für Wissenschaft und Bildung 13 (2004), 171–184.

Stallmann, Hans: Euphorische Jahre. Gründung und Aufbau der Ruhr-Universität Bochum, (Düsseldorfer Schriften zur Neueren Landesgeschichte und zur Geschichte Nordrhein-Westfalens, Band 68), Essen 2004.

O.A., Theologische Literaturzeitung 136, 2011, 117f.

O.A., Bochumer Universitätsreden, Heft 1: Festreden aus Anlaß der Eröffnung der Ruhr-Universität Bochum am 30. Juni 1965, Bochum 1965, 26–40.

O.A., Protokoll des Kulturausschusses des Landtages NRW vom 18. November 1971, Landtagsdrucksache 7/537, Düsseldorf 1971.

WANDERER SEIN ...
KLAUS VON BISMARCK UND DIE ERFAHRUNG VON GRENZEN IN DER EVANGELISCHEN KIRCHE IN DER ZEIT NACH DEM ZWEITEN WELTKRIEG

Sigrid Reihs

Dieser Essay basiert auf zwei Quellen: erstens mein intensives Nachdenken über die wichtigen Impulse von Klaus von Bismarck zu der sozialethischen Theorie und Praxis in der evangelischen Kirche der Bundesrepublik und der Rolle der gesellschaftlichen Realität darin; zweitens der Entwicklung des Kirchlichen Dienstes in der Arbeitswelt bis in die Gegenwart.

VORBEMERKUNG[1]

Es ist ein wirkliches Defizit, dass es bis heute keine umfassende biografisch-theologische Studie zu Klaus von Bismarck gibt. In einer solchen Studie könnte

---

[1] Zum 90. Geburtstag von Prof. Dr. Günter Brakelmann habe ich gemeinsam mit Traugott Jähnichen eine Festschrift herausgegeben, in der ich einen Beitrag über Klaus von Bismarck als einen der wichtigsten Begründer der kirchlichen evangelischen Sozialethik und Industrie- und Sozialarbeit geschrieben und zugleich ein paar Hinweise darauf gegeben habe, wie diese Erinnerung an die 1950er Jahre zugleich auch darlegt, warum wir heute weitgehend vor dem Verschwinden dieses kirchlichen Arbeitsbereiches stehen.
Mit den jüngsten Krisen, der Pandemie und dem Krieg in der Ukraine, stellt sich die Frage nach der Bedeutung eines ehemaligen Wehrmachtsoffiziers für die Begründung der praktischen kirchlichen Sozialethik noch einmal ganz neu. Unter diesen Bedingungen verändert sich der Fokus bei der Fragestellung natürlich. Zuvor war die Person Klaus von Bismarck vor allem eine Person der Geschichte gewesen. Sein Engagement nach dem Ende des Zweiten Weltkriegs für die gesellschaftspolitische und insonderheit sozial- und friedenspolitische Verantwortung der Kirche, dem Ende der binnenkirchlichen Konzentration, einer Haltung, die an allgemeine Akzeptanz gewöhnt war - führte auch zu den verschiedenen kirchlichen und theologischen Haltungen in den 1950er Jahren zum Umgang mit Demokratie und Frieden; darin wurde oftmals der Untergang der alten heilen Welt prophezeit, in der die Kirche und der Glaube unangefochten ihre Gültigkeit beansprucht hatten.

gezeigt werden, dass Klaus von Bismarcks Praxis in der Kirche ihn als einen wichtigen Kirchenreformer ausweist – in weit höherem Maße als viele Theologen dieser Zeit, die zeitgleich mit ihm lebten und arbeiteten. Vielleicht gelingt es uns

---

Anfangs war Klaus von Bismarcks Sicht auf die Lebensfragen der Menschen – ehrlicherweise vor allem der Männer – im Ruhrgebiet für mich eine Methode, um etwas zu verstehen und zu erklären, über das in der kirchlichen und sozialethischen Debatte immer wieder gesprochen wurde. Nämlich: Kirchliche Industrie- und Sozialarbeit als »Jetzt« der Kirche in der Nachkriegszeit. Und dass wir uns in »unserer Gegenwart und Zukunft« mit ihren Spuren in uns – den Erfahrungen und Prägungen – auseinandersetzen müssen. Denn gerade in den letzten 30 Jahren war »Forschung zur Geschichte der Industrie- und Sozialarbeit« eher ein Nischenthema. Das Thema, »Erben« derjenigen zu sein, die die sozialpolitischen Herausforderungen als Grundlage kirchlichen Handelns entdeckt und die Kirche aus ihrem Dornröschenschlaf geweckt hatten, schien in der theologischen Sozialethik keine Konjunktur zu haben. Der Gedanke, sich in einem kontinuierlichen Zeitstrahl zu bewegen, scheint verloren gegangen zu sein.

Allerdings hat sich seit einiger Zeit vieles verändert, denn durch die extremen wirtschaftlichen Folgen der Pandemie und durch Russlands Invasion in die Ukraine begannen die Arbeitnehmerinnen und Arbeitnehmer – und zwar nicht nur die traditionell gut organisierten Industriearbeitnehmer – eine neue Rolle innerhalb der Gesellschaft für sich wahrzunehmen. Ihr Anspruch auf Wertschätzung kann allein mit Klatschen nicht befriedigt werden.

Insofern wird Klaus von Bismarck – mit seiner direkten Art, wie geht die Kirche auf die unter der Krise besonders leidenden Menschen zu, was kann sie tun und wie soll man sich im Angesicht von einer wachsenden Spaltung der Gesellschaft verhalten – plötzlich wichtiger gerade auch als Auseinandersetzung mit dem eigenen historischen Erbe.

Die Dringlichkeit des »Hier und Jetzt« ist definitiv das, worauf sich von Bismarcks große Bedeutung für die sozialethische Arbeit der Kirche gründet. Er versuchte eher, die konkreten Herausforderungen aufzugreifen und zu gestalten, als danach zu fragen, warum es so gekommen war und wer dafür verantwortlich gewesen ist. Es ist erstaunlich zu sehen, wie Klaus von Bismarcks Artikel für die offene Begegnung mit auch den sog. kirchenfernen Menschen aus dem Jahr 1948 sprachlich und inhaltlich zum heutigen Kontext passt. Die Reaktion bestimmter kirchlicher Stimmen, die in jener Zeit vor allem von einer missionarischen Situation sprachen und von Bismarcks Ansatz kirchen- und glaubensschädlich nannten, hallen auch in der Gegenwart gespenstisch nach.

Es ist, als ob die Zeit des Wiederaufbaus und des Wirtschaftswunders ein herausragendes Beispiel dafür ist, was von Bismarck artikulierte. In der Tat übertrifft von Bismarcks Vorstellung von der Alltagspraxis des Glaubens alles, was man sich in der damaligen Zeit vorstellen konnte. Nicht nur, was die Formen und konkreten Handlungsschritte betrifft, sondern auch in der Essenz seiner Sicht von zu überwindenden Grenzen, welche die traditionellen Überzeugungen der klassischen Theologie und des kirchlichen Handelns berührten und Kommunikationsformen wie Runde Tische und multiprofessionelle Gesprächsrunden hervorgebracht hat.

heute, ihn genauer zu betrachten und zu entdecken, inwiefern seine unaufgeregte Form der kirchlichen Grenzüberschreitung heute anwendbar ist.

»Grenzüberschreitung« ist in diesem Essay ein Schlüsselbegriff; und daher möchte ich mich ihm noch etwas weiter annähern und seine Hauptverwendung umreißen. Das Wort »Grenzüberschreitung« verbindet im Deutschen mehrere Formen von Grenzen: die Überschreitung einer Grenze, die zwei Länder voneinander trennt: Öffnung gegenüber anderen. Grenzüberschreitung muss nicht räumlich sein, sie kann psychologischer oder sozialer Natur sein – als tägliche Nichtbeachtung einer Grenze, die Traditionen oder Menschen setzen. Von Bismarcks kirchliches Handeln bewegt sich exakt innerhalb dieser Dichotomie. Er war geprägt von der Überzeugung, die »geltenden« Grenzen – das Beharren auf den traditionellen kirchlichen Strukturen und Inhalten – in den Formen der sozialen Kommunikation und des sozialen Verhaltens nicht länger gelten zu lassen. Er hatte schmerzlich die Erfahrung mit diesem Festhalten an Traditionen – die Begrenzung des eigenen menschlichen Verhaltens zur Aufrechterhaltung bestehender Strukturen – in seiner eigenen Lebensgeschichte während und nach dem Zweiten Weltkrieg gemacht. Er erkannte das gefährliche Potential dieser Beharrungskräfte für die Kirche, die sich im Nachkriegsdeutschland mit demokratischen Strukturen auseinandersetzen musste, die die traditionellen gesellschaftlichen Strukturen verändern und andere Kommunikationsformen ausprägen würden.

Eine der hier artikulierten Thesen ist, dass Klaus von Bismarck imstande war zu sehen, dass mit dem Zusammenbruch der alten autoritären Gesellschaftsstruktur die Bereitschaft zum Überschreiten herrschender Grenzen zur treibenden Kraft in den sich neu entwickelnden gesellschaftlichen Strukturen wurde und mit neuen Kommunikationsformen eingeübt werden sollte. Das dagegen offen praktizierte Festhalten an den alten Kommunikations- und Wertestrukturen in der Kirche und in der Gesellschaft, das selbstverständlich einen Zusammenhang zwischen undemokratischen Kommunikationsformen und undemokratischen Herrschaftsformen herstellt, hat in von Bismarcks Analysen seinen Grund in den »verinnerlichten« Formen sozialer Gewalt und der Trauer über den Verlust der vorausgegangenen Machtposition. Daher warnt er – am Beginn eines politisch-demokratischen Aufbruchs in Deutschland werde das kirchliche Beharren an traditionellen Kommunikationsformen selbst zu einer Bedrohung. Die Kirche als Institution müsste von sich aus ihre Rolle als unangefochtene moralisch-ethische Instanz aus der Hand geben. Das werde ihr zwar nicht ein klares Eintreten für ihre moralisch-ethischen Grundüberzeugungen ersparen, die sie immer wieder in den gesellschaftlichen Diskurs einbringen sollte, aber es werde ihr eine museale Rolle in der Demokratie ersparen.

Dieser Essay betrachtet den beruflichen und kirchlichen Werdegang von Klaus von Bismarck als Zeugnis dessen, was geschah.

Er verfolgt das Thema »veränderte kirchliche Kommunikation« auch im Rahmen des Aufbaus eines neuen Handlungsfeldes kirchlicher Arbeit, der Industrie- und Sozialarbeit. Die Kirchenleitungen der Nachkriegszeit definierten die bisher vernachlässigte Begegnung mit der Lebens- und Arbeitswelt vor allem der männlichen Industriearbeiter gleichzeitig als Hauptquelle für den Verlust einer wichtigen Gesellschaftsschicht und als Bedingung für eine Kirche »nah bei den Menschen«, was in sich selbst eine sehr moderne gedankliche Wendung ist. Ziel dieses Essays ist es indes zu zeigen, wie das klassische Schema von von Bismarck in der Zeit der 1950er bis 1970er Jahre, in denen er aktiv war, tatsächlich funktioniert hat. Es ist, als ob die Entdeckung der industriellen Arbeitswelt in der Kirche auch die Kirche hätte verändern können.

Im klassischen kirchlichen Denken und Kommunizieren wurden die veränderte Arbeitswelt der Menschen – nicht nur der Männer, sondern auch der Frauen – und die vorausgegangenen Ursachen für die Ausgrenzung der Arbeiterschaft völlig unbeachtet gelassen; einzig der Diakonie mit ihren ehrenamtlichen Unterstützungspotentialen war es ja gelungen, in die Lebenswirklichkeit dieser wachsenden gesellschaftlichen Schicht überhaupt hineinzusprechen und zugleich den Ursachen ihrer Verelendung näherzukommen. Die Erfahrungen des Zweiten Weltkrieges und der ersten Phase der Nachkriegszeit, welche die fehlende Kommunikation mit weiten Teilen der durch die Industrialisierung geprägten Lebenswelt gesellschaftlicher Schichten abgebildet haben, zeigen, dass die Kirche diese Sprachlosigkeit nicht länger ausblenden konnte. Die ›moderne‹ kirchliche Kommunikation ist von Bismarcks Idee ›der Nähe zu den Menschen‹ und des »inszenierten Dialogs« viel näher als die klassischen missionarischen Formen, die er selbst erlebte. Eine eigenartige eigenständige Existenzform.

Zwei mögliche Strategien wurden als Ausweg aus dieser Situation vorgeschlagen: die wertorientierte, missionarische Kirche mit ihrer expliziten Bindung an Gottes Wort, wie sie sich in der Barmer Theologischen Erklärung von 1934 darstellt – oder die Entwicklung hin zu sozialen Praktiken und Methoden, um die individuelle eigenständige Person wahrzunehmen, die zu eigenständigen Urteilen in der Lage ist, die jedoch im Dialog erst noch entwickelt werden müssen.

Klaus von Bismarck hat sich uneingeschränkt für Letztere eingesetzt. Im Zuge dessen ist interessant, dass die Kritik Klaus von Bismarcks an den bestehenden Kommunikationsformen in der Kirche parallel zu seiner Bewerbung als Leiter des Sozialamtes in der EKvW öffentlich wurde. Aufgrund des ihm eigenen Selbstbewusstseins gegenüber kirchlichen Strukturen forderte und praktizierte er den Dialog mit den verschiedenen gesellschaftlichen Gruppen, und er plädierte dafür, die Menschen zu eigenständigen Urteilen in Existenzfragen zu ermutigen und zum demokratischen Ringen zwischen den vielfältigen Positionen, die ausschließlich durch die Freiheit des Nächsten begrenzt werden.

Möglicherweise gewährt uns diese Sichtweise von Klaus von Bismarck einen Einblick in eine zukünftige kirchliche Struktur und Praxis, in der Pluralität selbstverständlich ist. Für die damalige wie auch die gegenwärtige offizielle kirchliche Haltung bedeutet die Verknüpfung von Freiheit und Pluralität etwas sehr Außergewöhnliches, was seine herausragende Bedeutung deutlich macht – und ihn zu einem Einzelnen werden lässt. Für diejenigen, die sich weiterhin an den verlässlichen Kommunikationsstrukturen einer Institution orientieren, bietet sich hingegen wieder die Option, Teil einer Wort Gottes-Theologie zu werden, indem sie imstande sind, die Autorität Gottes so weit zu fassen, dass sie alle autoritären Strukturen in der Gesellschaft in Frage stellt, um so die ersten in der langen Reihe der »Befreiten« zu werden und von dieser Freiheit immer wieder zu predigen und entsprechende Kommunikationsformen in den kirchlichen Strukturen zu entwickeln.

INDUSTRIE- UND SOZIALARBEIT ALS KIRCHLICHES ARBEITSFELD

Die Nachkriegszeit seit Beginn der 1950er Jahre in Deutschland ist eine Zeit des wachsenden gesellschaftlichen Wohlstandes durch Industrialisierung. Dieser Kombination wohnt eine spezifische Kraft inne. In dieser zeitgeschichtlichen Phase entwickelt sich die Arbeiterschaft als gestalterische Kraft des gesellschaftlichen Lebens und zugleich bringt sie ihre gesellschaftliche Randständigkeit in allen Bereichen zum Ausdruck.

Die Evangelische Kirche in Deutschland nimmt sich insofern bei ihrer Synode in Espelkamp mit »Arbeit« ein wichtiges Thema vor und entwickelt daraus einen Verkündigungsauftrag – einen Verkündigungsauftrag, über den man nachdenken und den man kontrovers diskutieren kann.

Gleichzeitig nimmt die Synode von Espelkamp die Kritik an der kirchlichen Kommunikation gerade auch im Blick auf den »personalen« Aspekt des Umgangs mit der Arbeiterschaft wahr. Die pastorale Verkündigung – die zentrale Kommunikationsform kirchlichen Redens und Handelns – wird als zu »akademisch« empfunden, und die Menschen, die im Zentrum der Industrie- und Sozialarbeit stehen, lehnen die Kirche vielleicht deshalb ab, weil sie das Gefühl haben, dass das, was ihre Lebens- und Arbeitserfahrung ausmacht, weit von dem entfernt ist, was in kirchlichen Reden öffentlich geäußert wird.

Zweifellos hat sich Klaus von Bismarck in diesem Kontext auf einem schmalen Grat zwischen »Adaption« und »Schutz« des »Einzelnen« bewegt. Doch legen seine Hartnäckigkeit in diesem Unterfangen und der Erfolg seiner Methode nahe, dass dieser Ansatz fruchtbar war und er, wie ungewohnt er auch gewesen sein mag, den Dialog in der Kirche zwischen Arbeitern und Arbeitgebern ermöglichte. Denn schließlich sind die Bedürfnisse nach Befriedung der Konflikte zwischen Arbeitern und Arbeitgebern, die Einforderung von jedem zustehenden Rechten und der Einsatz für eine soziale und gerechte Gesellschaftsordnung keine abstrakte Herausforderung, kein theoretischer Diskurs und noch nicht einmal eine ethische Betrachtung.

Für Klaus von Bismarck ist der Dialog zwischen Arbeitern und Arbeitgebern unter dem Dach der Kirche nämlich eine ekklesiologische Herausforderung. Diese ekklesiologische Herausforderung, vor die er die Kirchen in der Nachkriegszeit und ihre Gesprächspartner von Beginn an bei der »Gemeinsamen Sozialarbeit der Kirchen im Bergbau (GSA)« stellt, ist eng mit dem Thema »Verantwortliche Gesellschaft« verbunden.

Klaus von Bismarck greift auf diesen in der Ökumenischen Bewegung geprägten Begriff zurück – einen Begriff, der auf der Weltkirchenkonferenz von Evanston 1954 als Programm für jedwede Form der politischen Einmischung von Christen formuliert wird. Damit definiert er das Wesen des Christen in der modernen Gesellschaft – alle Christen sind mit ihrem Lebensalltag an der Gestaltung dieser Welt beteiligt und besitzen nicht nur eine spezifische christliche Tugend, sondern sind auch zu unmittelbarer politischer und gesellschaftlicher Einmischung und gegenseitiger Anerkennung imstande. Nicht von ungefähr ist einer der ständig wiederkehrenden und in unterschiedlichen Zusammenhängen geäußerte Refrains in seinem Wirken innerhalb und außerhalb der evangelischen Kirche schon in seiner Zeit am Jugendhof Vlotho geprägt worden: »Der freie Austausch der Meinungen und Standpunkte in der reichlich bemessenen Freizeit ist eine der wesentlichsten und fruchtbarsten Seiten an dem Versuch des Jugendhofes und das Ergebnis dieser Gespräche wird bald die Bedeutung des runden Tisches von Vlotho auch nach außen hin in Erscheinung treten lassen.«[2] Um also politische Partizipation von Christen zu begründen, muss man für umfassende Information und Pluralität der Meinungen sorgen – egal, wie man selbst zu den verschiedenen Auffassungen steht, ob man sie nun selbst glaubt oder glücklich darüber ist oder nicht. Politische Partizipation von Christen bzw. der Kirche kann nicht durch ein außerhalb des Diskurses feststehendes Konzept begründet werden oder aus der Distanz zu den gesellschaftlichen Prozessen der Zeit. Wer sich außerhalb der Gesellschaft stellt, kann nichts wirklich Adäquates über diese Gesellschaft und die in ihr wirkenden Prozesse sagen. Gleichzeitig betont Klaus von Bismarck sein persönliches Christsein als Voraussetzung seiner Position – die Einlösung der Forderung nach Transparenz und Offenheit gegenüber den Gesprächspartnern und der Öffentlichkeit. Schließlich schafft er damit die Voraussetzungen für eine offene Kommunikation, ohne eine objektive oder wertfreie Position zu suggerieren.

---

[2] Klaus von Bismarck: Kritischer Rückblick auf die bisherige Arbeit und Gedanken für die Zukunft: Referat vom 13. Februar 1948, in: Landeskirchliches Archiv, Präses Thimme Best. 0.10

Zeit der Fragen

Ich sollte anmerken, dass diese Situation innerhalb der Kirche sehr kontrovers diskutiert wurde und dabei die Mündigkeit bzw. Eigenständigkeit des je Einzelnen durchaus in Frage gestellt wurde. Genau das war eigentlich die Frage, die Klaus von Bismarck immer wieder in seinen Konzepten zum Aufbau einer neuen Kommunikationsstrategie in der Kirche stellte. Insbesondere die traditionellen Konzepte der kirchlichen Jugendarbeit und der kirchlichen Sozialarbeit in dieser historischen Phase erfassten nicht, was es bedeutet, wenn Menschen, die die Erfahrung gemacht haben, ideologisch völlig missbraucht worden zu sein, jetzt wieder mit Verkündigungskonzepten konfrontiert wurden, die keine Diskussion zuließen.

Es schien ihm zwecklos, den Menschen in dieser Situation mit der Verkündigung des Wortes zu begegnen, und genauso unsinnig, sich selbst als Kirche von der Welt abzuwenden – und natürlich keine Rechenschaft darüber abzulegen, wer man selbst ist und gewesen ist. Und warum nicht? Weil man sich von den politischen und gesellschaftlichen Prozessen abkapseln wollte.

Wenn einen diese eher pragmatische Denkstruktur nicht überzeugt, kann man das Gleiche in elaborierter Form bei Heinz-Dietrich Wendland und seiner Frage nach der »Verantwortlichen Gesellschaft« finden. Wie können Christen sich politisch einmischen, ohne dass sie eine spezielle Tugend vorweisen können? Wir sind immer schon in den gesellschaftlichen Strukturen und Ordnungen präsent und können ihnen daher nicht gegenübertreten.

Mit der Grundthese von der Freiheit und Gleichheit aller Menschen ist bereits eine positive Beziehung zu den Emanzipations- und Aufklärungsbewegungen der Neuzeit implizit, die nicht mehr in Frage gestellt werden können. Die Reaktion auf diese Art hermeneutischen Zirkel ist immer dieselbe: Christen beginnen genau hier, wo sie stehen, wo sie sind, und sie stehen nicht einer Gesellschaft oder einem Staat gegenüber, sondern sie bewegen sich in einer sozialen Wirklichkeit, auf deren Feld sie anderen Menschen mit ihren Existenzfragen und ihrem Leiden begegnen, die gerade deswegen eine kritische Auseinandersetzung mit den herrschenden ökonomischen und gesellschaftlichen Verhältnissen einfordern. Wir beginnen die Antwort zu sehen, wie Reisende imstande sind, einen Blick durch den Nebel auf die Küstenlinie zu erhaschen. Bei Klaus von Bismarck dient ebendieser hermeneutische Zirkel dazu, die Basis einer offenen Kommunikationsstruktur zu generieren oder jenes pragmatische Dialogmodell, mit dem er die GSA versehen hat, zu praktizieren, da er bereits selbst Teil dieses Dialogs geworden ist.

Heinz-Dietrich Wendland entwickelt eine Theorie, die ihren eigenen Sinn durch die Auseinandersetzung mit den zeithistorischen Entwicklungen innerhalb der evangelischen Sozialethik gewinnt. In beiden Fällen bedeutet das, dass wir mit dem gegenwärtigen Alltag beginnen. Wir beginnen mit dem, woran wir gewöhnt sind, damit, was uns hier und jetzt umgibt. Klaus von Bismarck beginnt, dieses »offene Dialogkonzept« als Bedingung für einen wichtigen zukunftsorientierten Prozess zu sehen. Den Ursprung dieser Vorgehensweise sieht er in der Erfahrung der vorhergehenden autoritären Kommunikationsstruktur, die sich allein in der Sitzordnung abbildete, bei der die Eliten das Recht zu reden hatten, während die anderen nur zuhörten. Ihm fehlte dafür zwar ein theoretisches Definitionskonzept, seine Handlungsform beruhte auf den eigenen Erfahrungen, die in dem lagen, was geschehen war – etwas, das von vielen verschwiegen wurde.

Wendland sah die traditionelle Sozialgestalt der Kirche, aus der immer mehr Menschen emigrierten, als dauerhaft vergangen an, und auch Klaus von Bismarck sah die traditionelle Sozialgestalt der Kirche nach dem Ende des Zweiten Weltkrieges am Ende, weil die Epoche der christlich geprägten Gesellschaft zu Ende gegangen war: als »Preisgegebenheit an eine apokalyptisch scheinende Welt« (wie er sich in einem Brief an Ernst Wilm, den späteren Präses der EKvW, ausdrückt). Klaus von Bismarck teilt seine Einschätzung der historischen und existenziellen Krise, in der der Christ sich selbst überlassen bleibt, ohne das große behütende Dach, das sich über Jahrhunderte über seinem Kopf ausdehnte – im persönlichen Austausch mit einem Pfarrerfreund, der bereit ist, mit ihm auf Augenhöhe über diese Fragen zu sprechen.

Das war der Moment, in dem etwas, das diese Epoche aus kirchlicher Perspektive nährte – mit all ihren Rechtfertigungen und ihrer Trauer –, in den Hintergrund trat. Es war der Moment, in dem alles, was übrig war, entwurzelte und verunsicherte Menschen waren. In diesem Moment und an diesem Ort geschieht, dass wahrhaftig gefragt wird, was eigentlich passiert ist, was diese Menschen zu dem gemacht hat, was sie jetzt sind. Wie können die gemeinsamen Ursprünge ausgeleuchtet werden und eine neue Nähe und eine neue Sprache gefunden werden, um ihnen wieder Sicherheit zu vermitteln, ohne der Wahrheit ihrer eigenen Erfahrungen Gewalt anzutun?

In dieser Hinsicht ist Klaus von Bismarck ein guter Gesprächspartner, was er seinerseits in dem Titel eines Referates von 1948 über seine Arbeit am Jugendhof Vlotho »Kritischer Rückblick auf die bisherige Arbeit und Gedanken für die Zukunft«[3] bestätigt; denn er selbst ist Teil einer verunsicherten Generation. In der Sozialethik von Wendland ist er derjenige, der die Menschen sieht, wie sie in ihrer Freiheit und Eigenständigkeit gefährdet sind, wenn sie nur als Teile der Masse angesehen werden. Jemand wie Klaus von Bismarck ist dann eine Art verantwortungsbewusster Begleiter. Er öffnet als Repräsentant der Kirche, sobald er auf Menschen in ihrem Arbeits- und Alltagszusammenhang trifft, einen Ge-

---

[3] Klaus von Bismarck: Kritischer Rückblick auf die bisherige Arbeit und Gedanken für die Zukunft: Referat vom 13/13. Februar 1948, in: Landeskirchliches Archiv, Präses Thimme Best. 0.10

sprächsraum und ermöglicht, über die eigenen Erfahrungen, Schmerzen und Verletzungen und Hoffnungen zu sprechen. Daher hat er auch mehr auf seiner Liste als üblich: die Arbeitgeber ebenso wie die Arbeiter, die jungen Flüchtlinge auf der Suche nach einer neuen Heimat, die Textilarbeiterinnen, die Landwirte und ihre Familien – Repräsentanten und Repräsentantinnen der Nachkriegsgesellschaft. Diesem verantwortungsbewussten Repräsentanten der Evangelischen Kirche von Westfalen scheint es so vorzukommen, als könne ein anderes, weltoffenes Verständnis kirchlicher Praxis einen guten Weg darstellen, als könne dies identifizieren, um welche Ursachen es sich bei der allgemeinen Verunsicherung und Verlorenheit handelt, wenn er diese bedingungslose Gesprächsoffenheit signalisiert, jede der verschiedensten Gefühlsregungen bei den Gesprächspartner*innen, insbesondere denen anderer Glaubensüberzeugungen oder ohne jede Glaubensüberzeugung, und die widersprüchlichsten Überzeugungen akzeptiert.

In diesem Sinne stellt Klaus von Bismarck schon bei seiner Bewerbung um die Leitung des Sozialamtes die damalige Kirchenleitung vor die dringende Frage, die er schon im Jugendhof Vlotho direkt und indirekt geäußert hat: »Ein großer Teil der Jugend ist noch nicht bereit, innerlich mit dem HJ-Erlebnis zu brechen, wenn ihnen nicht etwas Besseres geboten wird.«[4] Er fragt nach den konkreten sozialen Problemen als Ergebnis der vorherigen politischen und sozialethischen Prägungen. Er will sich gemeinsam um eine konstruktive Aufarbeitung bemühen, was Toleranz und geistige Auseinandersetzung mit den Problemen der Zeit ins Zentrum rückt. Daher wollte er einen neuen Punkt finden, um sich selbst und auch die Kirche von der Haltung zu distanzieren, die gefährliche nationalsozialistische Infiltrierung zu betonen. Stattdessen beginnt er da, wo die Menschen seiner Zeit sind, in materieller Not, weil Berufschancen fehlen, Hunger herrscht, die Heimat verloren ist und für viele Jugendliche die Eltern fehlen – hin zu einer Ermutigung zum demokratischen Zusammenleben.

Neuer Blick auf die Kirche

In diesem Zusammenhang kann die Kirche in der Nachkriegszeit ein geeigneter Gesprächspartner sein. Was sie auf jeden Fall war, da sie über die kulturellen, sozialen und wirtschaftlichen Lebensbereiche theoretisierte, und dies in der gleichen Sprache, die auch Klaus von Bismarck gewählt hatte, nämlich ohne offene politische Beeinflussung.

---

[4] Klaus von Bismarck im Protokoll der Tagung des inneren Kreises in Vlotho am 23./24. Juli 1946 unter der Überschrift: »Aufgabe und Zukunft der Einrichtung Vlotho«. LWL-Archiv 510/46.

Doch ist die Kirche keine demokratisch geprägte Institution und ebenso wenig eine rein autoritär geprägte, noch eine unpolitische, da sie in das nationalsozialistische Deutschland eingebunden gewesen war und mit ihren Strukturen überlebte, bevor es die deutsche Demokratie gab. Insofern war ihre Sicht auf die zeitgeschichtliche Gegenwart nah genug und zugleich weit genug entfernt, um einen Neubeginn mit Klaus von Bismarck und seiner Person als Vorbild im Sozialamt der EKvW zu schaffen und das kirchliche Bewusstsein tiefer in eine neue Wahrheit eintauchen zu lassen – indem Gewinnung für das Christentum auf der einen Seite und Ermöglichung einer neuen Politikfähigkeit und Demokratisierung miteinander verknüpft wurden.

Die Biografie von Klaus von Bismarck zeigt, wie sehr er sich von den sonstigen kirchlichen Eliten unterscheidet. Obschon er aus einer protestantisch geprägten ostelbischen Großgrundbesitzerfamilie stammt, sind die Fakten, Daten und Informationen, die für die Evangelische Kirche von Westfalen wichtig waren, um zu den kirchlichen Schlussfolgerungen zu kommen, eher überraschend.

Die Kirchenleitung der Evangelischen Kirche von Westfalen betrachtet Klaus von Bismarck auf eine für eine kirchliche Leitungsposition ungewöhnliche Weise – weder als hervorragenden Theologen noch als ausgewiesenen Kenner der Industriearbeit. Ihr Hauptaugenmerk richtet sich auf das Leben von Bismarcks – also auf alles, was wenig mit seinem kirchlich-theologischen Schaffen zu tun hat. Man betrachtet von Bismarck als Offizier während des Zweiten Weltkrieges, Freund der britischen Militärregierung, von Bismarck als jemanden, der in einer kommunalen Jugendeinrichtung ein neues Konzept der Jugendarbeit umgesetzt hat, von Bismarck als (Fast-)Schwager von Dietrich Bonhoeffer, von Bismarck, den religiösen Denker, den Familienvater. Zusammen deckt das in Form der vielfältigen Umtriebe nur eines Mannes die enorme Bandbreite des menschlichen Habitats ab. Diese Bandbreite macht aus Klaus von Bismarck ein nichtinstitutionelles, nichtkirchliches, maximal individuelles Ereignis – ein Ereignis, das sich von Grund auf neu findet und später die medial-öffentliche Bühne noch intensiv gestalten wird.

Wenn man in der Zeitgeschichte des Nachkriegsdeutschlands jemals mit dem Finger auf eine Person mit einem voll entwickelten System des Daseins gezeigt haben sollte, welche die Macht und die Bandbreite des »christlichen Laien mit gesellschaftspolitischer Verantwortung« manifestierte, hätte man kaum ein besseres Beispiel als Klaus von Bismarck finden können. Er war kein kirchlicher Beamter, verstand sich nicht als Teil der Institution Kirche, war kein Kleriker und auch nur sehr begrenzt ein Repräsentant kirchlicher Sozialethik, nicht einmal der Repräsentant eines bestimmten Berufsstandes. Er war hingegen ein Mann, der vor allem von seinem Standpunkt aus und für sich selbst sprach, durch die Autorität, die ihm zukam – das ist es, was Klaus von Bismarck war.

Ein nachdenklicher Christ

Klaus von Bismarck ist ein ungewöhnlicher Christ, der sich durch und durch als Persönlichkeit offenbart und diesen Mann in die kirchliche Nachkriegsgeschichte katapultiert – aufgrund der besonderen Ausstrahlung seiner Handlungen und Positionen.

Bei meiner Lektüre der zahlreichen schriftlich vorhandenen Quellen von Klaus von Bismarck habe ich mich gefragt, welche Ähnlichkeit es gibt zwischen dem Phänomen Klaus von Bismarck und den Überlegungen zu einer christlichen Sozialethik in der Industriegesellschaft. Die Frage nach dieser Verknüpfung stellt sich, obschon Klaus von Bismarck bis zu seiner Berufung zum Leiter des Sozialamtes der EKvW mit Industriearbeit kaum in Berührung gekommen war. Doch unter den gemeinsamen Merkmalen von Klaus von Bismarck und der wachsenden Industriegesellschaft ist eines, das absolut eindeutig ist: nicht weniger als seine christlich-sozialethische Grundhaltung, den Lebensalltag der Menschen ins Zentrum zu stellen. Diese Struktur sozialethischen Denkens und Handelns ergab sich für Klaus von Bismarck in ihrer ganzen Fülle als Erfahrung der Haltlosigkeit vor allem der Jugendlichen in der frühen Nachkriegszeit, die er 1948 während seiner Zeit am Jugendhof Vlotho erlebte – die keineswegs das Fehlen der richtigen Ideologie war, sondern das grundsätzliche Misstrauen in jegliche Ideologie insgesamt, der Verlust jedweden Vertrauens in Überzeugungen und ihrer Tragfähigkeit, welche das Fehlen eines Lebensgrundes übersteigt.

Natürlich ist die Intention von Klaus von Bismarck zu zeigen, dass, nachdem die große Katastrophe des 20. Jahrhunderts, die ganz anders verlaufen war als er selbst angenommen hatte, nicht einfach mit dem Kriegsende vorbei ist. Er repräsentiert mit seinen Erfahrungen des Zweiten Weltkrieges den Ausgangspunkt, von dem aus er in die Zukunft blicken will. Dies erweist sich für ihn als sehr relevant und ist der jungen Generation der Nachkriegszeit näher als die intellektuellen Helden der Kirche und der Theologie der Vorkriegszeit.

Ein nachdenklicher Christ, der sich von allen Lebensplänen der Vorkriegszeit verabschieden musste, nicht mehr auf seinen Beruf und seine Klassenzugehörigkeit festgelegt ist, ein Experimentator, spirituell, körperlich durchtrainiert, einem Leben in größerer Gemeinschaft nicht abgeneigt, der sich politisch nicht festlegen wollte und der Demokratie offen gegenüberstand. Wenn in der evangelischen Kirche eine alternative Führungsfigur in dieser neuen historischen Phase gebraucht wurde, dann war Klaus von Bismarck eindeutig der richtige Kandidat. Seine berufliche Entwicklung, die ihn dann in späterer Zeit zum Intendanten des Westdeutschen Rundfunks machte, verlieh seiner sozialethischen Haltung eines christlich geprägten Mannes in gesellschaftlicher Verantwortung eine noch bedeutsamere Relevanz und stimmte mit einer modernen Einstellung überein, ungeachtet dessen, dass sie ein Vorbild blieb, das nur selten aufgegriffen worden ist.

Interessanterweise beinhaltet von Bismarcks Idee der christlichen Persönlichkeit in gesellschaftlicher Verantwortung doch noch inhärent einen konservativ antidemokratischen Zug: Sie impliziert das Beibehalten einer patriarchalautoritären Grundstruktur, die auch für den Aufbau von sozialen Beziehungen Gültigkeit besitzt, in denen man lebt. In dieser Eigenschaft unterscheidet sich Klaus von Bismarck nicht von vielen anderen Männern der deutschen Nachkriegsgesellschaft, die den demokratischen Aufbau einer neuen Gesellschaft ins Auge gefasst hatten, um die Schuld am Zusammenbruch der alten abzutragen.

CHRISTLICHER LAIE IN GESELLSCHAFTLICHER VERANTWORTUNG

Ein Aspekt, den man bei der Betrachtung der Biografie von Klaus von Bismarck aus christlich-sozialethischer Perspektive berücksichtigen muss, ist, dass die Zeit nach Ende des Zweiten Weltkrieges immer darauf abzielte, die Kirche und den Glauben »neu« zu gestalten und somit eine »neue Welt« zu schaffen, was für sich genommen einen mehr oder weniger großen Struktur- und Praxiswandel innerhalb der Tradition der Kirche bedeutete. In diesem Zusammenhang stellt Klaus von Bismarck ein Vorbild dar für einen neuen Typ christlicher Präsenz in der Gesellschaft. Die neue Form des christlichen Einflusses in der Gesellschaft wird nicht mehr allein durch kirchliche und diakonische Amtsträger, durch »Mission« oder die Verkirchlichung von Institutionen verwirklicht, auf die die neue demokratische Gesellschaft mit ihren neuen Werten und Gewohnheiten und sozialen Einstellungen abwehrend reagieren würde. Sein persönlicher christlicher Glaube war in von Bismarcks Denken und Handeln das zentrale Element.

Tatsächlich kann man innerhalb der evangelischen Kirche in der Nachkriegszeit zwei Arten des Umgangs mit der neuen Gesellschaft unterscheiden. Einerseits ist die traditionelle Kircheninstitution durch ihre Bindung an die autoritären gesellschaftlichen Strukturen des Kaiserreichs kaum auf die Demokratie vorbereitet, die, wie bei Martin Dibelius im Widerspruch zum autoritären christlichen Staatsverständnis charakterisiert wird und darüber hinaus noch als von den Besatzern für Deutschland erzwungen. Klaus von Bismarck stammt selbst aus dieser denkerischen Tradition. Der Verlust seiner pommerschen Heimat durch den Zweiten Weltkrieg und der mit dem Kriegsende verbundene Wertewandel hat ihm die Gefahren und Verlockungen dieses »traditionellen« Staatsverständnisses in seinen verschiedenen Verästelungen aufgezeigt. Er entwickelt ein klares Verständnis: Mit dem uneingeschränkten Festhalten an diesen autoritären Strukturen und ihren Werten würde die Kirche in der »vergangenen« Gesellschaft verbleiben und damit die gesamte Bevölkerung im Stich lassen. Für Klaus von Bismarck ist diese Rückkehr zu den traditionellen

Strukturen und Werten kein wünschenswertes persönliches und institutionelles Verhalten für die anstehende Entwicklung Deutschlands.

Obschon dieser Werteverlust eine große Verunsicherung und Haltlosigkeit für die Menschen bedeutet, gibt es für ihn zu einer konstruktiven Auseinandersetzung mit genau dieser Verunsicherung und Haltlosigkeit keine Alternative. In seiner Arbeit mit den jungen Bergarbeitern und mit den Führungskräften des Bergbaus im Ruhrgebiet demonstriert er eindringlich, wie viel es den Menschen abverlangte, nach einem totalen Zusammenbruch zu einem neuen Leben zu finden, wie viel an Haltlosigkeit und zugleich Gewalt im Alltag vorhanden war, die einen Neuanfang erschwerten.

Der Ort der gesellschaftlichen Verantwortung

Man kann sagen, im Mittelpunkt des sozialethischen Handelns von Klaus von Bismarck steht gesellschaftliche Verantwortung, sie ist ein Hauptmotiv für sein christliches Menschenbild im Nachkriegsdeutschland. Einen ähnlichen Gedanken äußert auch Heinz-Dietrich Wendland, sein theologischer Lehrer, in seinen sozialethischen Überlegungen. Er spricht von einer Gesellschaft, in der die ethischen und sozialen Werte sowohl in falschen und heuchlerischen Formen und antiquierten Institutionen vertreten wurden wie ebenso offen in weiten Teilen der kirchlichen Predigten, in denen Gott als Chiffre für direktes staatliches Handeln in gesellschaftlichen Prozessen der Diskriminierung gebraucht wird.

Wir können also sagen, dass Klaus von Bismarck ebenso wie alle übrigen Schüler von Heinz-Dietrich Wendland in ihren sozialethischen Positionen – in denen sie ihre damals umstrittene Theorie der gesellschaftlichen Verantwortung darlegten – auf die Entwicklung einer Gesellschaft hinarbeiten, in der die Übernahme gesellschaftlicher Verantwortung für jeden Christen unverzichtbar ist. Und es hat einen Grund, dass von Bismarck imstande war, die gesellschaftliche Bedeutung der Industriegesellschaft und zugleich die Entwicklung der modernen Mediengesellschaft als Kennzeichen der Moderne vorherzusehen und dafür zu werben, dass christliche Persönlichkeiten diese Moderne mitgestalten – zu einer Zeit, in der die Arbeitswelt durch die Synode von Espelkamp und die Bedeutung der medialen Kommunikation erst mühsam in der Kirche Eingang fand –, und er diese beiden herausragenden Entwicklungen bereits so früh, im Jahr 1949, aufgrund des zeitgleichen Bedeutungsgewinns dieser beiden Bereiche voraussah.

Eigentlich waren die 1950er Jahre für die evangelische Sozialethik eine große Fundgrube für eine alternative Themenfindung in einer veränderten Welt – deren Vorahnung sich einerseits aus den Erfahrungen der Pfarrämter in den Industrie- und Massengemeinden der Weimarer Republik ableiten lässt und zugleich aus deren kirchlicher Randexistenz, zumal man sich gleichzeitig nun den Konsequenzen des Scheiterns dieses Konzeptes, sie nur am Rande der Kirche anzusiedeln, stellen musste.

Von Bismarck sprach nicht von dieser Vergangenheit, sondern betonte die Herausforderungen der Gegenwart und Zukunft, nicht von einer Kirche, die sich vor allem in der patriarchalen, ländlich geprägten Gesellschaft der Vorkriegszeit, in der er aufgewachsen war, beheimatete, sondern von einer modernen Gesellschaft und Kirche, die allmählich im Laufe der wachsenden Industrialisierung heranwachsen würde. Eine Gesellschaft, in der die alten Klassenstrukturen abgebaut wurden, mit der Notwendigkeit einer gleichberechtigten Kommunikationsstruktur, mit leistungsfähigen Technologien, mit einer internationalen, interkulturellen und humanen Vision, die unbestreitbar eine in christlich geprägten Werten Verantwortungspersönlichkeit als zentrale Herausforderung hatte. Man mag es für Ironie halten, dass, wenn wir es genauer betrachten, vor allem sein Eintreten für den Verzicht auf die ehemaligen Gebiete im Osten, was auch für ihn persönlich den Verzicht auf das familiäre pommersche Landgut bedeutete, eine scharf konturierte und überzeugende Version dieser Art von gesellschaftlicher Verantwortung aus christlicher Überzeugung bedeutete im Konflikt mit der eigenen Familie.

Und wir können sehen, dass das gesellschaftlich verantwortliche Reden und Handeln als christlicher Laie als sein größtes moralisches, kulturelles und politisches Kapital deutlich wurden. Also geht es ihm darum, den Missbrauch des christlichen Glaubens zur Begründung, sich aus der persönlichen Verantwortung für sein gesellschaftliches Handeln herauszuziehen, als Problem zu betonen. Niemand darf sich mehr mit dem Hinweis auf irgendwelche Autoritäten aus der Verantwortung oder der eigenen Schuld stehlen. Das ist die menschliche Autonomie, insofern diese selbst wiederum zur persönlichen Verantwortung zwingt.

Wenn dann in der auf Wendland zurückgehenden Sozialethik die persönliche Verantwortung des christlichen Laien im Mittelpunkt steht, ist das vielleicht nicht originell. Viele Sozialethiker des 20. Jahrhunderts haben darauf hingewiesen. Die Frage ist, welchen Platz man der persönlichen Verantwortung als Christ zugewiesen hat, um sie besonders zu würdigen. Gibt es Lebensbereiche, in denen diese Verantwortung sichtbar wird?

Und diesbezüglich ist von Bismarck in seinem Handeln und Denken definitiv modern.

Zurück zu Klaus von Bismarck; dem Zeugen für eine durch die personale Verantwortung des christlichen Laien geprägten Gesellschaft.

Das deutlichste Beispiel für diese Wahrheit in der sozialethischen Arbeit ist die besondere Aufmerksamkeit für die Industrialisierung und die davon betroffenen Arbeitnehmer, die Arbeitnehmer, die eine neue gesellschaftliche Gruppe innerhalb der Gesellschaft darstellen. Zum Beispiel erlebt er die Geschichten von Arbeitern, die in ihren Betrieben und Unternehmen schon als Lehrlinge begonnen haben und in denen sie viele unterschiedliche Vorarbeiter,

Meister, Betriebsführer und Vorstandsmitglieder erlebt und vor allem überlebt haben. Eine neue Unternehmenskultur entsteht nur, wenn Gespräche mit Belegschaftsmitgliedern, mit Vertrauensleuten und mit außerbetrieblichen Fachleuten geführt werden. Misstrauen kann nur abgebaut werden, wenn die Erfahrung gemacht wird, dass es vor allem um Vertrauensbildung und Demokratisierung von Entscheidungsprozessen im Betrieb geht. Damit wird das von Jugend an eingeübte Schema von Befehl und Gehorsam im Betrieb abgelöst. Der Arbeiter als Befehlsempfänger wird zum gleichberechtigten Experten seiner Arbeitswelt. Das Vorbild der militärischen Ordnung, in dem der jeweils höhere Offizier das letzte Wort hat, wird abgelöst durch einen offenen Dialog, durch einen argumentativen Austausch ersetzt. Es geht um einen Prozess der kooperativen Kommunikation, in welchem die neue Sprach- und Sprechkultur eingeübt und nicht angeordnet wird. Die Arbeit der Arbeiter entpuppt sich als Mitarbeit; die Werteordnung kehrt sich um, und alles erweist sich als Instrument für ein neues Selbstbewusstsein. Es gibt viele Elemente für eine verstärkte individuelle Partizipation, eine Partizipation, die die Verhältnisse grundlegend verändert, die eine mentale Revolution bedeuten; sie liegen jedem persönlichen Narrativ und der menschlichen Erfahrung zugrunde, die dann im Mittelpunkt stehen. Er betont, das ist es, was Humanität im christlichen Sinne ausmacht: eine Art der Bewusstseinsveränderungen, mit denen sich aus jemandes Alltagserfahrungen neue Verhaltensformen entwickeln. Klaus von Bismarck scheint in seinen sozialethischen Überlegungen und in seiner realen Praxis immer wieder diese doppelte Dimension zu erfassen. Die Bereitschaft, die Herausforderungen für eine grundlegende Umorientierung anzunehmen, bedeutet, dass die Mitverantwortung der Arbeiter und ihr Recht auf Mitbestimmung bei Arbeitsinhalten eine Demokratisierung und Humanisierung von Arbeits- und Lebensstrukturen schuf und schafft im Gegensatz zu Resignation. Wenn die Arbeiter ihre fachliche und human-soziale Kompetenz erweitern, wird im Grunde alles, was sie in einem Unternehmen tun, ein eigenständiger Verantwortungsprozess, der einen »wachen, kritischen und selbstkritischen Geist« erfordert. In der von Klaus von Bismarck neben anderen entwickelten GSA zeichnet er immer wieder das Bild einer kooperativen Kommunikation zwischen den Vertretern der Arbeitnehmerschaft und den Vertreter der Unternehmensleitung – sie begegnen sich auf Augenhöhe und sitzen buchstäblich am selben runden Tisch. Im Gespräch miteinander finden alle Beteiligten heraus, dass Sprache kein formales Verständigungsmittel ist, sondern etwas, das mit der Anerkennung des anderen als Person zu tun hat. Jeder einzelne hat ein Recht darauf – vom ungelernten Arbeiter bis zum Vorstandsvorsitzenden.

Und warum? Die evangelische Sozialethik hat aus dieser Perspektive darauf nur eine Antwort: Das ist es, was eine anthropologisch und sozialethisch verankerte Aufgabenbestimmung in einer humanisierten und demokratisierten Unternehmens- und Betriebskultur verlangen, also, was die Zeit verlangt. Die

Geschäftsleitung oder Betriebsleitung wurden zu Partnern der Arbeiter, womit die traditionell-betrieblichen Ordnungsformen tendenziell zusammenbrachen. Sie sahen sich denselben wirtschaftlichen Herausforderungen ausgesetzt, die auch die wirtschaftliche Existenz der Arbeiter betraf und sie so handeln ließ, wie sie es taten, wobei sie das, was die Zeit verlangte, als Mitarbeiterorientierung und Marktorientierung empfanden. So wie eine autoritär geprägte Kommunikation, wie sie aus der Armee, einer staatlichen Institution oder innerhalb der kirchlichen Hierarchie üblich gewesen war, die Klaus von Bismarck schon in seiner Zeit im Jugendhof Vlotho direkt nach dem Ende des Zweiten Weltkrieges zu überwinden gedachte, so fordert in diesem Modell die praktizierte Vernetzung eine Enthierarchisierung zugunsten eines Konsultationsmodells. Es ist eine sichtbare Form der Mitgestaltung, deren partnerschaftliches Modell die Arbeit in strukturierter Subordination ablöste. Es herrscht ein Wandel der Betriebs- und Unternehmenskultur, und deshalb müssen alle diejenigen, die im Unternehmen und Betrieb arbeiten, eine Beteiligungspraxis entwickeln, die nach oben hin nicht abnehmen kann, als ob es Ebenen geben könnte, auf denen ›formale Mehrheiten dialoglose und argumentationsarme Entscheidungen durchsetzen‹. In der öffentlichen Argumentation beginnen die Arbeiter und ihre Vertretungen sich klar zu Wort zu melden, um Mitbestimmung als ein Freiheitsrecht des arbeitenden Menschen zu formulieren, das seine Menschenwürde schützt.

Klaus von Bismarck hat noch nicht ausdrücklich von diesem Befreiungsprozess in Unternehmen und Betrieben gesprochen – diese entwickelten sich zu seiner Zeit erst allmählich. Er denkt gesellschaftliche Verantwortung von Christen noch nicht so ausgewiesen in wirtschaftlichen Zusammenhängen. Allerdings ist zu erwähnen, dass von Bismarck gesellschaftliche Verantwortung aus christlicher Perspektive durchaus im alltäglichen Leben ansiedelt.

Hier legt er Wert auf eine regelmäßige Andachtspraxis in Haus Villigst, dem Ort, an dem er das Sozialamt der Evangelischen Kirche von Westfalen leitet. Ebenso positioniert er sich eindeutig gegen eine traditionelle missionarische Verkündigungspraxis, wie sie z. B. in bestimmten Bereichen der Jugendarbeit der Nachkriegszeit geübt wird. Zwischen diesen beiden Graten wandert er. Aus der Ferne beobachtet wird deutlich, dass die Andachtspraxis und die Abwehr eines eher autoritären Verkündigungsstils Teile seines Verständnisses als christlicher Laie in gesellschaftlicher Verantwortung sind, bei dem für ihn beides selbstverständlich zusammengehört. Es ist kein Zufall, dass von Bismarcks Beschreibungen der beginnenden GSA (gemeinsame Sozialarbeit der Konfessionen im Bergbau) als kommunikative Austauschrunden sehr ausführlich sind und damit auch insgeheim kritisch, denn sie sind immer ein impliziter Impuls zur Überwindung einer autoritären Kommunikationsform. Seine Beschreibungen verbinden sich dabei mit der Art seiner Andachten in Haus Villigst, zu denen er alle Mitarbeitende immer wieder eingeladen hat, und die ein fester Bestandteil der dort herrschenden Arbeitskultur waren. Verantwortung für andere wird zum ausdrücklichen Kern seines Verständnisses von Christentum, sie wird als Aufgabe betrachtet, die alle Bereiche durchdringt und in jede Ebene eindringt. Klaus von Bismarck beschreibt ihre prägende Kraft.

Im Grunde wirft Klaus von Bismarck der traditionellen kirchlichen Ethik und Verkündigung vor, dass sie die personale Verantwortung jedes Einzelnen zu wenig gepredigt und gestärkt hat und damit zugelassen hat, dass Verstöße gegen das moralische Gesetz zu einer Rechtsnorm und zum Recht des Staates werden konnten. Aus diesem Grunde dürfen in der Gegenwart keine zwei Welten mehr entstehen: die Welt des Glaubens, in der Tabus, moralische Gesetze, Erlaubtes und Verbotenes frei wirken, und die Welt der ›gesellschaftlichen Gegenwart‹, welche, obschon sie den Anspruch hat, im Einklang mit den gottgegebenen Prinzipien zu stehen, diese faktisch immer wieder bricht und das duldet oder praktiziert, was eigentlich verboten ist. Vor allem spricht er immer wieder von der notwendigen Offenheit gegenüber jedem einzelnen Menschen, der Begegnung auf Augenhöhe usw. Hier kommt vielleicht die größte und wichtigste Bedeutung von Klaus von Bismarck für die evangelische Sozialethik und die evangelische Kirche zum Tragen: Er war imstande, den notwendigen Wandel in der Nachkriegsgesellschaft positiv wahrzunehmen. Dieser Wandel stärkt die Persönlichkeit des Einzelnen, alle Lebensbereiche werden zu Verantwortungsbereichen. Man könnte sagen, dass all dies bereits in der Bibel festgehalten wird. Im Schöpfungsbericht mutet Gott den Menschen die Verantwortung für die Schöpfung und ihre Gestaltung zu, weil er sie als kreative Persönlichkeiten in der Verantwortung für die Natur und das menschliche Leben sieht. Aber dieser Auftrag zur Arbeit erfährt in der Moderne der Industriegesellschaft und so auch bei von Bismarck einen ganz anderen Grad an Reflektiertheit, gerade weil dieses »biblische Denken« auf eine gesellschaftliche Situation trifft, in welcher der Staat, die Technologie, Mechanisierung, Industrie und der Druck unglaublichen Auftrieb erfahren. Entsprechend ist der Arbeitsauftrag Gottes an alle Menschen und sein Potential nunmehr qualitativ verschieden. Industrielle Fertigungsmethoden, programmierte maschinelle Produktionsprozesse, die globale Verknüpfung verschiedener Arbeitsprozesse und immer wieder drohende Arbeitslosigkeit unterscheiden sich grundlegend von den biblischen Vorstellungen der Arbeit.

In den Beiträgen zur Arbeit in der Industriegesellschaft von Klaus von Bismarck, die sein gesellschaftliches, politisches und christlich-humanitäres Engagement behandeln, thematisiert er auch sein Verständnis von Verantwortung und die These von der Kommunikation auf Augenhöhe. Inhärent knüpft er in seinen Ausführungen daran an und thematisiert darüber hinaus die demokratischen Strukturen in Unternehmen und der Wirtschaft insgesamt, was seine christliche Weltanschauung widerspiegelt und von der auch alles andere ausgeht.

Es ist wichtig, sich vor Augen zu führen, dass für Klaus von Bismarck jede Form der Arbeit, die nicht in partnerschaftlicher und beteiligungsorientierter Weise geschieht, ein sozialethisches Problem ist. Ein Problem sind für ihn auch die immer wieder zu hörenden Klagelieder politischer und gesellschaftlicher Eliten, die von der sinkenden Arbeitsmoral zeugen: die Vereinfachung der Gefühls- und Denkstruktur bringt auf diesem Wege dann das Elite-Masse-Denken zurück, mit dem die realen Privilegien gerechtfertigt werden und die anderen disqualifiziert werden.

Wenn wir in die Tiefe gehen, sehen wir, dass die gleiche Elite so zu einem asymmetrischen Menschenbild beiträgt, mit dem eine ideologische Absicherung eines Ungleichheitssystems geschaffen wird, das sich dann auf alle charakteristischen Merkmale des Staates in seinen wichtigsten Funktionen auswirkt. Die Frage nach der Relevanz einer konservativen Tugendlehre in der modernen Industriearbeit ist dann die grundlegende Frage, um die es in diesen sozialethischen Überlegungen geht.

Konsequenzen und Auswirkungen der Demokratisierung sind für ihn die Aufforderung nach der demokratischen Gestaltung des Alltags- und Wirtschaftslebens, nach der Beteiligung aller Akteure. Diese Position der gesellschaftlichen Integration versteht er als ›christlich‹. Nicht der ›Untertan‹ oder ›die Ausgrenzung von Diskriminierten‹, sondern gleichberechtigte und in alle Entscheidungsprozesse einbezogene selbstbewusste Mitarbeitende sind das Modellbild, das nach seiner Auffassung einzig Zukunft hat. Für Klaus von Bismarck leben die Menschen in der Moderne nicht mehr in festen Strukturen oder in starren Rollen. Sie überschreiten in ihrem Leben ständig Grenzen. Auch er überschreitet immer wieder Grenzen, als ob er durch eine starke Energie zu einer unermüdlichen Bewegung angetrieben wird. Er wirbt mit seinem Lebensentwurf dafür, dass man nicht im Vorhinein sagen kann, wohin man kommt. Die Grenzüberschreitung, das Fortgehen und das Sich-nicht-begrenzen-Lassen, sind Chancen, die er der Kirche implizit vorschlägt. Das betraf nicht nur diejenigen, die sich entschieden haben, in der Institution zu bleiben, sondern ebenso diejenigen, die die Institution hinter sich ließen. Ansonsten würde »Christsein« nur noch bedeuten, in festgelegten Grenzen zu existieren.

Schließen möchte ich mit einem Eindruck aus meiner Zeit als KDA-Bundesvorsitzende. Der KDA, die Industrie- und Sozialarbeit in der Kirche, stand in den 2000er Jahren unter hohem Rechtfertigungsdruck; in einer Zeit, in der intensiv über die Zukunft der Arbeit und die Zukunft der Kirche diskutiert wurde. Die Diskussion war sehr engagiert – und zugleich eine unterschwellige Linie der Resignation. Gefordert wurde ein Konzept für den KDA, während wir uns doch in vielen unterschiedlichen Landeskirchen mit unterschiedlichen Rahmenbedingungen bewegten. Wir kämpften und stritten, aber es war kein Durchkommen.

Vielleicht ist es leichter, diese Grenze zu den Menschen in einer sich immer schneller verändernden Arbeits- und Lebenswelt zu überschreiten, wenn man das Erbe der Vergangenheit loslassen kann. Es ist offensichtlich, dass das Wegweisende an von Bismarcks Praxis der Grenzüberschreitung nicht einfach die Idee des Übertretens von traditionellen Grenzen war, sondern die Idee der

Grenzüberschreitung als ein eigenes Thema. Für ihn bedeutete sein christlicher Glaube und seine entsprechende Praxis, in diesem Leben zu leben. Und damit lebt er im Reiche Gottes, das »in uns ist«. Wenn wir diese Perspektive aufrechterhalten, die Perspektive des Grenzgängers oder des Christen – dann kann es auch weiterhin gelingen, die Welt um uns herum zu verändern.

Die Erinnerung an die Ursprünge dieser Arbeit ist heute mehr als Traditionspflege. Es ist die Erinnerung daran, welch konstitutive Bedeutung die Arbeitswelt für Menschen hat.

Heute ist es die Transformation der Industriearbeitsplätze, die Digitalisierung der Arbeitswelt und die integrative Kraft der Arbeit in einer Einwanderungsgesellschaft. Eine Kirche, die sich in diesem Feld aus dem Spiel nimmt, handelt sträflich.

Im Moment sind die Brücken zwischen Kirche und Arbeitnehmerschaft, Gewerkschaft und Betrieben marode geworden. Insofern wäre es gut, wenn die Kirche diese maroden Brücken schnellstens saniert, denn sie werden dringend gebraucht, um hin und her zu wandern, sich zu begegnen und auch weiter mitzuspielen bei der humanen Gestaltung dieser Gesellschaft.

Materialethische Themenfelder

INKLUSION UND PROFESSIONALITÄT
HERAUSFORDERUNGEN UND GESTALTUNGSMÖGLICHKEITEN DIAKONISCH-ETHISCHER GESELLSCHAFTSVERANTWORTUNG FÜR HELFENDE BERUFE[1]

Anika Christina Albert

1. EINLEITUNG

»Offen für Vielfalt – geschlossen gegen Ausgrenzung«[2] – das ist das Motto einer regionalen Initiative in und um Kassel, in der sich Unternehmen, Vereine und Organisationen zusammengeschlossen haben. Darunter sind neben einem bekannten Automobilhersteller Energiekonzerne und große Sportvereine, Banken und Sparkassen, Akteure aus Politik und dem Gesundheitsbereich – und eben auch die Evangelische Kirche von Kurhessen-Waldeck sowie diakonische Einrichtungen aus ihrem Bereich. Gemeinsam ist ihnen allen das Anliegen, sich für Vielfalt in Gesellschaft und Arbeitswelt einzusetzen. Damit wird deutlich: Inklusion ist nicht nur ein Thema von Einzelpersonen mit oder ohne Beeinträchtigungen jeglicher Art und auch keine reine Bildungsangelegenheit. Inklusion geht uns alle an, denn es betrifft die Grundwerte unserer demokratischen Gesellschaft. Allerdings braucht Inklusion sicher mehr als das Aufhängen von Türschildern. Inklusion braucht Menschen und Institutionen, die sich mit voller Kraft dafür einsetzen, dass tragfähige Netzwerke entstehen, ausgebaut und zum Wohle aller genutzt werden. Und: Inklusion braucht eine verständliche Sprache, um keine Pathosformel zu sein, sondern die enorme gesellschaftliche Tragweite deutlich zu machen. Inklusion ist keineswegs eine reine Modeerscheinung, die zum Thema wird, wenn gerade nichts Wichtigeres anliegt. Allerdings wird das Thema derzeit im Zeichen aktueller Krisenphänomene in den Hintergrund gedrängt, weil Finanzmittel und humanitäre Ressourcen anders priorisiert werden.

---

[1] Vortrag im Rahmen der Tagung »Pathosformel gesellschaftliche Verantwortung? Standortbestimmungen und Perspektiven evangelischer Gesellschaftsethik« am 11. November 2022 in Bochum.

[2] Die Initiative ist weithin dadurch sichtbar, dass alle Beteiligten Schilder aufhängen, auf deren Vorderseite »Offen für Vielfalt« und auf deren Rückseite »Geschlossen gegen Ausgrenzung« zu lesen ist. Siehe dazu auch den Internetauftritt unter https://offenfuervielfalt.de/ (zuletzt abgerufen am 25.07.2023).

Doch gerade angesichts aktueller gesellschaftlicher Herausforderungen – seien es die Energiekrise oder die Etablierung einer Willkommenskultur für Menschen mit Fluchterfahrungen –, bietet das Thema Inklusion eine solide Basis zur Reflexion und Verwirklichung gesellschaftlichen Zusammenhalts.

2. Inklusion in Theologie, Kirche und Diakonie

Was kann Theologie, was können Kirche und Diakonie – sozusagen als professionelle Gesprächspartnerinnen im Inklusionsdiskurs – dazu beitragen, um die Anliegen von Inklusion verständlich zu machen und praktisch umzusetzen? Ich möchte hierfür zunächst einen Blick in zwei einschlägige EKD-Schriften zum Thema werfen:

2.1 »Es ist normal, verschieden zu sein: Inklusion leben in Kirche und Gesellschaft«

»Es ist normal, verschieden zu sein: Inklusion leben in Kirche und Gesellschaft« (EKD 2014) – diesen Titel trägt die 2014 vom Rat der EKD herausgegebene Orientierungshilfe. Sie macht deutlich, dass Inklusion ein gesellschaftlicher Auftrag und damit zugleich auch ein zentrales Anliegen von Kirche und Diakonie ist. Mehr noch: »Inklusion ist Menschenrecht und zugleich christliche Selbstverständlichkeit.« (EKD 2022: 17) – jedenfalls theoretisch, wie zahlreiche Publikationen belegen und theologische Überlegungen nahelegen (vgl. a. a. O.: 19 f.). So lautet ein Schlüsselsatz: »Es geht um das Kirche-Sein der Kirche, es geht um eine Gesellschaft, die Partnerschaft und Gemeinschaft auf Augenhöhe verwirklicht« (EKD Fachforum 2022: 6). Die zentralen biblisch-theologischen Argumentationen zum Thema Inklusion reichen hier von der Vielfalt der Schöpfung über die Universalität des Reiches Gottes, wie es u. a. im Handeln Jesu deutlich wird, bis hin zum paulinischen Bild des einen Leibes mit vielen verschiedenen Gliedern. In der praktischen Umsetzung von Inklusion in Kirche und Gesellschaft scheint es hingegen noch reichlich Ausbaumöglichkeiten zu geben. Das zeigt sich vor allem darin, dass Inklusion im Bereich der Diakonie noch immer stark auf Menschen mit Behinderung fokussiert ist, die – so die weit verbreitete Ansicht – Schutz und Fürsorge benötigen. Die speziellen Einrichtungen, in denen sie wohnen, und die eigenen Werkstätten, in denen sie arbeiten, werden dementsprechend eher als exklusive Sonderwelten anstatt als Leuchttürme für Inklusion wahrgenommen. Auch insgesamt lässt sich beobachten, dass der EKD-Text stark »vom Anderen her« denkt, wobei die Frage, welche Machtkonstellationen und Ungleichheiten diese Differentsetzung bewirken kann, weitgehend unreflektiert bleibt.

2.2 »INKLUSION GESTALTEN – AKTIONSPLÄNE ENTWICKELN«

Inzwischen wird die acht Jahre alte Orientierungshilfe durch eine von EKD und Diakonie Deutschland gemeinsam herausgegebene Veröffentlichung ergänzt. Unter der Überschrift »Inklusion gestalten – Aktionspläne entwickeln« (EKD 2022) werden konkrete Umsetzungsmöglichkeiten für Inklusion in einem breiteren Kontext aufgezeigt. Als Adressatenkreis werden einerseits Führungskräfte und Leitungsverantwortliche der oberen und mittleren Ebenen (vgl. a. a. O.: 7) – also professionell handelnde Personen – und andererseits Expertinnen und Experten mit eigenen Behinderungserfahrungen (vgl. a. a. O.: 5) angesprochen. Ihnen werden Vorschläge für Umsetzungsmaßnahmen in der gesamten Bandbreite gesellschaftlicher und kirchlich-diakonischer Handlungsbereiche zur Verfügung gestellt – konkrete Checklisten für die Bereiche Arbeit, Bildung, Freizeit und Kultur, Gestaltungsvorschläge zu Generationen- und Genderfragen, bis hin zu Gesundheit, Pflege, Wohnen, Mobilität und Digitalität sowie zu Spiritualität und geistlichem Leben. Zugrunde gelegt wird nach eigener Darstellung ein breiter Inklusionsbegriff, der aber insbesondere hinsichtlich Menschen mit Behinderungserfahrungen konkretisiert wird (vgl. ebd.). Als Vorbild dient der Nationale Aktionsplan Inklusion (NAP 2.0) des Bundesministeriums für Arbeit und Soziales aus dem Jahr 2016 (ebd.). Als Hintergrund und rechtlicher Rahmen fungiert die UN-Behindertenrechtskonvention (UN-BRK), die Deutschland im Jahr 2007 unterzeichnet hat und somit seit 2009 rechtlich verbindlich ist – allerdings bisher nur wenig sichtbare Veränderungen im gesellschaftlichen Leben bewirkt (vgl. EKD 2022: 17).

Was braucht es also: Aktion oder Reflexion? Bedarf es neuer Pläne oder schlichtweg der Umsetzung bisheriger Erkenntnisse? Wagen wir Experimente oder wollen wir vor allem Ergebnisse? Oder werden unsere Handlungsambitionen angesichts drängender anderer Probleme wie dem Fachkräftemangel im Bereich der Diakonie und dem Mitgliederschwund und gesellschaftlichen Bedeutungsverlust im Bereich der Kirche ohnehin gehemmt?

Wenn es Kirche und Diakonie ernst meinen und sich nicht als »Sonderräume« (vgl. EKD 2014: 19, 76; EKD 2022: 16), sondern wichtige sozialräumliche Akteurinnen verstehen, ist jedoch gerade die Verwirklichung von Inklusion eine dringende Aufgabe. Diese Aufgabe kommt nicht noch zusätzlich zu vielem anderen hinzu, vielmehr ruft sie den inklusiven Grundimpuls der Kommunikation des Evangeliums neu in Erinnerung.

3. Inklusion als Herausforderung und Gestaltungsaufgabe diakonisch-ethischer Gesellschaftsverantwortung

Was bedeutet es, diakonisch-ethische Gesellschaftsverantwortung zu übernehmen, indem wir Diakonie und Kirche inklusiv denken und gestalten? Meines Erachtens liegt genau darin eine wichtige Konkretion, wenn wir anlässlich des 50-jährigen Bestehens des Lehrstuhls für christliche Gesellschaftslehre an der Evangelisch-Theologischen Fakultät der Ruhr-Universität Bochum gemeinsam darüber nachdenken, wie die Übernahme gesellschaftlicher Verantwortung aus der Perspektive evangelischer Ethik aktuell aussehen kann und welche Standortbestimmungen und Perspektiven sich daraus ergeben.

3.1 Die soziale Frage des 19. Jahrhunderts

Der Ansatzpunkt, nach einer Verhältnisbestimmung von Kirche und Gesellschaft zu fragen, ist gerade aus diakonischer Perspektive keineswegs neu. Bereits im 19. Jahrhundert bildete die theologische Reflexion sozialer Fragen den Ausgangspunkt für die Entstehung der heutigen Diakonie. Die bekannten Wegbereiter und Wegbereiterinnen wie Johann Hinrich Wichern, Friedrich von Bodelschwingh, Theodor, Friederike und Caroline Fliedner, um nur einige der bekanntesten zu nennen, fühlten sich durch aktuelle gesellschaftliche Herausforderungen zum Handeln motiviert. Grundlage hierfür war ihr persönlicher christlicher Glauben. Angerührt und aufgerüttelt durch soziale Missstände und Begegnungen mit Menschen in Not wollten sie – theologisch reflektiert und organisatorisch strukturiert, jedoch weit entfernt von heutigen inklusiven Leitideen – Menschen vor Ort helfen und zugleich Kirche und Gesellschaft aktiv gestalten. Nicht umsonst ist Günter Brakelmanns zweibändiges Werk »Die soziale Frage des 19. Jahrhunderts« aus dem Jahr 1962, das bereits vor über 30 Jahren in 7. Auflage erschienen ist, zum Standardwerk der Diakoniegeschichte geworden und spielt hier bis heute eine wichtige Rolle (vgl. Brakelmann 1981).

3.2 Inklusion im Kontext der »neuen sozialen Frage«

Umso spannender ist daher die Beobachtung, dass der aktuelle Diskurs um Inklusion und die Qualität von Teilhabe auch unter dem Label der »neuen sozialen Frage« (vgl. Witten 2020: 76) geführt wird. Es geht hier – wie auch bei der sozialpolitisch in den 1970ern gestellten sog. »neuen sozialen Frage« (vgl. Geisler 1976; Dobner 2007) – darum, wie Menschen leben, die sich in prekären Lebenslagen befinden und sich deswegen als sozial ausgegrenzt, abgehängt oder gar überflüssig empfinden. Was passiert, wenn diese Wahrnehmung selbst dann fortbesteht, wenn sie formal durch soziale Systeme aufgefangen werden und auf unterschiedliche Weise Unterstützung erfahren? Denn rechtliche und soziale Einschließung schützen nicht vor sozialer Exklusion. Es geht also um mehr als die Festlegung lebensnotwendiger Standards, rechtlicher Rahmenbedingungen und staatlicher Vorkehrungen: Es geht um kommunikative Anerkennung und das Eingebundensein in zwischenmenschliche Netzwerke und Strukturen, die nur dann tragfähig sind, wenn sie sich für das Individuum und die Gemeinschaft als tragfähige »Sorgenetze« (vgl. Hofmann 2020) erweisen.

Gerade in diesem Zusammenhang gilt es, für Diakonie und Kirche neue Potentiale im Kontext des Gemeinwesens zu erschließen und etablierte Verständnisse von Professionalität im Bereich sog. »helfender Berufe« kritisch zu überdenken. Hierfür möchte ich im Folgenden zunächst theoretische Impulse und anschließend praktische Konsequenzen aufzeigen.

4. Theoretische Impulse: Inklusion – multiperspektivisch und dynamisch

Zunächst einige theoretische Überlegungen und Einordnungen zum Begriff der Inklusion (vgl. Witten 2022):

Inklusion ist im 21. Jahrhundert zum Modewort und Containerbegriff geworden – mit allen damit verbundenen Stärken und Schwächen. Der Begriff selbst ist deutlich älter und hat seine entwicklungspolitische globale Bedeutung vor allem durch die 1994 in der Salamanca-Erklärung (UNESCO 1994) fixierten und auf den Menschenrechten basierenden Forderung nach »Bildung für alle« bekommen. Aufgrund der Zunahme an Relevanz hat der Begriff der Inklusion einerseits an Offenheit und Anknüpfungsfähigkeit gewonnen, zugleich aber an Klarheit eingebüßt.

Aus der Forschungsperspektive betrachtet, ist Inklusion ein interdisziplinäres Thema, das nur in einer multiperspektivischen Betrachtung unter Wahrnehmung bestehender Spannungen, Ambivalenzen und Paradoxien angemessen betrachtet werden kann. Ich möchte einige davon im Folgenden kurz skizzieren.

4.1 Erziehungswissenschaftliche Aspekte

Offenkundig und naheliegend ist zunächst die erziehungswissenschaftliche Perspektive. Hier wird mit Inklusion das Ziel eines Paradigmenwechsels verfolgt: Ungerechtigkeiten und Benachteiligungen im Bildungssystem sollen sichtbar gemacht sowie Stigmatisierungen und Diskriminierungen überwunden werden. Nach Andreas Hinz lassen sich vier Eckpfeiler der internationalen pädagogischen Inklusionstheorie ausmachen (Hinz 2014: 19):
- Positive Wahrnehmung von Vielfalt;
- Einbeziehung aller Dimensionen von Heterogenität;
- Überwindung von Marginalisierung aufgrund jedweder Zuschreibungen;
- Vision einer inklusiven Gesellschaft.

Dabei geht es um ein Doppeltes: Im Blick sind einerseits die Partizipation von Personen, andererseits aber auch das kritische Hinterfragen von Systemen und Strukturen. Im deutschen Diskurs fand in vielen Fällen eine Fokussierung auf Ersteres statt, wie beispielsweise der Übergang vom Integrations- zum Inklusionsdiskurs zeigt. Dies ist vor allem darauf zurückzuführen, dass sich Eltern von Kindern mit Behinderungen aufgrund von praktischen Ausgrenzungserfahrungen in Kitas und Schulen in lokalen Initiativen zusammenschlossen. Diese Initiativen bildeten die treibenden Kräfte, die auf bestehende Missstände hinwiesen und vehement praktische Veränderungen in bestehenden Settings einforderten und umsetzten. Zu betonen ist hier, dass sich allerdings nur die »Betroffenen« mit einem entsprechend gehobenen Bildungsniveau Gehör – und damit auch Macht – verschaffen konnten. So kämpften sie auf der Basis eigener leidvoller Erfahrungen sozusagen »bottom up« für Veränderungen, längst bevor andere politisch und gesellschaftlich Agierende die Relevanz des Themas erkannt hatten und sich qua Amt oder Mandat für strukturelle Verbesserungen im Sinne einer Ermöglichung von Teilhabe für alle einsetzen konnten (vgl. Witten 2020: 60–63).

4.2 Soziologische und sozialwissenschaftliche Aspekte

Stärker als die erziehungswissenschaftliche Sichtweise nehmen soziologische bzw. sozialwissenschaftliche Konzepte und Überlegungen eine Makroperspektive ein und verstehen Inklusion und Exklusion als Grundstrukturen einer funktional differenzierten Gesellschaft. Darüber hinaus werden Inklusion und Exklusion als gesellschaftliche Prozesse analysiert, in denen u. a. Kommunikationszusammenhänge eine zentrale Rolle spielen (vgl. Witten 2020: 80–82). Insgesamt fällt zunächst die Vielzahl und Disparatheit der unterschiedlichen Konzepte mit jeweils spezifischen Akzentsetzungen auf. Namhafte Vertreter wie Talcott Parsons (1969), Niklas Luhmann (1997), Armin Nassehi (2003, 2013) und Rudolf Stichweh (2009, 2016) haben sich mit der Frage beschäftigt, wie Inklusion und Exklusion mit Blick auf soziale Systeme zu definieren seien und sind dabei zu sehr unterschiedlichen Ergebnissen gekommen. Wichtig erscheint hier die Differenzierung, dass Inklusion eher einen Ereignischarakter aufweist, während Exklusion eher ein Nicht-Ereignis darstellt und sich somit schwerer feststellen lässt, weil sie in vielen Fällen verdeckt und daher unsichtbar bleibt. Weiterführend erscheint auch die Unterscheidung zwischen »sachlicher« und »sozialer Inklusion«, die darauf verweist, dass eine rein funktionale Zugehörigkeit keinerlei inhaltliche Aussage über die Qualität von Inklusion treffen kann (vgl. Witten 2020: 71–73). So sind Reiche wie Arme in das gesellschaftliche Teilsystem Wirtschaft inkludiert, wie auch Menschen mit ganz unterschiedlichen Voraussetzungen Teil des Bildungssystems sind. D. h. die reine Zugehörigkeit zu einem System sagt nichts darüber aus, ob Menschen aktiv oder passiv als Leistungserbringende oder Leistungsempfangende Teil eines sozialen Systems sind. Insofern stößt der Exklusionsbegriff an seine Grenzen, wenn begrifflich auch »die

Ausgegrenzten in die Gesellschaft einbezogen sind« (Kronauer 2015: 132), demgegenüber jedoch das soziale Erleben einen völlig gegenteiligen Eindruck vermittelt. Oder zugespitzt formuliert: Institutionelle Einschließung schließt soziale Ausgrenzung keineswegs aus. Weitergedacht geht es somit darum, dass Inklusion mehr ist als die Umsetzung rechtlicher Standards. Vielmehr bedarf es daneben einer Anerkennung der kommunikativen Relevanz eines jeden Menschen, wenn ein soziales Miteinander gelingen soll. Martin Kronauer unterscheidet in diesem Zusammenhang zwischen »Partizipation« (formale Zugehörigkeit) und »Interdependenz« (soziale Einbindung) als zwei Modi gesellschaftlicher Zugehörigkeit. Partizipation meint dabei die über soziale Rechte vermittelte »materielle, politisch-institutionelle und kulturelle Teilhabe«, während Interdependenz die »Einbindung in die gesellschaftliche Arbeitsteilung und in die Wechselseitigkeit sozialer Nahbeziehung« umfasst (a.a.O.: 139, 146). Inklusion im umfassenden Sinne kann nur gelingen, wenn alle Bereiche ineinandergreifen, d.h. wenn die Einbindung in die Arbeitswelt, soziale Nahbeziehungen und institutionelle Rahmenbedingungen ein fruchtbares soziales Miteinander ermöglichen. Demgegenüber ist Exklusion ein Prozess im sozialen Miteinander, der nicht per se negativ ist, denn »alle sozialen Beziehungen beruhen darauf, dass sie bestimmte Personen einbeziehen, andere ›außen vor‹ lassen oder gezielt fernhalten« (a.a.O.: 233) – z.B. Kinder aus dem System der Erwerbsarbeit. Problematisch wird Exklusion jedoch dann, wenn sie bewusst oder unbewusst »als Mittel der Eroberung und Durchsetzung von Macht« genutzt wird und »sobald damit für die Ausgeschlossenen soziale Lebenschancen beeinträchtigt werden« (a.a.O.: 234). Dies ist insbesondere dann der Fall, wenn sich Exklusionsprozesse in verschiedenen Bereichen gegenseitig verstärken und somit zu einem verfestigten Zustand der Exklusion eines Individuums führen (vgl. Witten 2020: 71–79).

4.3 Kulturwissenschaftliche Aspekte

Nimmt man darüber hinaus eine kulturwissenschaftliche Perspektivierung von Inklusion vor, so kommen vor allem Fragen nach Macht, Differentsetzung, Diskriminierung, Intersektionalität und Stigmatisierung in den Blick (vgl. Witten 2020: 89–104). So lässt sich beispielsweise der Begriff der Heterogenität differenzieren, indem analysiert wird, warum, wie und von wem Heterogenität hergestellt und definiert wird. Der Blick richtet sich also vor allem auf Wahrnehmungs- und Denkmuster, die zwischen Eigenem und Fremdem unterscheiden, Ähnlichkeiten betrachten oder Othering- und Labelingprozesse unterstützen. Im Mittelpunkt steht weniger die Frage, ob oder warum es Unterschiede gibt, sondern vielmehr, inwiefern diese Unterschiede ggf. die Bedingung für soziale Ungleichheiten sind. Davon ausgehend ist dann weiter zu fragen, wie Ungleichheit fördernde Strukturen überwunden werden können. In diesem Zusammenhang ist auch die Frage nach einem angemessenen Normalitätsverständnis zu stellen: Ist Normalität als kritischer Maßstab und Ziel anzusehen, das gleiche Rechte und Möglichkeiten für alle Menschen beinhaltet? Oder gilt es vielmehr, die Einteilung zwischen »normal« und »nicht normal« zu überwinden, da hiermit Differenzen und Grenzen konstruiert werden, die inklusiven Denkweisen grundlegend widersprechen (vgl. a.a.O.: 153f.)? Ist es also »normal, verschieden zu sein«, wie auch Bundespräsident Richard von Weizsäcker 1993 in seiner Rede (ebd.) formulierte – oder gilt es gerade, das Denken in solchen Kategorien zu überwinden?

4.4 Inklusion als »dynamisches Theorem« und Forschungsthema

Das hierin sichtbar werdende Spannungsfeld macht exemplarisch deutlich, wie komplex das Thema Inklusion ist. Inklusion ist mehr als eine visionäre Idee, wie das Zusammenleben in einer Gesellschaft praktisch gestaltet werden kann. Es ist zugleich ein politisches Programm und eine theoretisch fundierte Zielvorstellung, die aus unterschiedlichen Perspektiven nach konkreter Umsetzung verlangt. Zugleich ist Inklusion ein Analyseinstrument, das den Blick schärft für eine kritische Betrachtung vergangener und aktueller Entwicklungen.

Zusammenfassend lässt sich festhalten: Inklusion ist nicht statisch, sondern stets dynamisch zu denken und weist einen Prozesscharakter auf. Ulrike Witten wählt hierfür die treffende Bezeichnung des »dynamischen Theorems« (Witten 2020: 206). Sie ist kein bereits erreichter Zustand, aber durchaus mehr als reine Utopie. Sie bedarf der dauerhaften kritischen Überprüfung des eigenen Denkens und Handelns und der konkreten Anwendung in unterschiedlichen Handlungsbereichen, wobei korrigierende Maßnahmen, Rückschritte und Scheitern in den einzelnen Prozessschritten eingeschlossen sind.

Ein zentraler Aspekt ist somit die Bereitschaft und die Fähigkeit zur Selbstreflexion als Grundvoraussetzung einer inklusiven Grundhaltung (vgl. a.a.O.: 122). Allerdings ist zu betonen: Inklusion ist nicht nur, aber eben auch eine Frage der Haltung (vgl. a.a.O.: 188). Vorausgesetzt ist dabei eine grundlegende Zustimmung zu den theoretischen Grundannahmen und zugleich die Bereitschaft, sich selbst in den eigenen Einstellungen und Überzeugungen kritisch in Frage zu stellen, Personen und Situationen sensibel wahrzunehmen und Hintergründe zu reflektieren. Es geht also nicht so sehr um den Erwerb neuer Handwerkszeuge, sondern vielmehr um »eine reflexive Praxis, die unter der Frage, wie Inklusion als Zielvorstellung realisiert werden könnte, bestehendes analysiert.« (a.a.O.: 198)

Wie diese Analyse erfolgen kann, ist zugleich Forschungsthema. Grundlegend stellt sich dabei die Frage, ob und inwiefern Inklusion messbar und empirisch erforschbar ist. Ein entscheidender Ansatzpunkt dürfte auch hier sein, nicht spezifische neue Forschungsmethoden zu etablieren, sondern eine Sensibilität für die Anliegen der Inklusionsthematik in der gesamten interdisziplinären Breite zu entwickeln. Dabei bedarf es einer besonderen Aufmerksamkeit für die Frage, wie z. B. durch die Festlegung bestimmter Zielgruppen Differenzen erst gesetzt, ggf. verfestigt und verstärkt werden sowie Othering- und Labelingprozesse unterstützt werden (vgl. a.a.O.: 204).[3] Hilfreich ist sicherlich auch der Wechsel in der Forschungsperspektive, die im Sinne einer »partizipativen Forschung« Beforschte zu Mitforschenden macht. In der Umsetzung müssen Forschungsverantwortliche die Ambivalenzen und Grenzen stets mitbedenken, wobei generell Inklusion als Leitidee auch im Bereich der Wissenschaft erkennbar werden muss (vgl. a.a.O.: 205).

Basierend auf den Überlegungen zu theoretischen Grundlagen und Forschungsperspektiven zum Thema Inklusion, möchte ich damit den Blick auf die Praxis helfender Berufe richten und Impulse geben, wie Professionalität unter den Bedingungen von Inklusion gestaltet und verändert werden kann.

5. Praktische Impulse: Inklusion und Professionalität helfender Berufe

Nimmt man die skizzierte Breite und Differenziertheit der mit dem Inklusionsbegriff verbundenen Konzepte ernst, so ergeben sich entscheidende Konsequenzen für die diakoniewissenschaftliche Forschung – und gerade für das eigene Selbstverständnis und die Ausgestaltung von Professionalität im Bereich helfender Berufe.

5.1 Paradigmenwechsel im Hilfeverständnis

Bereits mit den Entwicklungen und Veränderungen des Sozialstaates im 20. Jahrhundert haben entscheidende Paradigmenwechsel auch im Hilfeverständnis stattgefunden. Der Fokus verlagerte sich von Fürsorge zu Selbstbestimmung, um allen Menschen Teilhabe am Gemeinwesen zu ermöglichen. In der Umsetzung wechselte die Blickrichtung – weg von großen Einrichtungen, die sich neben allem hilfreichen Unterstützungspotential eben auch als exkludierende Sonderwelten entpuppten. Damit ging unter dem Stichwort »Personzentrierung« (vgl. Eurich/Lob-Hüdepohl 2020) auch ein Mentalitätswechsel einher, der grundlegende Machtverschiebungen – weg von den Fachkräften, hin zu den Klientinnen und Klienten zur Folge hatte. Die Standardantwort lautet nun nicht mehr: »ICH als Professionelle weiß besser, was gut für DICH ist.«, sondern vielmehr werden offene Fragen formuliert: »Was möchten SIE? Was brauchen SIE? Was ist IHNEN wichtig?« und im zweiten Schritt: »Wie kann ICH DICH darin unterstützen, DEIN Leben nach DEINEN Vorstellungen zu gestalten?«

---

[3] Witten verweist hier auf das sog. »Reifizierungsproblem«: Jegliche auf Differenz fokussierte Forschung birgt das Dilemma in sich, dass sie diese Differenz mit aufruft, herstellt und verfestigt – aber man kann eben nicht nicht reifizieren (vgl. z.B. Witten 2020: 147).

Mit diesem Perspektivwechsel erfolgt eine radikale Veränderung in der professionellen Rolle. »Statt um Hilfe und Fürsorge geht es jetzt um Assistenz, Befähigung und Empowerment« (Hofmann 2018: 246). Vermutlich ist diese Veränderung von vergleichbarer Tragweite wie die Entwicklung zur Professionalisierung, die seit den 1960er Jahren auch aufgrund von Veränderungen in der Sozialgesetzgebung erfolgt ist. Damals wandelte sich Fürsorge zur Dienstleistung, aus Hilfe wurde Service und anstatt der Hoffnung auf Barmherzigkeit entstand ein Rechtsanspruch auf bestimmte soziale Leistungen. Es etablierten sich fachliche Standards und Routinen, die die Arbeit planbarer und die Verteilung der Mittel transparenter und gerechter machten. Motivationen veränderten sich, was auch und gerade im Bereich der kirchlichen sozialen Arbeit zentrale Veränderungen mit sich brachte. Im Vordergrund stand nicht mehr die Glaubensüberzeugung, sondern die fachliche Qualifikation; aus religiös motivierter Zuwendung wurde vor allem fachlich gute soziale Arbeit. Damit gewannen auch die Sichtbarkeit, Messbarkeit und Vergleichbarkeit professioneller Qualität an Bedeutung.

5.2 Wandlungsprozesse im Professionsverständnis

Heute gilt: »Als Arbeitgeberinnen und Dienstherrinnen sind Kirche und Diakonie zur Umsetzung von Inklusionsmaßnahmen verpflichtet« (EKD 2022: 57). Im Zuge der Umsetzung des Inklusionsanliegens ist eine »Umprofessionalisierung« (Hofmann 2018: 246) nicht durch Abschaffung von Fachlichkeit, sondern im Sinne einer Weiterentwicklung von Professionalität und Hilfeverständnis unabdingbar. Es erscheint notwendig, Rollenverständnisse, Qualifikationsanforderungen und Haltungen zu überprüfen und zu verändern. Aus Dienstleistung wird nun individuelle Begleitung; Klientinnen und Klienten werden zu Auftraggeberinnen und Auftraggebern; standardisierte Betreuung wird durch persönliche Assistenz abgelöst, deren Rahmenbedingungen in individuellen Verträgen und Vereinbarungen geregelt werden. Professionelle Assistenz kann dabei ganz unterschiedliche Bereiche umfassen: die persönliche Alltags-, Arbeits- und Freizeitgestaltung, Unterstützung im Bereich Bildung oder auch rechtliche und advokatorische Funktionen übernehmen (vgl. Eurich 2016: 155–157). Die damit verbundenen Tätigkeitsprofile sind bisher noch wenig strukturiert und standardisiert. Klar ist jedoch: Das Wissen und die Kompetenzen der Expertinnen und Experten werden keineswegs überflüssig, müssen aber auf die neuen inklusiven Leitziele bezogen werden. Dabei muss immer wieder neu ausgelotet werden, wie professionelle Expertise und individuelle Bedürfnisse zueinander passen. Es muss bei der Entscheidungsfindung, welche Maßnahmen zu treffen sind, eine Balance gefunden werden zwischen persönlicher Entscheidungsfreiheit und dem fachlichen Wissen um mögliche Gefährdungen und Risiken.

Im neuen professionellen Assistenzmodell wird allen Seiten – den Menschen mit Unterstützungsbedarf, ihren Angehörigen und den professionellen Fachkräften einiges abverlangt. An erster Stelle steht nun das Wahrnehmen, Analysieren und kommunikative Vermitteln der individuellen Situation mit dem entsprechenden biographischen Hintergrund, nicht die reine Anwendung von fachlicher Kompetenz und beruflicher Erfahrung in einem mit professionellem Blick klar zu diagnostizierenden Fall. Das braucht Personal, Zeit, Geduld, mitunter auch Frustrationstoleranz, vor allem aber Sensibilität für und Vertrauen in die Menschen, denen ich begegne. Andreas Lob-Hüdepohl nennt hier als professionsmoralische Grundhaltungen sozialer Berufe folgende vier Adjektive: aufmerksam, achtsam, assistierend, anwaltschaftlich (vgl. Lob-Hüdepohl 2007: 138–140). Es braucht eine entsprechende Haltung, kommunikative Kompetenz und die Fähigkeit zur permanenten Selbstreflexion, die auch beinhaltet, möglicherweise befremdliche Andersheiten zu respektieren und sie nicht paternalistisch dominieren oder beeinflussen zu wollen. Zielperspektive ist dabei die Anerkennung des Gegenübers mit allen biographischen Besonderheiten, Fähigkeiten und Zuständigkeiten, die den gemeinsamen Entwicklungsprozess wesentlich mitbestimmen.

5.3 Inklusion als Aufgabe des Diakoniemanagements

Neben all diesen vermeintlichen Softskills sind auch die notwendigen personellen und finanziellen Ressourcen nicht zu unterschätzen, die angesichts der derzeitigen Routinisierung und Standardisierung – auch und gerade unter dem Druck des vorherrschenden Fachkräftemangels – nur sehr bedingt zur Verfügung stehen – und vielleicht letztlich zum Prüfstein dafür werden, wie ernst wir es mit dem Thema Inklusion tatsächlich meinen. Insofern ist die Umsetzung von Inklusion auch eine herausfordernde Managementaufgabe, die es nicht nur innerhalb diakonischer Unternehmen zu meistern gilt. Deren Bewältigung kann nur gelingen, wenn auch an dieser Stelle gemeinwesenorientiert und sozialräumlich gedacht wird. Dazu gehört dann einerseits, nicht nur die Rolle der hauptamtlich Mitarbeitenden, sondern auch die Rolle ehrenamtlich Engagierter mit zu bedenken. Die zentrale Frage scheint in diesem Zusammenhang zu sein: Verliert das Ehrenamt an Attraktivität, wenn nicht die engagierte Person, sondern die selbst artikulierten Bedürfnisse des Gegenübers zum Maßstab des Handelns werden – gerade wenn diese der ehrenamtlichen Hilfsmotivation und Situationsbewertung widersprechen? Auch Ehrenamtliche werden im Inklusionsprozess von »Machenden« zu »Moderierenden«, »Initiierenden« und »Begleitenden« (vgl. Holler 2021: 178) und müssen – wie alle Beteiligten – in der Gemeinschaft des Sozialraums ihre Rollen neu finden und definieren. Damit dies gelingen kann, braucht es einerseits auf der Ebene des normativen Managements reflektierte theologische Begründungen und ethische Maßstäbe. Zugleich sind aber auch Elemente aus dem Werkzeugkasten des strategischen Managements wichtig. Bekannte Schlagworte sind hier aus Unternehmensperspektive Organisations- und Personalentwicklung sowie Change- und Diversitymanagement, aus sozialräumlicher Perspektive Kooperations-, Netzwerk- und Partizipationsmanagement. Damit wird deutlich, dass sich Diakoniemanagement nicht nur nach innen richten darf, sondern stets auch den Blick nach außen richten und die Umwelt im Blick haben muss, wenn ihr Wirken auf Nachhaltigkeit ausgerichtet sein soll. Wo aber könnte Diakonie nachhaltiger wirken als im konkreten Sozialraum? Sich hierfür Maßnahmen für die operative Umsetzung zu überlegen, wäre die gemeinsame Aufgabe der Netzwerke vor Ort, die nur durch Partizipation und Teilhabe aller Beteiligten sinnvoll zu erfüllen ist. Die zu erwartenden Wirkungen sind dann als Wechselwirkungen zu bezeichnen. Sie reichen von einzelnen Menschen und Unternehmen über Netzwerkstrukturen in den Sozialraum hinein und entfalten ihre Wirksamkeit zugleich aus dem Sozialraum heraus und über ihn hinaus.

6. Fazit: Thesen zu »inklusive« Diakonie und Kirche

Aus den Überlegungen zum Wandel im Professionalitätsverständnis und den skizzierten Managementherausforderungen lassen sich abschließend einige Thesen für ein Verständnis »inklusiver« Diakonie und Kirche formulieren:
- Diakonie und Kirche geraten durch Inklusion weder theoretisch noch praktisch in Begründungsnot, sondern werden vielmehr an ihren ureigenen Auftrag erinnert. Dabei bedürfen sie einer selbstkritischen Reflexion, was die Aufarbeitung von Schuldgeschichte miteinschließt sowie Anpassungen im Selbstverständnis als Institution bzw. Organisation und auf der Ebene der haupt- und ehrenamtlich Mitarbeitenden. Das kann Entlastung und Herausforderung zugleich sein.
- »Inklusiver« Diakonie und Kirche geht es um mehr als soziale Dienstleistungen und die Etablierung von allgemeinen Standards und Rechtsansprüchen: Im Zentrum steht die Übernahme von Mitverantwortung für das Gemeinwesen, die alle Beteiligten auf Augenhöhe einbezieht und auf tragenden Beziehungen und befähigenden Netzwerken basiert.
- Kirche und Diakonie allein können Inklusion nicht umfassend verwirklichen, denn Inklusion ist »größer« als Kirche und Diakonie, indem sie auf das gesamte Gemeinwesen zielt. Gerade deshalb sind Kirche und Diakonie – stärker als andere gesellschaftliche Akteurinnen und Akteure – gefordert, ihre intermediäre Rolle wahrzunehmen, die zwischen den Interessen der Individuen, politischen Strukturen und anderen gesellschaftlich Agierenden vermittelt.
- Das Thema Inklusion muss unter der Fragestellung reflektiert werden, wen oder was Kirche und Diakonie nicht im Blick haben und somit – bewusst oder unbewusst – exkludieren. Dabei ergibt sich in der Wahrnehmung von Kirche und Diakonie in der Öffentlichkeit ein überaus differenziertes Bild: Religiöse

Themen können breite Anknüpfungspunkte für existentielle und spirituelle Bedürfnisse vieler Menschen bieten – oder auch abstoßend wirken. Diakonische Einrichtungen von der Kindertagesstätte bis zum Seniorenheim sind Anlaufstellen, deren – qualitativ hoffentlich hochwertige Dienste – auch ohne Kirchenmitgliedschaft geschätzt und gerne genutzt werden. Innerhalb von Kirchengemeinden und diakonischen Initiativen ist ein hohes Engagementpotential erkennbar, gleichzeitig beschränkt sich die soziale Zugehörigkeit der Engagierten häufig auf bestimmte soziale Milieus und geht nicht selten mit spezifischen Machtkonstellationen einher. Inwiefern bedarf es hier Veränderungen des diakonischen Blicks und der kirchlichen Haltungen? Wie können hier Begegnungen auf Augenhöhe mit (unterschiedlich kirchlich-affinen) Menschen gelingen?
- »Inklusion ist der Spezial-Fall einer neuen Form der Mitglieder-Orientierung in Kirche insgesamt.«[4] Um Menschen mit ihren individuellen Bedürfnissen zu verstehen und zu erreichen, kommt den professionell Mitarbeitenden in Diakonie und Kirche eine besondere Rolle und Bedeutung zu – insbesondere in Zeiten, in denen keine volkskirchliche Prägung mehr vorausgesetzt werden kann. Sie sind diejenigen, die in persönlichen Begegnungen und Beziehungen Kirche und Diakonie für Einzelne erfahrbar machen und damit auch in Zukunft Grundwerte wie Inklusion im Reden und Handeln kommunikativ vermitteln. Diese Perspektive weitet sich durch digitale Optionen, wie sich gerade in der Corona-Pandemie verstärkt – mit allen damit verbundenen Potentialen und Risiken auch im Hinblick auf das Thema Inklusion – gezeigt hat. Hierin liegen Herausforderungen und Gestaltungsmöglichkeiten diakonisch-ethischer Gesellschaftsverantwortung, für die Professionalität unerlässlich ist.

LITERATUR

Brakelmann, Günter: Die soziale Frage des 19. Jahrhunderts, 2 Bände, 7. Auflage, Bielefeld 1981.
Bundesministerium für Arbeit und Soziales: »Unser Weg in eine inklusive Gesellschaft«. Nationaler Aktionsplan der Bundesregierung zur UN-Behindertenrechtskonvention (UN-BRK), Berlin 2016; online unter: https://www.bmas.de/SharedDocs/Downloads/DE/Teilhabe/inklusion-nationaler-aktionsplan-2.pdf?__blob=publicationFile&v=2 (zuletzt abgerufen am 25.07.2023).
Dobner, Petra: Neue Soziale Frage und Sozialpolitik, Wiesbaden: Springer 2007.

---

[4] Latzl in: EPD-Dokumentation, 10.

EKD (Hrsg.): Es ist normal, verschieden zu sein. Inklusion leben in Kirche und Gesellschaft. Eine Orientierungshilfe des Rates der EKD, Dezember 2014 (auch in leichter Sprache).

EKD und Diakonie (Hrsg.): Inklusion gestalten. Aktionspläne entwickeln. Ein Orientierungsrahmen der Ev. Kirche in Deutschland und der Diakonie Deutschland, EKD-Texte 141, September 2022.

EKD Fachforum »Inklusive Kirche gestalten« 2021. Aktionspläne Inklusive Kirche, 11.-12. Oktober 2021, EPD-Dokumentation Nr. 19, 10. Mai 2022.

Eurich, Johannes: Professionelle Assistenz in der Perspektive von Inklusion, in: Liedke/Wagner, Inklusion. Lehr- und Arbeitsbuch Inklusion, Stuttgart 2016, 150–166.

Eurich, Johannes/Lob-Hüdepohl, Andreas (Hrsg.): Inklusive Kirche. Behinderung – Theologie – Kirche. Beiträge zu diakonisch-caritativen Disability Studies, Band 1, Stuttgart 2011.

Eurich, Johannes/Lob-Hüdepohl, Andreas (Hrsg.): Behinderung – Profile inklusiver Theologie, Diakonie und Kirche. Beiträge zu diakonisch-caritativen Disability Studies Band 7, Stuttgart 2014.

Eurich, Johannes/Lob-Hüdepohl, Andreas (Hrsg.): Personzentrierung – Inklusion – Enabling Community. Behinderung – Theologie – Kirche. Beiträge zu diakonisch-caritativen Disability Studies Band 13, Stuttgart 2020.

Eurich, Johannes/Lob-Hüdepohl, Andreas (Hrsg.): Gute Assistenz für Menschen in Behinderungen. Wirkungskontrolle und die Frage nach dem gelingenden Leben. Behinderung – Theologie – Kirche. Beiträge zu diakonisch-caritativen Disability Studies Band 14, Stuttgart 2021.

Geiger, Michaela/Stracke-Bartholmai, Matthias (Hrsg.): Inklusion denken: Theologisch, biblisch, ökumenisch, praktisch. Behinderung – Theologie – Kirche. Beiträge zu diakonisch-caritativen Disability Studies, Band 10, Stuttgart: Kohlhammer 2018.

Geisler, Heiner: Die neue soziale Frage. Analysen und Dokumente, Freiburg i. B. 1976.

Hofmann, Beate: Vom »entdiakonisierten diakonischen Blick« und seinen Konsequenzen im Inklusionsgeschehen, in: Inklusion denken: Theologisch, biblisch, ökumenisch, praktisch. Behinderung – Theologie – Kirche. Beiträge zu diakonisch-caritativen Disability Studies, Band 10, Stuttgart: Kohlhammer 2018, 243–255.

Hofmann, Beate: Sorgenetze knüpfen im ländlichen Raum!?, Vortrag beim Neujahrsempfang des Bathildisheim in Bad Arolsen am 12.02.2020; online unter: https://www.ekkw.de/media_ekkw/downloads/bischoefin_200212_vortrag_Sorgenetze_knuepfen_bathildisheim.pdf (zuletzt abgerufen am 25.07.2023).

Hinz, Andreas: Inklusion als ›Nordstern‹ und Perspektiven für den Alltag. Überlegungen zu Anliegen, Umformungen und Notwendigkeiten schulischer Inklusion, in: Susanne Peters/Ulla Widmer-Rockstroh (Hrsg.), Gemeinsam unterwegs zur inklusiven Schule, (Beiträge zur Reform der Grundschule 138). Frankfurt a. M. 2014, 18–31.

Holler, Martin: Mit-Gestaltung inklusiver Sozialräume in der Arbeit mit Menschen mit Behinderung. Ein unternehmerischer Beitrag unter Anwendung von Instrumenten der strategischen Planung (VDWI 64), Heidelberg 2021.

Kronauer, Martin: Exklusion. Die Gefährdung des Sozialen im hochentwickelten Kapitalismus, 2. Auflage, Freiburg/New York 2015.

Kronauer, Martin (Hrsg.): Inklusion und Weiterbildung. Reflexionen zur gesellschaftlichen Teilhabe in der Gegenwart, Bielefeld: Bertelsmann, 2010.

Liedke, Ulf/Wagner, Harald u. a.: Inklusion. Lehr- und Arbeitsbuch für professionelles Handeln in Kirche und Gesellschaft, Stuttgart: Kohlhammer 2016.

Lob-Hüdepohl, Andreas: Berufliche Soziale Arbeit und die ethische Reflexion ihrer Beziehungs- und Organisationsformen, in: Ders./Walter Lesch (Hrsg.), Ethik Sozialer Arbeit. Ein Handbuch, Paderborn u. a. 2007, 113–161.

Luhmann, Niklas: Die Gesellschaft der Gesellschaft, 2 Bände, Frankfurt a. M.: Suhrkamp 1997.

Nassehi, Armin: Inklusion: Von der Ansprechbarkeit zur Anspruchsberechtigung, in: Stephan Lessenich (Hrsg.), Wohlfahrtsstaatliche Grundbegriffe. Historische und aktuelle Diskurse, Frankfurt a. M./New York 2003, 331–352.

Nassehi, Armin: Inklusion, Exklusion, Zusammenhalt. Soziologische Perspektiven auf eine allzu erwartbare Diagnose, in: Michael Reder/Hanna Pfeifer/Mara-Daria Cojocaru (Hrsg.), Was hält Gesellschaften zusammen? Der gefährdete Umgang mit Pluralität, Stuttgart 2013, 31–45.

Parsons, Talcott: Full Citizenship for the Negro American?, in: Ders. (Hrsg.), Politics and Social Structure, New York: The Free Press: 1969, 252–291.

Stichweh, Rudolf: Inklusion und Exklusion. Analysen zur Sozialstruktur und sozialen Ungleichheit, Wiesbaden: VS, 2009.

Stichweh, Rudolph: Inklusion und Exklusion. Studien zur Gesellschaftstheorie, Bielefeld: Transcript, 2. erw. Auflage 2016.

Unesco: Die Salamanca Erklärung und der Aktionsrahmen zur Pädagogik für besondere Bedürfnisse angenommen von der Weltkonferenz »Pädagogik für besondere Bedürfnisse: Zugang und Qualität« Salamanca, Spanien, 7.-10. Juni 1994; online unter: https://www.unesco.de/sites/default/files/2018-03/1994_salamanca-erklaerung.pdf (zuletzt abgerufen am 23.07.2023).

Wegner, Gerhard: Inklusion als tragende Beziehung. Kirchen als Inklusionsagenten; online unter: http://www.edenerdig.de/images/downloads/Inklusionspapier%20des%20SI%20der%20EKD.pdf (zuletzt abgerufen am 23.07.2023).

von Weizäcker, Richard: Ansprache von Bundespräsident Richard von Weizsäcker bei der Eröffnungsveranstaltung der Tagung der Bundesarbeitsgemeinschaft Hilfe für Behinderte, Bonn, 1. Juli 1993; online unter: https://www.bundespraesident.de/SharedDocs/Reden/DE/Richard-von-Weizsaecker/Reden/1993/07/19930701_Rede.html (zuletzt abgerufen am 23.07.2023).

Witten, Ulrike: Inklusion und Religionspädagogik. Eine wechselseitige Erschließung, Stuttgart: Kohlhammer 2020.

Frieden

»Zeitenwende« in der evangelischen Ethik

Dieter Beese

In diesem Beitrag wird das Thema »Frieden« als grundlegendes materialethisches Thema der *Gesellschaftsethik* unter dem Aspekt »gesellschaftliche Verantwortung« behandelt. Dies geschieht – dem Anspruch dieses Bandes aus der Reihe *Jahrbuch Sozialer Protestantismus* entsprechend – in Form einer *Standortbestimmung*.[1]

Der Mensch ist unter den Bedingungen existentieller Zweideutigkeit und Vorläufigkeit von Gott her bleibend zur Antwort auf die Frage »Adam, wo bist du?« gerufen. Er kann und soll diese Frage beantworten: für das jeweilige Hier und Jetzt, nach dem ihm gegebenen Maß an Einsicht, und orientiert an Gottes Gebot. Der Mensch kann und soll sagen, *wo* er steht, seinen *Standort* also bestimmen.

Das Thema »Gesellschaftsethik« ist seit den 1960er Jahren in der evangelischen Sozialethik prominent platziert: *Heinz-Dietrich Wendland* und *Trutz Rendtorff* verorteten es innerhalb ihrer Konzepte der verantwortlichen Gesellschaft (vgl. Wendland 1965) und der Kirche als Institution der Freiheit (vgl. Rendtorff 1966). Die gesamtgesellschaftliche Aufgabe besteht darin, Frieden auf nationaler wie auf internationaler Ebene zu schaffen und aufrecht zu erhalten. Damit ist Friedensverantwortung wesentliche Dimension einer Theologie der Gesellschaft bzw. einer ethischen Theologie. Sie ist insofern auch Auftrag der Kirche.

Wertvorstellungen und Interessen treten im gesellschaftlichen Diskurs und in der (internationalen) Politik notwendigerweise in Konflikt miteinander. *Günter Brakelmann* wies stets kritisch darauf hin, dass (militärisch) konfligierende Positionen dazu neigen, sich religiös und moralisch zu überhöhen. Pazifismus und Bellizismus können gleichermaßen konfliktverschärfend wirken und sich dabei als zwei Seiten derselben Medaille erweisen. Demgegenüber gilt es, tatsächliche Konfliktursachen möglichst umfassend zu identifizieren und zu bearbeiten, eskalierende Konflikte gemeinsamen Lösungen zuzuführen und auf

---

[1] Der Beitrag wurde im September 2023 abgeschlossen. Der terroristische Überfall der Hamas auf Israel und der Gazakrieg konnten daher nicht berücksichtigt werden.

vorschnelle Parteinahme zu verzichten. Deeskalation, Abrüstung und Prävention sind also, ebenso wie die glaubwürdige Fähigkeit und Bereitschaft zur Abschreckung und Verteidigung, auch mit militärischen Mitteln, Teil gesamtgesellschaftlicher Verantwortung (Brakelmann 2013: Art. 1).

Die Frage nach einer gesellschaftsethischen Standortbestimmung evangelischer Friedensethik stellt sich, wenn und weil die Dinge ständig im Fluss sind. Einschlägige Diskussionsbeiträge und Positionierungen sind stets zeit- und kontextbezogen. Zum Verständnis und zur Entwicklung von Standortbestimmungen sind dementsprechend die jeweilige Situation und der Diskurs, innerhalb derer sie vorgenommen werden, von kategorialer Bedeutung. Es bedarf von daher der kontinuierlichen Reflexion friedensethischer Herausforderungen vor dem Hintergrund der jeweiligen Kontext- und Diskursgeschichte. Methodisch ist es naheliegend, auf vorliegende Standortbestimmungen und die dort vorgenommenen Reflexionen zurückzugreifen.

Aktuell fordert der *Ukrainekonflikt* in beispielhafter Weise die praktischen Verantwortlichkeiten, die Mentalitäten, die ethischen Maßstäbe, das Agenda Setting (wie etwa die Themenkonkurrenz von Frieden, Klima und Gerechtigkeit) und die Kommunikation darüber heraus. Die Qualität der Bewältigung dieser Herausforderungen hat erhebliche Auswirkungen auf das Zusammenleben in der Gesellschaft. Die Außenartikulation und die interne Selbstverständigung der evangelischen Kirche über friedensethische Fragen bilden den innergesellschaftlichen Diskurs ab und nehmen zugleich auf ihn Einfluss. Sie sind Akte der Wahrnehmung konkreter gesellschaftlicher Verantwortung von Theologie und Kirche im Vollzug.

Materialethische Überlegungen zur Friedensfrage in gesellschaftsethischer Perspektive berühren den »Kern evangelischer Friedensethik«; denn es ist – im Sinne der Differenzierung zwischen sachnotwendigen hypothetischen und problematisch-übergriffigen kategorischen Urteilen im gesellschaftlichen Diskurs – »nichts so wichtig wie die Unterscheidung zwischen dem Frieden Gottes und der Arbeit für den irdischen Frieden«. (Huber 2009: 170)

2008: »Von der gemeinsamen Sicherheit zum gerechten Frieden« (Wolfgang Huber)

Vor 15 Jahren, 2008, fand in Münster, koordiniert von Hans-Richard Reuter, die 12. Dietrich Bonhoeffer-Vorlesung statt. Sie trug den Titel »Frieden – Einsichten für das 21. Jahrhundert«. (Huber 2009: 147–170) Im Rahmen dieser Vortragsreihe kam *Wolfgang Huber*, damals Ratsvorsitzender der EKD (2003–2009), die Aufgabe zu, die Friedensethik der vorangegangenen 25 Jahre darzustellen. Er tat dies unter der Überschrift »Von der gemeinsamen Sicherheit zum gerechten

Frieden. Die Friedensethik der EKD in den letzten 25 Jahren«. Ich lese und interpretiere Hubers Ausführungen folgendermaßen:

Die Friedensethik der EKD war im Zeitraum der von ihm betrachteten 25 Jahre von 1981–2006 zunächst fundamental auf die deutsche Ostpolitik bezogen. Die Ost-Denkschrift von 1965 ist als »Präludium« der Entspannungspolitik der 70er Jahre, die EKD-Denkschrift »Frieden wahren, fördern und erneuern« von 1981 »ohne Zweifel« als »ihr Postludium« (148) zu lesen. Das Aufkommen der verschiedenen Friedensbewegungen in den achtziger Jahren stellte ein Krisensymptom der Entspannungspolitik dar. Die christlichen Kirchen waren ein wesentlicher Nährboden dieser Bewegungen des Protestes gegen den NATO-Doppelbeschluss, der angesichts der von der Sowjetunion verschärften atomaren Bedrohung Europas durch die Aufstellung neuer Mittelstreckenraketen seitens des Bundestags gefasst wurde. Der realpolitische Kurs des evangelischen sozialdemokratischen Bundeskanzlers Helmut Schmidt war mit der Friedens- und Versöhnungssehnsucht in weiten Kreisen seiner Kirche, dem Anti-Amerikanismus des linken Flügels seiner Partei und dem Pazifismus der neuen sozialen Bewegungen, die sich in der Partei der Grünen organisierten, nicht mehr zu vermitteln. So sehr die Denkschrift von 1981 auch bemüht war, »zur inneren Befriedung der Gesellschaft (oder auch nur der evangelischen Kirche) beizutragen« (152), gelungen ist ihr dies kaum (152). Die Rezeption der Denkschrift von 1981 dokumentiert insofern an diesem Punkt zunächst ein gesellschafts- und kirchenpolitisches Scheitern.

Die innere Vereinigung des deutschen Protestantismus war von ernüchternden Anpassungsproblemen gekennzeichnet, die sich vor allem an der Verhältnisbestimmung von Kirche und Staat festmachten (Kirchensteuern, Militärseelsorge, schulischer Religionsunterricht, Stasi-Verstrickungen, massive Kirchenaustritte). Die tatsächliche kirchliche Vereinigung wurde deutlich weniger euphorisch erlebt als die Öffnung der innerdeutschen Grenze am 9. November 1989. War die Entspannungspolitik prominent durch zwei Denkschriften gerahmt, so überließ die EKD nach dem Fall der Mauer verunsichert den prominenteren Platz zur friedensethischen Stellungnahme der deutschen Bischofskonferenz (Hirtenwort »Gerechter Friede«, 2000). Sprachlos war die EKD nicht; immerhin gab sie 1994 den EKD-Text (nicht: Denkschrift) »Schritte auf dem Weg des Friedens: Orientierungspunkte für Friedensethik und Friedenspolitik« an die Öffentlichkeit, erneut mit der Intention, einen Beitrag zur inneren Vereinigung Deutschlands zu leisten. Huber charakterisiert dieses Dokument als einen kontextgebundenen Beitrag zur Lehre vom gerechten Frieden im Zeitalter der Globalisierung (155). Die Formel des gerechten Friedens diente nicht zuletzt dem Ausgleich der unterschiedlichen Sichtweisen zwischen den westdeutschen und den ostdeutschen Landeskirchen.

Konnte sich der deutsche Protestantismus schon mit Recht einen gewissen Anteil an der *Entspannungspolitik* der sozialliberalen Koalition Willy Brandts und

Helmut Schmidts zuschreiben, so mündete der Diskussionsprozess um den EKD-Text von 1994 zehn Jahre später in den unter dem römisch-katholischen CDU-Bundeskanzler Helmut Kohl aufgelegten Aktionsplan der Bundesregierung »Zivile Krisenprävention, Konfliktlösung und Friedenskonsolidierung« (2004; Huber 2019: 157). Seit Ausgang der sechziger Jahre waren die *zivilen Friedensdienste* und die Forderung nach ihrem Ausbau ständiges Thema im protestantischen friedensethischen Diskurs. Mit ihrer Verankerung in der offiziellen Regierungspolitik hatten die einschlägigen Bemühungen ein wichtiges Ziel erreicht. Allerdings hatten die kriegerischen Auseinandersetzungen auf dem Balkan die Diskursteilnehmer dazu genötigt, die Debatte wieder robuster zu führen: Wer die Lehre vom gerechten Krieg hinter sich lässt und auf den gerechten Frieden als Prozess setzt, muss angesichts der unabweisbaren Verantwortung für die Opfer militärischer Konflikte vor der eigenen Haustüre und weltweit über möglicherweise friedensethisch gebotene »humanitäre Interventionen« nachdenken. Dies tat der EKD-Text 1994.

Die Diskursentwicklung entbehrt nicht einer gewissen Ironie: Gegenüber *möglichen* und *befürchteten* Gefahren für den Frieden im Atomzeitalter wählt die evangelische Kirche die stärkste ihr mögliche Kommunikationsform, die Denkschrift. Angesichts *tatsächlicher* kriegerisch *realisierter* Gewalt (Srebrenica, 1995, Kosovo 1999), einer umfassenden Transformation der Bundeswehr und einer sich verändernden Sprache (»Kollateralschaden«, »erweiterte Sicherheit«) zieht sich die EKD auf ein Dokument dritter Ordnung, einen Kommentar, einen Anhang zu einem EKD-Text, zurück: »Friedensethik in der Bewährung«, 2001.

Die lauter werdende Kritik an kirchlichem Schweigen und neue, dramatische Ereignisse (der 11. September 2001 und die Beteiligung der Bundeswehr am Afghanistan-Krieg seit Ende 2001) konnten nicht ohne massive Folgen für den friedensethischen Diskurs bleiben. »Aus Gottes Frieden leben – für gerechten Frieden sorgen« – die geforderte friedensethische Denkschrift der EKD erscheint schließlich im Herbst 2007. Huber weist auf ein signifikantes Detail hin: »Pointiert gesagt: Die Denkschrift von 1981 bezieht sich in ihrem Titel ausschließlich auf das Phänomen des ›irdischen Friedens‹, denn nur ihn können Menschen wahren, fördern und erneuern. Erst 2007 kommt die transzendente Dimension des Friedens und treten seine geistlichen Wurzeln programmatisch in das Blickfeld.« (165, Anm. 37)

Die EKD stand 1994 im Konsens mit der katholischen Deutschen Bischofskonferenz. Beide verbanden in ihrer Terminologie die realpolitische mit der humanitären sowie die theologisch-spirituelle mit der ethisch-politischen Dimension. Die EKD nahm kritische Distanz zum Konzept des gerechten Krieges, dessen bleibend relevante Elemente sie jedoch rezipierte, und trug die Kontinuität des prozessual verstandenen gerechten Friedens durch. Sie sprach von »menschlicher Sicherheit« und »menschlicher Entwicklung« statt von »erweiterter Sicherheit«. Sie drängte des Weiteren auf ein friedens- und sicherheitspolitisches Gesamtkonzept, das Rechtsbindung und Gewaltanwendung wie zivile und militärische Intervention in einen politischen Gesamtkontext einbindet.

2019: »›Auf der Gewalt ruht kein Segen.‹ Sechs Jahrzehnte Friedensethik der EKD« (Hans-Richard Reuter)

Gut zehn Jahre nach der Münsteraner Tagung, 2019, gibt das Kirchenamt der EKD im Auftrag der Synode der Evangelischen Kirche in Deutschland das friedenstheologische Lesebuch »Auf dem Weg zu einer Kirche der Gerechtigkeit und des Friedens« heraus. Das Lesebuch enthält eine Fortschreibung des Überblicks über die evangelische Friedensethik. *Hans-Richard Reuter* überschaut unter der Überschrift »›Auf der Gewalt ruht kein Segen‹ [...] sechs Jahrzehnte Friedensethik der EKD« den friedensethischen protestantischen Diskurs seit Kriegsende.

70 Jahre nach dem Angriff der deutschen Wehrmacht auf Polen am *1. September 1939* und dem damit gesetzten Beginn des Zweiten Weltkriegs lag es nahe, die Bedeutung der Kirche für den Krieg und den friedensethischen Diskurs der Jahrzehnte nach dem Kriegsende erneut und unter gewandelten Bedingungen in den Blick zu nehmen. Reuter zitiert in der Überschrift seines Berichts die erste Kirchenversammlung der EKD 1948 und ordnet die von Huber skizzierte Diskursentwicklung in den etwas weiter gespannten Zeitrahmen der unmittelbaren Nachkriegszeit bis zum (2019 noch andauernden) Afghanistan-Einsatz der Bundeswehr ein.

Fokussiert Huber mit den Begriffen »Präludium« und »Postludium« die Bedeutung der EKD-Friedensdenkschriften für die Entspannungs- und Versöhnungspolitik, sowie mit dem prozessual verstandenen Begriff des »Gerechten Friedens« den Abschied von der Tradition des gerechten Kriegs und der Komplementarität zwischen atomarer Abschreckung und zivilem Friedensdienst (Heidelberger Thesen), so nimmt Reuter – weitgehend mit Huber übereinstimmend – besonders das Verhältnis von globaler Ordnung, Bündnispolitik und friedensethischem Diskurs in den Blick:

Unter dem frischen Eindruck des Leids und der Zerstörungen des 2. Weltkriegs fand die Formel »Nie wieder Krieg!« in Deutschland große Resonanz. Dem entsprach auch die Botschaft der ersten Vollversammlung des Ökumenischen Rates der Kirchen in Amsterdam 1948: »Krieg soll nach Gottes Willen nicht sein.« Schon bald jedoch entbrannte ein erbitterter Streit in Gesellschaft und Kirche über die Frage, wie angesichts der sich anbahnenden Ost-West-Blockbildung eine weitere kriegerische Auseinandersetzung verhindert werden könnte. Durchgesetzt hat sich die Entscheidung Konrad Adenauers, der Freiheit gegenüber der nationalen Einheit den Vorzug zu geben, und die politische, wirtschaftliche und gesellschaftliche Integration der Bundesrepublik in den Westen zu vollziehen.

Dies hatte die Einbindung der jungen Bundesrepublik in die NATO und die Gründung der Bundeswehr mit eigenen Streitkräften innerhalb des Bündnisses zur Konsequenz.

Bereits im *Stuttgarter Schuldbekenntnis* und im *Darmstädter Wort* traten alte innerkirchliche Gegensätze zutage: Den vornehmlich reformierten, an Karl Barth orientierten und an die Bruderräte der Bekennenden Kirche anknüpfenden Kräften standen die vornehmlich unierten und lutherischen Befürworter des Landeskirchentums gegenüber, die an die volkskirchlichen und verfassungsrechtlichen Verhältnisse der Weimarer Jahre im Unterschied zum kirchlichen Notrecht anschlossen. Damit war eine Konfliktlinie perpetuiert, die, bis in die Gegenwart hinein, eine teils fruchtbare, teils spalterische friedensethische Grundspannung im deutschen Protestantismus erzeugt. Konnotiert ist damit der Antagonismus von Pazifismus und Realpolitik. Die konkurrierenden theologischen Denkmodelle wurden unter den Formeln »Königsherrschaft Christi« und »Zwei-Reiche-Lehre« verhandelt.

Verschärft wurde dieser gesellschaftliche und innerkirchliche Konflikt durch die Entscheidung der Regierung Adenauer, die Bundeswehr auch mit Trägersystemen für atomare Waffen auszustatten. Eine von der Militärseelsorge angeregte Kommission (68) entwickelte zur Vermittlung der beiden antagonistischen Positionen angesichts des Problems der Teilhabe an der atomaren Abschreckung in den Heidelberger Thesen (1959) die Formel der *Komplementarität:* Zwei Handlungsformen wirken komplementär, aber asymmetrisch zusammen, um das Ziel der Abschaffung des Krieges als Institution (Carl von Weizsäcker) zu erreichen. Asymmetrie heißt: Der Dienst am Frieden ohne Waffen wird vorbehaltslos als christlich anerkannt. (In den Landeskirchen der DDR wurde 1965 der Dienst ohne Waffen [Bausoldatendienst, Totalverweigerung] als das *deutlichere* christliche Friedenszeugnis gewürdigt.) Sie sind ein zeichenhaftes Verhalten, das künftig allgemein werden soll. Herstellung, Besitz und Drohung mit Waffen gelten als unter den herrschenden Bedingungen *noch* vertretbar. Sie sind gleichermaßen Ausdruck der Realität der Sünde wie auch ein Mittel zu ihrer äußerlichen Eindämmung (69).

Der evangelischen Friedensethik nach 1945 gelingt es immer wieder, allgemeine Konsense oder, wie in den Heidelberger Thesen von 1959, zumindest komplementäre Aussagen zu formulieren. Diese Konsense werden jedoch brüchig, sobald es um die ethische Analyse konkreter Konflikte geht. Beispielhaft für diese Problematik ist die Stellungnahme der Kammer für öffentliche Verantwortung der EKD von 2013. Sie versucht unter dem Titel »Selig sind die Friedfertigen« eine gemeinsame Sicht evangelischer Friedensethik auf den Einsatz der Bundeswehr in Afghanistan zu finden. Einig ist sich die Kammer in der Forderung nach einer konsistenten Friedenspolitik, in die militärische und zivile Handlungsstrategien zu integrieren sind. Das Fehlen einer solchen politischen Konzeption einschließlich Exit-Szenarien wird dementsprechend gemeinsam kritisiert. Die Kammer für öffentliche Verantwortung gesteht allerdings ein, darüber hinaus nicht zu einem Konsens finden zu können. Bleibender Dissens besteht in der Frage nach der Legitimität des Einsatzes insgesamt: Wann gehen kontextsensible Klugheitsurteile in eine Unterwerfung unter die Macht des Faktischen über? (78)

2023: »Maß des Möglichen. Perspektiven evangelischer Friedensethik« (Militärbischof Bernhard Felmberg u. a.)

Im Februar 2023 tritt aus Anlass der inzwischen einjährigen Dauer des russischen Krieges gegen die Ukraine die evangelische Militärseelsorge mit dem Papier »Maß des Möglichen. Perspektiven evangelischer Friedensethik« an die Öffentlichkeit und bringt einen eigenen »Debattenbeitrag« in die Diskussion ein, der mit seiner Titelformulierung auf die V. Barmer These verweist (4). Verfasst von Ltd. Militärdekan Dr. Dirck Ackermann, Prof. Dr. Reiner Anselm, Militärpfarrerin Dr. Katja Bruns, Prof. Dr. Michael Haspel, Prof. Dr. Friedrich Lohmann, Militärdekan Dr. Roger Mielke und Prof. Dr. Bernd Oberdorfer erfolgt die Publikation durch das Evangelische Kirchenamt für die Bundeswehr als Herausgeber im Auftrag des Evangelischen Militärbischofs. (Die Militärseelsorge hatte schon in den 50er Jahren des 20. Jahrhunderts mit der Anregung zur Bildung der Kommission, aus der die Heidelberger Thesen hervorgingen, nachhaltig auf den friedensethischen Diskurs eingewirkt; s. o. Reuter 2019: 68.)

Die EKD hatte lange *gezögert*, bis sie mit ihrer Friedensdenkschrift von 2007 angesichts der sich dramatisch verändernden friedenspolitischen Lage dem Drängen der innerkirchlichen Öffentlichkeit nach einer Positionierung nachgab. Dem Diskussionsbeitrag aus der Militärseelsorge ist demgegenüber anzumerken, dass der Krieg Russlands gegen die Ukraine aus der Sicht der Autoren ein gebotener Anlass für die evangelische Kirche ist, sich zu diesem *unmittelbar* zu verhalten. Bundeskanzler Olaf Scholz prägte angesichts des kriegerischen russischen Angriffs auf die Ukraine als politisch-analytische Feststellung den Begriff einer von Russland herbeigeführten »Zeitenwende«. Diesen Begriff greift der »Debattenbeitrag« explizit auf (12, indirekt bereits zitiert und kontextualisiert durch den Verweis auf Barmen V: 4).

Hatte die evangelische Friedensethik im Blick auf die Entspannungspolitik (Brandt) und die zivilen Friedensdienste (Kohl) geradezu eine Schrittmacherfunktion übernommen und sich dann lange dilatorisch verhalten (ein Vierteljahrhundert zwischen zwei Denkschriften, 1981–2007), so übernimmt sie nun das vom Bundeskanzler vorgegebene politische Framing einer akuten politisch-militärischen Konfrontation und arbeitet sich an diesem ab. Der umfangreiche

Text zielt auf einen vom Pathos des Realismus getragenen, *umgehend* anzugehenden Paradigmenwechsel in der evangelischen Friedensethik.

Militärbischof Felmberg charakterisiert den Debattenbeitrag als »anschlussfähig an vorangegangene Diskurse in der Kirche [...], aber auch pointiert genug, um die Diskussion, die jetzt [sic!] nötig ist, weiterzubringen« (4). Der Formulierungsmodus ist insgesamt konziliant. Er kommuniziert die eingenommene Position als konstruktive Fortschreibung des bisherigen Diskurses unter gewandelten Bedingungen aus gegebenem Anlass in Kontinuität mit gemeinsam geteilten Grundüberzeugungen. Bei genauerem Hinschauen zeigt die Argumentation allerdings schon bald ihre scharfen Zähne. Es geht um nicht weniger als eine Abrechnung mit dem bisherigen friedensethischen Kurs der EKD. Die Kurzfassung (7–9) bildet die Ouvertüre für die *Dekonstruktion des Leitbilds vom gerechten Friedens,* das bis auf seine »Grundpfeiler« abgetragen, »sorgfältig« auf die neuen Kontexte und Problemlagen ausgelegt und als »Leithorizont« rekonstruiert wird. So die Sicht der Autoren.

Liest man die affirmativen Passagen zum bisherigen friedensethischen Diskurs der evangelischen Kirche als Angebot zur Aufrechterhaltung der Kommunikation in gegenseitigem Respekt (»anschlussfähig«) und identifiziert die kritischen Anmerkungen als den nervus rerum, den eigentlichen Nerv des Gesamtarguments (»pointiert«), so zeigt sich folgendes Bild:

Die evangelische Friedensethik ist, wie ein breiter Strom der Öffentlichkeit auch, »optimistisch« und »vertrauensselig« der Vorstellung gefolgt, dass Friede prozesshaft durch Recht geschaffen werde und Völker durch gemeinsame Werte miteinander verbunden seien und wirtschaftlich kooperierten, so dass auf diese Weise fortschreitend der Krieg als Mittel der Konfliktlösung überwunden werden könne (14). Viele kirchliche Stimmen haben sich »davor gescheut, die Wirklichkeit wahrzunehmen«, die seit Jahren durch eine Krise des Multilateralismus, der NATO und des Konzepts der *responsibility to protect* geprägt ist. Sie haben, trotz Warnungen, sicherheitspolitische Fragen nur »als Ablenkung von anderen wichtigen Herausforderungen« betrachtet (15).

Die kirchliche Wirklichkeitsverleugnung und Fehleinschätzung der Lage wird durch die Einordnung in die historische Entwicklung und die Diskursentwicklung nach 1945 verständlich. Der »Optimismus in Bezug auf die Funktionsfähigkeit der internationalen Rechtsordnung«, der »Anschluss an die friedenspolitischen Forschungen der 1970er und 1980er Jahre« (Frieden als Prozess abnehmender Gewalt und zunehmender Gerechtigkeit) und die Rezeption der »Grundelemente eines liberalen kooperativen Rechtsfriedens« auf globaler Ebene im Leitbild des gerechten Friedens haben einen schwerwiegenden Realitätsverlust zur Folge gehabt: Bei der Wahrnehmung und Reflexion tatsächlicher militärischer Gewaltkonflikte blieben »die Gefahr einer nuklearen Erpressung durch eine Atommacht« sowie die Gefahr »eines Angriffskrieges innerhalb von Europa« ausgeblendet (22).

Grund für diese Fehlleistung ist eine grundlegende theologische Fehljustierung des friedensethischen Diskurses im Protestantismus seit 1945: Die Polarität zwischen dem Konzept der »Zwei-Regimenten-Lehre« und der »Königsherrschaft Christi«, deren beider Ideologieanfälligkeit unstrittig ist, wurde in der Tendenz einseitig zugunsten der Königsherrschaft Christi debalanciert. Das auf diese Weise dominant werdende Ethos der Nachfolge Jesu im Unterschied zur Dialektik von Gesetz und Evangelium hat zu einer problematischen Delegitimierung militärischer Gewalt geführt (23). Das durch eine Reich-Gottes-Theologie beförderte Vertrauen in die Kongruenz von Heilsbotschaft und Weltwirklichkeit (24) führte dazu, dass »die Reflexion über die Bedingungen militärischer Einsätze [...] normativ negativ besetzt« (23) wurde.

Dem zugrunde liegend ist die *theologische Anthropologie* zu fokussieren: Sosehr eine jesuanische Vorbildethik motivierende und orientierende Kraft für jene haben kann, die sich von ihr inspirieren lassen, so deutlich ist die Universalität des Schöpfungsdenkens auch darin zu identifizieren, dass weltweit Auffassungen des guten Lebens nicht nur plural, sondern unvereinbar verschieden sind (25). Menschen bleiben geliebte Geschöpfe, auch wenn sie weder den Glauben noch die Werte der christlich geprägten westlichen Welt teilen. Daraus resultierende Konflikte lassen sich nicht im Sinne eines gerechten Friedens lösen. Es bedarf der Eindämmung von Gewalt und der Herstellung geschützter Lebensverhältnisse. Reflexives Bezugssystem ist eine »Ethik des Vorläufigen« (ebd.), welche das arcere malum, die Abwehr des Bösen durch legitime Gewalt, positiv als legitim würdigt, »statt nur passiv die Notwendigkeit solcher Anwendung zu bedauern und sie pauschal mit dem Index des Schuldbehafteten zu versehen« (ebd.).

Die evangelische Kirche mag sich als Wegbereiterin der Entspannungspolitik sehen und sich die Sensibilisierung auch einer konservativ geführten Bundesregierung für zivile Friedensdienste gutschreiben (Huber 2019). Womöglich wiegt aber schwerer, dass sie es nicht vermocht hat, ihr Verhältnis zum Pazifismus zu klären. Es bildeten sich »einflussreiche, wirkmächtige und mentalitätsformende Allianzen zwischen militär- und staatskritischen Kräften einerseits und radikalpazifistischen Teilen der Friedensbewegung« (28). In summa: »Pazifismus im weiteren Sinne einer militärkritischen Grundhaltung trug [...] zu einer politischen Atmosphäre bei, in der die Breite der sicherheitspolitischen Herausforderungen aus dem Blick geriet. Der Pazifismus der christlichen Friedensbewegung hat diese Einseitigkeit bis in die Gegenwart eher verstärkt [...]« (ebd.). Es bedarf nicht in erster Linie kritischer Distanz mit der impliziten Tendenz, gewaltförmiges staatliches Handeln zu delegitimieren, sondern der »Identifikation mit dem eigenen Gemeinwesen im Sinne eines republikanischen Ethos« (64).

Insgesamt – dies dürfte die Pointe des Arguments sein – hat die evangelische Friedensethik unter dem Einfluss der Friedensbewegung den Christenmenschen und der Politik mit ihrem Rat nicht geholfen, sondern ihnen einen Bärendienst erwiesen.

Um zu vermeiden, dass die evangelische Friedensethik ein weiteres Mal unvorbereitet mit internationalen bewaffneten Konflikten konfrontiert wird (29), muss sie die Rolle der Nationalstaaten neu bedenken. Dies sind »die harten Kerne« politischer Handlungsfähigkeit (30). Indem die aktuelle evangelische Friedensethik sich ihren Charakter als »Ausformulierung des neuzeitlichen Christentums« durchsichtig macht, muss ihr klar sein, dass ihr Konzept des gerechten Friedens auch »als Ausdruck eines moralischen Kolonialismus« gelesen werden kann (32; vgl. auch 59-61 zur Verbindung von Menschenrechten und Identität sowie zur vermeintlichen Verbindung von Frieden und Demokratie). Die Tendenz, »den Friedensbegriff nach dem Vorbild der Schalom-Vorstellung aus der hebräischen Bibel zu einem Zustand umfassender Gerechtigkeit und umfassenden Wohlbefindens auszuweiten« (35), verunklart den Unterschied zwischen politischer Ordnung und Heilsordnung, vertauscht also Gesetz und Evangelium.

Derartige »Anmaßung« (ebd.) sowie offensichtliche Defizite im Bereich der Pluralitätsakzeptanz sind zu überwinden: »Die gegenseitige Anerkennung als Gleiche zu motivieren, ohne die unterschiedlichen Bedürfnisse und die eigene Identität zu leugnen, könnte die spezifische Aufgabe einer theologisch fundierten Friedensspiritualität sein.« (36 f.)

Zu revidieren ist auch der vorschnelle Abschied von der Tradition (nicht: Lehre, 42) des gerechten Krieges als kritischer Kriteriologie legitimer Anwendung militärischer Gewalt. Barmen V lässt Vorstellungen vom Frieden als eines grundsätzlichen Gewaltverzichts nicht zu (39). Zu überwinden ist folglich auch die »Überbetonung der Formel ›Frieden durch Recht‹« (40). Der ausgeblendete anglo-amerikanische Diskurs, der die militärethischen Aspekte der Anwendung militärischer Gewalt klar sieht, ist deutlich stärker zu gewichten (42, sowie besonders 51-54 zur Relevanz der Militärethik). Begründungspflichtig ist nicht nur die Anwendung militärischer Gewalt, sondern auch deren Nichtanwendung angesichts geforderter Nothilfe. Die Beistandspflicht ist als friedensethische Pflicht anzuerkennen und im entsprechenden Fall durch militärische und humanitäre Mittel, aber auch durch symbolische Akte wie Repressionen und Sanktionen zu realisieren, auch jenseits der Gesichtspunkte von Effizienz und Effektivität (41). Relative Wohlstandsverluste im eigenen Land können dabei nur »eher eine geringere Rolle« spielen (44)[2].

---

[2] Kritisch zu diskutieren wäre allerdings die Frage, inwieweit friedens- und gesellschaftsethisch die Deindustrialisierung der eigenen Volkswirtschaft, gravierende Wohlstandsverluste der eigenen Bevölkerung und - als unbeabsichtigte langfristige Nebenfolge - globale Friktionen und neue, moralisch nicht weniger zweifelhafte Abhängigkeiten bewusst in Kauf genommen werden dürfen, wenn *Drohungen und sym-*

Eine weitere dringend anstehende Korrektur ist die Beseitigung der Verwechslung von Schuld und Übel: »Wenn die Maßnahmen gerechtfertigt sind und keine anderen Mittel zur Verfügung stehen, ist dies als Übel anzusehen, das aber nicht als solches bereits eine Schuld darstellt« (46). Auch ethisch gerechtfertige Gewaltanwendung kann äußerst belastend sein; dies bedarf jedoch seelsorglicher und anderer, assistierender (psychologischer, medizinischer) Mittel, und keines Schuld-Diskurses.

Angesichts der Realität der atomaren Abschreckung können der Besitz von und die Drohung mit atomaren Waffen nicht grundsätzlich abgelehnt werden. Die aktuelle evangelische Friedensethik beschreibt zwar die damit verbundenen moralischen Dilemmata, insbesondere angesichts der Frage der nuklearen Teilhabe Deutschlands, wird sich aber von einer begründeten positiven Positionierung nicht dispensieren lassen können. Der Atomwaffenverzicht der Ukraine hat diese schutzlos gemacht, und das Konzept der strukturellen Angriffsunfähigkeit ist paradoxerweise auf nukleare Abschreckung angewiesen (48). Deutschland sollte dementsprechend »for the time being« an seiner bisherigen nuklearen Teilhabe festhalten.

2022: Beschluss zu Frieden – Gerechtigkeit – Bewahrung der Schöpfung, EKD-Synode (6.–9. 11. 2022)

Der »Debattenbeitrag« aus der Militärseelsorge trifft auf eine Beschlusslage der EKD-Synode, mit der diese sich explizit in die Tradition des konziliaren Prozesses »Frieden, Gerechtigkeit und Bewahrung der Schöpfung« stellt und auf die Friedensdenkschrift des Rates von 2007 sowie auf die Kundgebung der Synode »Kirche auf dem Weg der Gerechtigkeit und des Friedens« von 2019 zurückgreift. Angesichts des Ukrainekrieges und der »vielfach ausgerufenen ›Zeitenwende‹« stellt sie sich allerdings »auch selbstkritisch« die Frage, ob »Überzeugungen und Gewissheiten, die im Herbst 2019 galten, drei Jahre später noch gelten können« (1. Einleitung).

Die Synode bekräftigt die Verurteilung des russischen Angriffskrieges gegen die Ukraine und bezieht sich positiv auf die Vollversammlung des Ökumenischen Rates der Kirchen, der unter Mitwirkung der Russisch-Orthodoxen Kirche die russische Aggression verurteilt und jede religiöse Rechtfertigung abgelehnt habe. Die Synode benennt aber zugleich auch, dass innerhalb der Kirche über die Mittel

---

bolische Aktionen wie Boykotte und Sanktionen den Krieg gerade nicht verhindern, dämpfen und beenden, und, darüber hinaus, ggf. auf falschen Voraussetzungen beruhen (Lüders 2022; Beese 2022: These 7). Bisher wird dieses Problem weithin den radikalen Parteien des politischen Spektrums, der Linken und der AfD, zur populistischen Skandalisierung überlassen.

zur Unterstützung der Ukraine gestritten wird. Sie plädiert für eine Beendigung des Krieges durch Verhandlungen mit dem Ziel, die Souveränität der Ukraine wiederherzustellen und konstatiert: »Krieg kennt nur Verlierer. Gewonnen werden kann nur ein gerechter Friede.« Gefordert wird die Stärkung einer weltweiten Friedensordnung, die sich auf Völkerrecht und Menschenrechte stützt. Gewarnt wird vor einem »drohenden neuen Rüstungswettlauf« (2. Frieden).

Die Tonalität des Beschlusses lässt eine spürbare Erschütterung und Verunsicherung erkennen. Die inhaltlichen Aussagen des Dokuments stellen sich, indem sie geäußert werden, bereits selbst zur Disposition und in Frage:

1. Soll die evangelische Kirche auch in Zukunft vom Frieden weiterhin prozesshaft und ausschließlich im Junktim von Gerechtigkeit und Ökologie sprechen? Möglicherweise ist Friedensethik stattdessen als Thema einer *Ethik des Politischen* zu kommunizieren, in der Freiheit und Sicherheit als *Voraussetzung* für den Umgang mit Forderungen nach Gerechtigkeit und Klimaschutz gelten.
2. Trifft es zu, dass Krieg *nur* Verlierer kennt und der Einsatz militärischer Gewalt *per se* schuldhaft ist? Deutschland hat den *Sieger*mächten des 2. Weltkriegs seine Existenz, seine nationale Einheit und, über einen Zeitraum von vier Generationen, ein Leben in Freiheit, Sicherheit und Wohlstand zu verdanken. Angesichts der Bedrohung durch eine atomar gerüstete Imperialmacht auf demselben Kontinent schützen die Verbündeten (also: die ehemaligen Feinde) die freiheitliche, rechtsstaatliche Ordnung Deutschlands durch die Drohung mit einer glaubwürdigen nuklearen Abschreckung und sichern so bis heute den *Bestand* des deutschen Staates durch ihre *Beistand*sgarantie.
3. Entspricht es der Tradition christlicher Anthropologie, der Vorstellung einer weltweiten Friedensordnung anzuhängen? Die *Intentionen eines christlichen Pazifismus'* könnten stattdessen produktiv in einer Minimierung von Konfliktursachen und der abwägenden Wahrnehmung legitimer nationaler Eigeninteressen wirksam werden. Grundsätzliche Skandalisierung zur Gewaltausübung eingesetzter militärischer Mittel, bekenntnishaftes Entweder – Oder (Hilfeverweigerung versus Solidarität), sowie utopische Forderungen nach einer guten Ordnung für die ganze Welt in menschlicher Hand dürften eher zur Dramatisierung und Konfliktverschärfung beitragen als zur Prävention, Eindämmung, Deeskalation und Überwindung von Konflikten.

Fazit

Im öffentlichen Sprachgebrauch bündelt sich nach der »Wende« von 1982 und der »Wende« von 1989 gegenwärtig das Zeitgeschehen in der »Zeitenwende« von

2022. Der Begriff »Zeitenwende« sollte allerdings in der evangelischen Friedensethik nicht unbesehen als politische Metapher übernommen werden.[3] Er ist vielmehr als »Äonenwende« strikt theologisch, oder präzise: christologisch, zu entfalten. Mit eschatologischem Vorbehalt, schöpfungstheologischer Weite und soteriologischer Exklusivität gewinnt eine theologische Ethik des Politischen die notwendige Freiheit, nach dem Maß des Menschlichen aus Glauben dem Frieden zu dienen und so ihrer *gesellschaftlichen Verantwortung* vor Gott und den Menschen zu entsprechen. Dies könnte sich als evangelische, d. h.: dem Evangelium von Jesus Christus gemäße, friedensethische *Standortbestimmung* erweisen.

LITERATUR

Beese, Dieter: Krieg in der Ukraine. Ein Kommentar, 2022; https://tinyurl.com/4wphua9s, Download: 26.08.2023.

Brakelmann, Günter: Streit um den Frieden 1979–1999: Beiträge zur politischen und innerprotestantischen Diskussion im Rahmen des überparteilichen Arbeitskreises »Sicherung des Friedens«, Münster: Lit 2013.

EKD: Heidelberger Thesen 1959; https://tinyurl.com/2npxdy3c, Download: 10.07.2023.

EKD: Frieden wahren, fördern und erneuern. Eine Denkschrift der Evangelischen Kirche in Deutschland, Gütersloh: Gütersloher Verlagshaus Gerd Mohn 1981; https://tinyurl.com/v7f3tpdx, Download: 21.07.2023.

EKD: Aus Gottes Frieden leben – für gerechten Frieden sorgen. Eine Denkschrift des Rates der Evangelischen Kirche in Deutschland, 1. Auflage des unveränderten Nachdrucks der Ausgabe von 2007, 2022, Gütersloh: Gütersloher Verlagshaus / München: Penguin Random House Verlagsgruppe GmbH.

EKD: Beschluss der 13. Synode der Evangelischen Kirche in Deutschland auf ihrer 3. Tagung zu Frieden – Gerechtigkeit – Bewahrung der Schöpfung vom 9. November 2022; https://tinyurl.com/mu98tbea, Download: 26.08.2023.

EKD: Schritte auf dem Weg des Friedens, 2. Aufl. 1994; https://tinyurl.com/2rbvueph, Download: 10.07.2023.

EKD: »Selig sind die Friedfertigen«. Der Einsatz in Afghanistan: Aufgaben evangelischer Friedensethik, EKD-Text 116, 2014; https://tinyurl.com/y4w9pxc2, Download: 10.07.2023.

EKD: Kirche auf dem Weg der Gerechtigkeit und des Friedens. Kundgebung der 12. Synode der Evangelischen Kirche in Deutschland auf ihrer 6. Tagung, 2019; https://tinyurl.com/yhpex94m.

Evangelisches Kirchenamt für die Bundeswehr (Hrsg.): Maß des Möglichen. Perspektiven Evangelischer Friedensethik angesichts des Krieges in der Ukraine. Ein Debattenbeitrag. Erarbeitet von: Ltd. Militärdekan Dr. Dirck Ackermann, Berlin; Prof. Dr. Reiner Anselm, München; Militärpfarrerin Dr. Katja Bruns, Wilhelmshaven; Prof. Dr.

---

[3] Die Verfasser des »Debattenbeitrags« präferieren ein Verständnis der »Zeitenwende« als »Wahrnehmungswende« (12).

Michael Haspel, Erfurt; Prof. Dr. Friedrich Lohmann, München; Militärdekan Dr. Roger Mielker, Koblenz; Prof. Dr. Bernd Oberdorfer, Augsburg. Im Auftrag des Evangelischen Militärbischofs herausgegeben vom Evangelischen Kirchenamt für die Bundeswehr: Berlin 2023; https://tinyurl.com/4jemwpws, Download: 18.07.2023.

Huber, Wolfgang: Von der gemeinsamen Sicherheit zum gerechten Frieden. Die Friedensethik der EKD in den letzten 25 Jahren, in: Reuter, Hans-Richard (Hrsg.), Frieden – Einsichten für das 21. Jahrhundert. 12. Dietrich-Bonhoeffer-Vorlesung Juni 2008 in Münster (Entwürfe zur christlichen Gesellschaftswissenschaft Band 20), Münster: Lit 2009, 147–170.

Lüders, Michael: Wir sind die Guten! 17.09.2022; https://tinyurl.com/p47zjzfw, Download: 10.07.2023.

Rendtorff, Trutz: Kirche und Theologie. Die systematische Funktion des Kirchenbegriffs in der neueren Theologie, Gütersloh 1966.

Reuter, Hans-Richard: »Auf Gewalt ruht kein Segen«. Sechs Jahrzehnte Friedensethik der EKD im Rückblick, in: Kirchenamt der EKD (Hrsg.), Auf dem Wege zu einer Kirche der Gerechtigkeit und des Friedens. Ein friedenstheologisches Lesebuch. Im Auftrag des Präsidiums der Synode der Evangelischen Kirche in Deutschland hrsg. durch das Kirchenamt der EKD, Leipzig: EVA 2019, 67–80.

Sekretariat der Deutschen Bischofskonferenz (Hrsg.): Gerechter Friede. 27. September 2000, 2. Auflage, in den Nummern 160 und 185 leicht geänderte Version; https://tinyurl.com/yepnn8b7, Download: 10.07.2023.

Wendland, Heinz-Dietrich: Der Begriff der »verantwortlichen Gesellschaft« in seiner Bedeutung für die Sozialethik der Ökumene, in: ZEE 9 (1) 1965, 1–16.

INTERDEPENDENZEN *ROTER* UND *GRÜNER* BIOETHIK
ÖKOLOGIE, GERECHTIGKEIT UND DEKOLONIALITÄT IM *ANTHROPOZÄN*

Clemens Wustmans

1. EINLEITUNG

Der lange Schatten der CoVid19-Pandemie als nicht nur anekdotischer Ausgangspunkt der Überlegungen: Als im Ethik-Oberseminar an der Theologischen Fakultät der Humboldt-Universität zu Berlin des Wintersemesters 2020/21 neben anderen Werken zur neueren Theoriebildung auch Texte diskutiert wurden, die sich explizit mit der Reflexion der Pandemiefolgen für Kirche und Gesellschaft befassten sowie mit *social imaginaries* im Kontext der Nachhaltigkeitsdebatte angesichts der Pandemie, war dies expliziter Wunsch vieler Seminarteilnehmender, die – wie auch andere andernorts (exemplarisch etwa Claussen 2020; Prantl 2020; Schröder 2022) – spätestens in der zweiten Jahreshälfte des ersten Corona-Jahrs als zu leise vernehmbare Stimmen aus Kirche, Theologie und Ethik beklagten.[1]

Interessant in Bezug auf das Thema des vorliegenden Textes ist nun, dass sich speziell Verknüpfungen der CoVid-Pandemie mit der ökologischen Krise, der Biodiversitäts- und Klimakrise (etwa Horn 2020; Teichert/Diefenbacher/Foltin 2020), kritischen Anfragen stellen mussten: Die Wahrnehmung mancher war offensichtlich, hier werde der eigentlichen Aufgabe – der ethischen Reflexion der CoVid-Pandemie und ihrer Folgen – ausgewichen, indem Expert:innen für Ökologie, Nachhaltigkeit und Klimawandelfolgen das machten, was sie immer machten, nämlich über Ökologie, Nachhaltigkeit und Klimawandelfolgen zu schreiben. Andere Teilnehmende des Oberseminars haben diesem vermeintlich überzogenen Zusammendenken der auf den ersten Blick so höchst verschiedenen Krisen allerdings vehement widersprochen; im Gestus dieses Widerspruchs kann auch der vorliegende Text verstanden werden.

---

[1] Dass diese Stimmen so leise und so vereinzelt gar nicht waren, sei verdeutlicht etwa anhand von über 680 Treffern (Stand Mai 2023) für den Suchbegriff »Corona« auf der Website der evangelischen Zeitschrift *Zeitzeichen*.

Versammelt man Konkretionen rund um die *Pathosformel* der gesellschaftlichen Verantwortung, so ist die Bioethik naheliegend. Als Bereichsethiken – ob in Form universitärer Überblicksvorlesungen oder in Gestalt von Handbuchartikeln (etwa Dabrock 2015; Körtner 2015) – wird jedoch in der Regel sorgsam zwischen der Bioethik des Menschen und der Bioethik nichtmenschlicher Lebewesen, zwischen *roter* und *grüner* Bioethik unterschieden, Letztere zudem noch abgegrenzt zur Umweltethik (etwa Gräb-Schmidt 2015). Dies ist angesichts der Materialfülle, im Blick auf notwendige Reflexionstiefe und als angemessene Bedeutungszumessung gegenüber dem Gegenstand unumgänglich; gleichwohl scheint es angezeigt und lohnenswert, gerade Interdependenzen der verschiedenen Ausrichtungen und Adressierungen von Bioethik im Blick zu behalten und diese zu betonen.

Die CoVid19-Pandemie scheint dabei wie unter einem Brennglas die Verschmelzung beider Fragekomplexe offenzulegen: Fragen der Bioethik des Menschen – von Diskursen um Lebensanfang und -ende über medizinethische Konkretionen bis hin zu durch sie berührten Grundfragen der Anthropologie – sind, so hat uns das Pandemiegeschehen gezeigt, nicht zu bearbeiten, wenn Auswirkungen von Biodiversitäts- und Klimakrise keine Berücksichtigung finden. Die CoVid19-Pandemie – als Zoonose, deren Ausbreitung durch zunehmende Verarmung der Biodiversität und intensive Zunahme der Landnutzung durch den Menschen in einer globalisierten Welt bedingt, zumindest jedoch in ihrer Ausbreitung massiv begünstigt wurde – ist dabei nur die *Krise als Ereignis* (Horn 2020: 140), im Unterschied zur *Krise ohne Ereignis* (Horn 2020: 139), als die Biodiversitäts- und Klimakrise, respektive das sogenannte *Anthropozän* insgesamt beschrieben werden können, wobei epistemisch durchaus eine Reihe von Parallelen gezogen werden können (ebd.). Bruno Latour fragt gar, ob die CoVid-Pandemie lediglich die »Generalprobe« (Latour 2020) für kommende Katastrophen des *Anthropozäns* darstelle, und betont die in diesem Text zu entfaltenden Interdependenzen, indem er die Vorstellung der Gesellschaft als Gemeinschaft ausschließlich von Menschen als unzureichend zurückweist; vielmehr sei der Zustand der Gesellschaft stets und grundsätzlich abhängig von zahlreichen Akteuren, respektive Aktanten,[2] von denen die meisten gerade nicht menschlich oder überhaupt biologische Entität seien (ebd.).

Ausgehend von diesem Impuls wird im Anschluss an diese Einleitung (1.) zunächst (2.) nach bioethischen Interdependenzen im *Anthropozän* gefragt (und dessen distanzierende Kursivschreibung erläutert), wobei nach einer Begriffsklärung (2.1) zunächst die Krise des anthropogenen Klimawandels (2.2) und die Biodiversitätskrise (2.3) erörtert werden, sodann der Zusammenhang von Krisen

---

[2] Zur Akteur-Netzwerk-Theorie Latours, in der auch die Unterscheidung zwischen (menschlichen) Akteuren und (nicht-menschlichen) Aktanten eingeführt wird, vgl. Latour 2007.

und Imaginationen (2.4) und schließlich Schöpfungstheologie, Verantwortungsethik und Anthropologie als theologische Dimensionen und Einbettungen (2.5). Ein abschließendes Kapitel schließlich benennt Anknüpfungspunkte für die theologische Ethik (3.), wobei konkret Diskurse um Gerechtigkeit und Intersektionalität (3.1), um Dekolonialisierung (3.2) sowie um Nachhaltigkeit (3.3) auf ihre sozialethischen Dimensionen hin betrachtet werden.

2. BIOETHISCHE INTERDEPENDENZEN IM *ANTHROPOZÄN*

CoVid19 ist eine Zoonose, also eine vom Tier auf den Menschen übertragene Krankheit. Während der genaue Ursprung des Virus und der Weg der Erstübertragung auf den Menschen nach wie vor nicht zweifelsfrei geklärt sind, steht gleichwohl fest, dass die weltweite Verbreitung des Krankheitserregers eine Folge des menschlichen Umgangs mit Tieren ist, respektive eines engen Mensch-Tier-Kontakts (Peters 2022: 184). Dies betrifft einerseits die Nutzung von Tieren etwa zum menschlichen Verzehr oder als Pelzlieferanten, andererseits die zunehmende Ausbreitung menschlicher Siedlungen und landwirtschaftlich genutzter Flächen. Gerade Letzteres hat nicht nur eine absolute Verringerung von Lebensräumen für wildlebende Tiere, sondern insbesondere auch eine massive Verarmung von Biodiversität zur Folge.

Da Tiere (und Pflanzen) von ihrem Lebensraum abhängig sind, führt dessen Zerstörung durch veränderte Landnutzung zum Verlust an Arten (Baur 2010: 83). Die Habitatszerstörung als Hauptursache des weltweiten Artensterbens hat zudem einen Verlust an genetischer Vielfalt zur Folge, da in intensiv landwirtschaftlich genutzten Plantagen nur solche Arten Bestand haben, die als *Kulturfolger* bezeichnet werden, also im Gegensatz zu *Kulturflüchtern* die Nähe zum Menschen nicht scheuen und sich der durch den Menschen gestalteten Umwelt mehr oder weniger problemlos anpassen (Baur 2010: 96). Wenn sich nun in einer solchen Art, die als Kulturfolger in der Nähe des Menschen lebt (sei dies die berüchtigte Fledermaus, die tatsächlich wohl eher ein Flughund war, oder ein Kleinraubtier wie die Zibetkatze), zufällig ein Virus wie CoVid19 verbreitet, ist die Gefährdung für den Menschen eine doppelte: Einerseits ist aufgrund der menschlich verursachten geringeren Artenvielfalt eine Ausbreitung des Virus in der Population der Kulturfolger-Art deutlich einfacher, andererseits nimmt die Expositionswahrscheinlichkeit für den Menschen – der ja nur noch mit Individuen weniger Arten in Kontakt kommt, dies jedoch durch die vermehrte Flächennutzung umso intensiver – massiv zu.

CoVid19 als globale Pandemie mit weitreichenden medizinischen, sozialen und ökonomischen Folgen für den Menschen, die ihren Ursprung im Umgang des Menschen mit seiner nicht-menschlichen Umwelt hat, kann damit in der Tat als exemplarisch für das Anthropozän gesehen werden: »das Anthropozän als Grund für Corona oder Corona als Symptom des Anthropozäns« (Horn, 2020: 124). Im Folgenden soll dieser Begriff zunächst kritisch bestimmt werden.

2.1 ZUM BEGRIFF DES *ANTHROPOZÄN*

Erdgeschichtlich leben wir gegenwärtig und seit rund 11.000 Jahren im *Holozän* (Lucht 2018: 40); immer selbstverständlicher wird in Abgrenzung dazu vielerorts der auf den niederländischen Chemiker Paul Crutzen (2002: 23) zurückgehende Begriff des *Anthropozän* genutzt, der insinuiert, der Zustand des Planeten unterscheide sich massiv von einem für vorherige Zeiten zu attestierenden. Teils wird der Beginn dieses neuen Erdzeitalters mit dem Aufkommen der Industrialisierung um das Jahr 1800 verbunden, spätestens jedoch in der Mitte des 20. Jahrhunderts verortet, als nach dem Zweiten Weltkrieg soziale und ökonomische Beschleunigungsdynamiken einen stark ansteigenden Ressourcenverbrauch bedingten mit der raschen Zunahme der Weltbevölkerung sowie Phänomenen wie Urbanisierung, Globalisierung, zunehmendem Massenkonsum und wachsender Mobilität. Die hatten dann wiederum starke Auswirkungen auf die Umwelt und planetare Systeme zur Folge, etwa erhöhten Land- und Ressourcenverbrauch, Klimaerwärmung, den Rückgang der Artenvielfalt, aber auch die Verschleppung von Arten (Neobiota) in Teile der Welt, die sie ohne den Menschen nicht hätten erreichen können, eine zunehmende Gewässerbelastung durch Stickstoff und Kohlendioxid oder die Erosion von Küsten (Horn 2020: 126; vgl. auch Lucht 2018: 43–44).

Im vorliegenden Text wird der Begriff des *Anthropozän* in Kursivschreibung genutzt, da er nicht unumstritten ist und letzte Vorbehalte bleiben, sich ihn vollkommen zu eigen zu machen (vgl. auch Bedford-Strohm 2017: xi–xii). Methodische Kritik ergibt sich etwa aus dem Fehlen eines global definierbaren Beginns, wie er für eine erdgeschichtliche Periodisierung erforderlich wäre: Da der Mensch auf den verschiedenen Kontinenten zu unterschiedlichen Zeitpunkten höchst unterschiedlich in den Naturhaushalt eingegriffen hat und diese Entwicklung seit dem Ende der letzten Eiszeit eher eine graduelle war, widerspricht dies der Idee, eine neue Epoche von der des Holozän, die genau diese Epoche beschreibt, abzugrenzen. Nicht zuletzt muss kritisch angefragt werden, inwiefern es sinnvoll ist, dass die Menschheit der Industriegesellschaft sich selbst als Parameter einer geologischen Epoche definiert, obwohl die Persistenz menschlicher Einflüsse auf den Planeten weder zeitgenössisch geklärt werden kann, noch so neutral-objektiv ist, wie der Begriff gerade in den Geisteswissenschaften oftmals rezipiert wird. Die vielmehr hochgradig normative Verknüpfung mit sehr bestimmten Menschenbildern muss gerade aus der Perspektive einer theologischen Anthropologie, die der Letztzuständigkeit des Menschen widerspricht (vgl. Kap. 2.5), hinterfragt werden.

Gleichwohl findet der Begriff auch in theologischen, respektive religiös konnotierten Kontexten durchaus Anklang (etwa Deane-Drummond/Bergmann/

Vogt 2017; Bertelmann/Heidel 2018; Ferdinand 2022; Vogt 2022: insb. 51-52), ganz zu schweigen von der Rezeption im breiteren interdisziplinären Diskurs. In diesem Sinne ist eine Verwendung des Begriffs unter gewissen Vorbehalten insofern sinnvoll, als dass er Anknüpfungen an durchaus hochrelevante Diskurse aufzeigt, ohne die kritische Distanz zum Begriff völlig aufzugeben. Die Tatsache nämlich, dass die mit dem Terminus *Anthropozän* gemeinten Phänomene, respektive ökologischen Dimensionen globalen menschlichen Handelns, intensiv in die hier zu erörternden Interdependenzen verwoben sind, ist unbestritten.

2.2 DIE KRISE DES ANTHROPOGENEN KLIMAWANDELS

»Die Erwärmung des Klimasystems ist eindeutig, und viele dieser seit den 1950er Jahren beobachteten Veränderungen sind seit Jahrzehnten bis Jahrtausenden nie aufgetreten. [...] Es ist äußerst wahrscheinlich, dass der menschliche Einfluss die Hauptursache der beobachteten Erwärmung seit Mitte des 20. Jahrhunderts war.« (IPCC 2013)

Hinsichtlich der Befundlage zum anthropogenen Klimawandel herrscht Eindeutigkeit, seine Folgen werden global, wenn auch höchst unterschiedlich, sichtbar. Neben einer ebenfalls zu erörternden Asymmetrie der Betroffenheit zwischen Menschen des globalen Nordwestens und des globalen Südens (vgl. Kap. 3.2 und 3.3) stellen die Konsequenzen des *menschengemachten* Klimawandels für *nichtmenschliche* Lebewesen eine weitere ökologisch zu beobachtende Dimension jener Asymmetrie dar, die im Kontext von Diskursen um Gerechtigkeit und Verantwortung zu diskutieren sind: Von Extremwetterereignissen sind Tiere, Pflanzen und Ökosysteme ebenso, wenn nicht stärker betroffen als Menschen[3] – wobei Betroffenheit hier in der Regel als der Tod zahlreicher Individuen zu verstehen ist.[4] Dies gilt insbesondere dort, wo Klimawandelfolgen für den Menschen weniger sichtbar und direkt erfahrbar auftreten, etwa im Ozean: Das Phänomen der Korallenbleiche beispielsweise, also der Zusammenbruch der Symbiose aus Korallen und Mikroalgen mit massiven Stoffwechselfolgen (und bei ausbleibenden Erholungszeiten dem Absterben ganzer Korallenriffe als Konsequenz), hat seine Ursache in Hitzewellen (Frieler 2021: 17).

Zugleich sind durchaus auch Tiere Treiber des Klimawandels, jedenfalls in Form der weltweit gezüchteten »Nutztiere«. Insbesondere Hausrinder, deren

---

[3] Wenngleich auch unabhängig von lebensgefährlichen Extremwetterereignissen wie Überschwemmungen oder großflächigen Bränden selbstredend etwa auch Hitzewellen, die medial nach wie vor überraschend häufig als »ideales Badewetter« begrüßt werden, gesundheitliche Probleme oder den Tod insbesondere vulnerabler Menschen bedingen.

[4] Als etwa das »Pandemiejahr« 2020 im Januar mit Buschfeuern ungeheuren Ausmaßes in Australien begann, verloren nicht nur Menschen ihr Hab und Gut oder starben an den Brandfolgen, sondern nach Schätzungen auch rund eine Milliarde Wildtiere.

Verdauung das Treibhausgas Methan freisetzt, sind in diesem Kontext relevant, vor allem aber auch der Flächenverbrauch für die Futtermittelproduktion; etwa 80 Prozent der weltweit angebauten Sojapflanzen finden als Tierfutter Verwendung. Hinzu kommen transportbedingte Emissionen, wenn einerseits Soja von Südamerika nach Europa exportiert, andererseits Nutztiere etwa vor der Schlachtung transnational, gar transkontinental verbracht werden (Peters 2022: 189-190). Verantwortlich sind also selbstredend nicht die betroffenen Nutztiere selbst, sondern der Mensch, jedoch in Interdependenz. Dies gilt insbesondere auch für die Auswirkungen des Klimawandels auf die weltweite Biodiversität.

2.3 Die Biodiversitätskrise

Der seit den 1980er Jahren in Wissenschaft und Politik gebräuchliche Begriff der Biodiversität (Baur 2010: 7) beschreibt biologische Vielfalt sowohl an (Tier-, Pflanzen- und Pilz-) Arten und Gattungen, als auch auf der ökosystemaren Ebene die Vielfalt an Lebensgemeinschaften dieser Arten in ihren Wechselbeziehungen sowie die genetische Variabilität innerhalb von Individuen, Populationen und Arten (ebd.). Menschliche Einflüsse – und hier sind neben intensivierter Landnutzung zur Siedlung respektive landwirtschaftlichen Nutzung, global intensiviertem Verkehr und Transport und direkten Eingriffen etwa durch die Jagd insbesondere die Folgen des anthropogenen Klimawandels von Bedeutung – haben die Biodiversität in der jüngeren Vergangenheit massiv verändert, beeinflussen sie aktuell und werden dies auch zukünftig. Auch wenn (beispielsweise durch neu eröffneten Lebensraum in höheren, künftig gletscherfreien Gebirgshöhenlagen) lokal durchaus auch positive Veränderungen benennbar sind, sind insgesamt – durch den Verlust an Lebensräumen für endemische Arten und die Verdrängung konkurrenzschwacher Arten durch neu einwandernde – Verluste und damit einhergehend eine Verarmung der Biodiversität als Folge menschlichen Handelns gravierender (Baur 2010: 31, 81-98).

Dabei ist es vielerorts bleibend umstritten, der Biodiversität einen eigenständigen ethischen Wert beizumessen; in den meisten tierethischen Entwürfen wird diese Idee verworfen oder ignoriert (vgl. dazu bspw. Wustmans 2015: 58; Vogt 2022: 479) und auch in neuen umweltethischen Entwürfen noch als »auf dünnem Boden« (Vogt 2022: 480) stehend bewertet. In der Tat müssen kritische Anfragen an den Anspruch der Bewahrung eines (tendenziell zufälligen, weil uns zeitgenössischen) status quo geltend gemacht werden (Wustmans 2015: 101-104) und dem reinen Postulat eines Eigenwerts fehlt oft tatsächlich seine Fundierung (so etwa Baur 2010: 77-80: Dass der Mensch nur eine von mehreren Millionen anderen Arten ist, die die Erde bevölkern, mag tendenziell richtungsweisend sein; die Unterstellung, ein solcher Eigenwert sei »in den Wertsystemen der meisten Religionen, Philosophien und Kulturen [verwurzelt]« [ebd.], bleibt eine tatsächlich nachvollziehbare ethische Argumentation dann aber doch schuldig). Interessant ist, dass hier insbesondere theologische Beiträge beider Konfessionen in den vergangenen Jahren sinnvolle Brückenschläge vorgelegt haben, die tierethische Modelle in Bezug auf den blinden Fleck der Biodiversität korrigierend ergänzen und umweltethische Ansätze durch die Perspektive der Interessen leidensfähiger Tierindividuen erweitert haben (vgl. etwa Vogt 2022: 479-480; Wustmans 2020: 190-194, Peuckmann 2020: 138-139; Rosenberger 2018a: insb. 125-128).

Jenseits der (negativen) Auswirkungen menschlicher Handlungen auf die Biodiversität müssen mittelbar immer Interdependenzen mit dem Menschen gesehen werden, ganz unmittelbar jedoch mindestens dort, wo Biodiversitätsdienstleistungen in den Blick genommen werden: Politisch dominieren oftmals offensiv ökonomische Gründe für den Biodiversitätsschutz (Vogt 2022: 478), wenngleich ökosystemare Dienstleistungen im eigentlichen Sinne weiter zu fassen wären und etwa von der relativ konkreten Bereitstellung von Arzneiwirkstoffen bis hin zur Schaffung grundsätzlicher Voraussetzungen auch menschlichen Lebens reichen, das etwa von Wasserversorgung oder Erosionskontrolle abhängt (Baur 2010: 58-62). Auch der *One Health-Ansatz* ist in diesem Kontext zu sehen, also der Grundgedanke, Gesundheitsprävention von Mensch, Tier und Umwelt an deren Schnittstelle zu betreiben, nicht zuletzt, um das Risiko künftiger zoonotischer Pandemien[5] zu reduzieren (Peters 2022: 199-200).

2.4 KRISEN UND IMAGINATIONEN

Beide Phänomene, der anthropogene Klimawandel wie die Biodiversitätskrise, gehören zu den größten Herausforderungen unserer Gegenwart; zugleich präsentieren sie sich seltsam abstrakt, weisen »keine klar benennbaren Akteure oder Schuldigen, keine präzisen Momente oder einen begrenzbaren Ort« (Horn 2014: 20) auf und entfalten wohl auch deswegen weit weniger Umwandlungspotenzial in gesamtgesellschaftliches Handeln, als wir dies etwa auf dem Höhepunkt der CoVid19-Pandemie erlebt haben, als Flugzeuge am Boden und Kreuzfahrtschiffe in ihren Häfen blieben; »nature is healing« war im Frühjahr 2020 rasch ein geflügeltes Wort – aber nur von kurzer Dauer, denn die fortbestehende Sorge um Klima- und Biodiversitätskrise konnte etwa ein postpandemisches Erstarken des Flug- und Kreuzfahrttourismus nicht bremsen oder gar verhindern.

Als Problem erweist es sich dabei, dass faktenbasiertes Problembewusstsein nur lose mit menschlichem Handeln verknüpft ist, dass *Mahnen und Warnen* nur geringe Erfolge zeigen (Welzer 2021: 95-96). Katastrophennarrative etwa in der *Fridays for Future-* oder *Last Generation-*Bewegung sind insofern eine graduell andere Krisendeutung, als dass sie hier trotz ihres existenzbedrohenden Charakters als (noch) abwendbar imaginiert werden (Fladvad/Hasenfratz 2020: 18),

---

[5] Schätzungen gehen von ca. 1,7 Millionen (!) derzeit unentdeckten Viren in Wirtstieren aus, von denen bis zu 850 000 als potenziell infektiös für den Menschen bewertet werden (Peters, 2022: 200).

zeigen mit der Zeit jedoch ebenso abflauendes Mobilisierungspotenzial, wie sie Gegenbewegungen provozieren: So führen Verlustängste tendenziell eher zum Gegenteil der intendierten Wirkung von Warnungen, indem sie ein Festhalten oder gar Steigern am gewohnten Ressourcenverbrauch bewirken (Welzer 2021: 97). Auch auf der Ebene der *social imaginaries* lässt sich die gegenläufige Imagination beschreiben, die eine »Beschwörung der Normalität« (Fladvad/Hasenfratz 2020: 21) darstellt und unter Schlagwörtern wie *Green Economy* oder *Green Growth* die Fiktion fortschreibt, mit nur geringen, technisch realisierbaren Modifikationen könne alles bleiben, wie es ist.

Für eine sozialethische Bearbeitung der benannten Krisen und deren Interdependenzen mit der *roten* Bioethik ist es also entscheidend, neben naturwissenschaftlichen Erkenntnissen auch Vorstellungen über konkurrierende Krisenimaginationen ernsthaft in die Analyse einzubeziehen. Insbesondere apokalyptische Ausdeutungen von Klimawandel und Biodiversitätskrise sind dabei auch kirchlichem und theologischem Reden nicht fremd; Michael Rosenberger etwa resümiert zur Enzyklika *Laudato si'*: »Schöpfungsethik wird dramatisch« (Rosenberger 2018b: 261), respektive »Schöpfungsspiritualität wird apokalyptisch« (Rosenberger 2018b: 265).

Dass sich apokalyptische Erzählungen auch im religiösen Kontext oftmals »mit einer gewissen moralischen Genugtuung ausgestalten« (Koschorke 2020: 33), ist nicht von der Hand zu weisen; Rosenberger weist jedoch mit Recht darauf hin, dass sich religiöse Apokalyptik – auch im Kontext bioethischer Krisenwarnungen – stets durch den Mehrwert der Hoffnung auszeichnet (Rosenberger 2018b: 266): »In der Tradition christlicher Spiritualität gilt von alters her die Maxime, dass der Mensch nach dem Höchsten streben soll, auch wenn er sicher weiß, dass er es aus eigener Kraft nicht erreicht.« (Rosenberger 2018b: 267)

Wenn sich also die Bearbeitung bioethischer Interdependenzen des *Anthropozän* im Kontext religiöser Ethik durch einen solchen Mehrwert auszeichnet, dann gilt es zunächst, zumindest knapp theologische Schlüsseldimensionen zur Grundierung einer solchen Ethik zu benennen.

2.5 Theologische Ausgangspunkte: Schöpfung, Verantwortung und Anthropologie

Dezidiert theologisch lassen sich drei Dimensionen als Grundlage einer bioethischen Bearbeitung der benannten Interdependenzen aufzeigen: dogmatisch die Schöpfungstheologie, ethisch die Verantwortungsethik und an der Schnittstelle beider Teilbereiche der systematischen Theologie die Anthropologie.

Besonders prominentes Beispiel einer solchen Verknüpfung ist in Bezug auf die Schöpfungstheologie zweifelsohne Jürgen Moltmann, der seine Schöpfungslehre aus der Wahrnehmung der ökologischen Krise entwickelt und explizit die Relevanz des Schöpfungsglaubens anhand des Kriteriums bewertet, inwiefern er Wege aus der ökologischen Krise weist (Moltmann 1985: 34–36).

Schöpfungstheologie als Ausgangspunkt bioethischen Nachdenkens ist dabei nicht ohne Fallstricke. Ihre Berechtigung findet sie zweifellos im Bekenntnis zu Gott als dem Schöpfer, durch das ein christliches Gesamtverständnis des eigenen Lebens in der Welt bestimmt ist (Gräb-Schmidt 2015: 677). Da eine christliche Ethik aber auch um das Gefallensein des Menschen weiß, kann zugleich nicht von der kategorialen Ausrichtung auf das Versöhnungshandeln Gottes abgesehen werden (Gräb-Schmidt 2015: 679). Missverstanden wäre sie freilich, wo sie in Konkurrenz naturwissenschaftlicher Aussagen gerückt wird – hier kann die Schöpfungstheologie keinerlei Anspruch erheben (Wustmans 2019: 150).

Indem Christ:innen unter dem Vorzeichen der Schöpfung sich und ihre Umwelt als von Gott geschaffener »Seinsverfassung betrachten, die nicht dem Chaos und Zufall, aber auch nicht sich selbst und der Verantwortung des Menschen überlassen bleibt, sondern die hineingenommen ist in den Verantwortungsbereich Gottes, an dem die Menschen im Rahmen ihrer endlichen Freiheit und ihres Personseins teilhaben dürfen« (Gräb-Schmidt 2015: 677), verweist wohlverstandene Schöpfungstheologie hier also unmittelbar auf zwei weitere Dimensionen, die Verantwortungsethik sowie grundsätzliche Fragen der Anthropologie.

Das Konzept der Verantwortung ist in Bezug auf umweltethische Fragen oder solche nach Klimawandelfolgen relativ häufig zu finden, gerade auch in politischen Kontexten; gleichwohl bleibt es ambivalent (Baumgartner 2017: 54). Zunächst offen ist beispielsweise, wer in theologischer Perspektive Subjekt und damit Verantwortungsträger ist – *die* Kirche? *Die* Theologie? *Die* einzelne Christin oder alle, die sich zum christlichen Glauben bekennen (vgl. Höhne 2022: 112)?

Immer jedoch vollzieht sich Verantwortung in Relationen; man übernimmt Verantwortung *für* andere und verantwortet sich *vor* einer Instanz (Höhne 2012: 113). Die Frage, für wen Christ:innen Verantwortung übernehmen sollen, wird oft im Sinne der *Option für die Armen* beantwortet (vgl. Bedford-Strohm 2018, insb. 166–170), während die Relation hinsichtlich der Frage, vor wem Verantwortung zu übernehmen ist, intuitiv zunächst einmal mit Gott beantwortet werden kann (vgl. etwa Baumgartner 2017: 59). Lohnenswert ist es jedoch, auch diese Frage von der *Option für die Armen* her zu denken: Verantwortung bestünde dann »vor einer Richtinstanz, die die tatsächliche Perspektive der geringsten Geschwister übernommen hat. [...] Wer in diesem Sinne verantwortlich handelt, trägt Verantwortung [...] vor diesen geringsten Geschwistern selbst« (Höhne 2022: 114) und sichert sich mit diesem Verständnis zudem gegen paternalistische Vereinnahmungstendenzen ab. Auch hierin zeigt sich theologisch eine Akzentverschiebung von der Schöpfungs- hin zur Versöhnungstheologie; zugleich lässt sich das Verständnis von Verantwortung als *Fürsorge* mit Wolfgang Huber um das als *Vorsorge* ergänzen, mit dem die verantwortliche Person als zugehörig zu einem natürlichen, sozialen und kulturellen Raum verstanden wird, für das sie eine vorausschauende Fürsorge zu tragen habe (Huber 2012: 83–84). Gleichwohl wird mit einer Verankerung in der Schöpfungstheologie, also im menschlichen Selbstverständnis als Geschöpf unter Geschöpfen, eine dem Verantwortungsbegriff stets inhärente Ambivalenz eingehegt, etwa in der Vermeidung der Idee einer aus radikaler Autonomie zu folgernden Verantwortung *des* Menschen für die Gesamtheit der Schöpfung (vgl. Gräb-Schmidt 2015: 678–679).

Von der menschlichen Verantwortung schließlich ist es ein naheliegender Überschritt zur theologischen Anthropologie – gründet menschliche Responsibilität doch letztlich in menschlicher Relationalität (Deane-Drummond 2017: 185–186; Vogt ³2013: 255–259; Huber 2012: 81). Zugleich kritisch befragt wird insbesondere die Sonderstellung des Menschen, etwa im Hinblick auf die Gottebenbildlichkeit (Deane-Drummond 2017: 184–185) oder im Rahmen von Entwürfen zu einer ökologischen Christologie, die eine menschliche Ausnahmestellung relativieren, indem sie anstelle der *Menschwerdung* Gottes in Christus die *Inkarnation in der Schöpfung* betonen (Eaton 2017: 210–217, vgl. etwa auch Anandan 2023: insb. 433). Andererseits kann gerade in einer Sonderstellung des Menschen, die keinen noetischen, wohl aber einen epistemischen Anthropozentrismus begründet, Verantwortung für die Mit- und Umwelt des Menschen begründet werden (Gräb-Schmidt 2015: 659; Deane-Drummond 2017: 187). Eine solche Sonderstellung im Blick auf das Verursacherprinzip ist ja gerade die Grundlage der Rede vom *Anthropozän*; Martha Nussbaum benennt daher folgerichtig die Grundsätze, dass alles, was wir als *Natur* verstehen, als vom Menschen beherrschter Raum zu verstehen sei und die kausale Verantwortung des Menschen für »schädliche Lebensräume« allzu häufig verschleiert, jedoch nur selten ausgeschlossen werden könne (Nussbaum 2022: 270–271, Zitat auf 271).

3. Exemplarische Verortungen bioethischer Interdependenzen

Aus diesen Überlegungen ergibt sich eine Fülle an Anknüpfungspunkten zur Analyse und Verortung bioethischer Interdependenzen in größeren ethischen und interdisziplinären Diskursen. Hier sollen abschließend drei Bezugsgrößen zumindest kurz angerissen werden.

3.1 Intersektionale Gerechtigkeit

Die Frage der Gerechtigkeit ist hinsichtlich der doppelten Krise von Weltklima und planetarer Biodiversität zentral; auch etwa für Papst Franziskus und die Enzyklika *Laudato si'* ist dieser Zusammenhang paradigmatisch (Meireis 2015: 38). Insbesondere die Asymmetrie zwischen denen, die – gegenwärtig – unter ökologischen Problemen besonders leiden und denen, die als Hauptverursacher benannt werden können, wird zum Gerechtigkeitsproblem, das Fragen der

Verteilungsgerechtigkeit knapper (werdender) Ressourcen ebenso umfasst wie Partizipationsfragen (ebd.). Das Befähigungskonzept Amartya Sens weist in der Betonung der menschlichen Abhängigkeit von Ressourcen in eine ähnliche Richtung (Sen 2010: insb. 281–296), und auch Martha Nussbaum bezieht sich in der Entwicklung ihres *capabilities approach* mehrfach grundlegend auf entsprechende Zusammenhänge, da beispielsweise körperliche Gesundheit und Integrität, Kontrolle über die eigene Umwelt, aber auch die Perspektive einer Beziehung zu anderen Spezies (Nussbaum 2010: 112–114) als angesichts der ökologischen Krise teils massive Einschränkungen erfahrend beschrieben werden müssen und hier zugleich unmittelbar auf die Interdependenzen zur Bioethik des Menschen ersichtlich werden.

Da insbesondere ohnehin vulnerable Menschen angesichts der ökologischen Krise zusätzlich gefährdet sind, gilt es, Gerechtigkeit konsequent im Horizont von Intersektionalität zu denken, also im Bewusstsein der Überschneidung und (Un-)Gleichzeitigkeit teils sehr verschiedener Benachteiligungsstrukturen, Diskriminierungskategorien und Machtasymmetrien (vgl. dazu Wustmans 2022: 184–186). Eine besondere Gefährdung von Frauen*– die Perspektive des *Ecofeminism* ist nicht grundlos eine besonders bedeutsame Hermeneutik doppelter Ausbeutungsperspektiven, und dies durchaus auch in anderen als den christlichen Theologien (vgl. Ammar 2022: 72–75; 90–95) – muss ebenso benannt werden, wie dies für Kinder oder Menschen mit Behinderung gilt (Eleyth 2022); so, wie Fragen der Generationengerechtigkeit tendenziell in besonderem Maße Berücksichtigung finden (Vogt ³2013: 386–405), gilt es auch Aspekte des Klassismus in den Blick zu nehmen (Quent u.a. 2022: 73–79). Nancy Fraser rahmt ihre grundsätzliche Kapitalismuskritik im Lichte dieser Intersektionalität (Fraser 2023: 251–260) und in manchen Theoriekonzepten erfährt das Konzept eine Erweiterung seines Geltungsbereichs auch für Tiere (etwa Nussbaum 2022: insb. 358–362; Ferdinand 2022: 214–228).

3.2 Dekolonialisierung

Eine besondere Bedeutung erfahren die benannten intersektionalen Gerechtigkeitsdiskurse durch ihre globale Dimension, respektive die deutlichen Asymmetrien zwischen dem globalen Nordwesten und dem globalen Süden, wie sie auch in ökumenischen Diskursen oder der Enzyklika *Laudato si'* betont werden (Meireis 2015: 38).

Da Globalisierung als ein »sich immer stärker verdichtendes Netzwerk von Verbindungen und Interdependenzen zwischen Menschen und Kulturen« (Welker 2008: 368) verstanden werden kann, scheint auch eine entsprechende epistemologische Globalisierung angezeigt: Wenn insbesondere Menschen im globalen Süden besonders unter den Folgen des anthropogenen Klimawandels leiden (und künftig noch verstärkt leiden werden) und zugleich dessen koloniale Wurzeln klar benannt werden können (Quent u.a. 2022: 60–67; Ferdinand 2022:

25–35), so ist es umso verwunderlicher, dass Stimmen aus dem globalen Süden wie auch in anderen Bereichen weltweit oft kaum gehört werden; im Gegenteil lässt sich ökologischem Aktivismus ebenso wie entsprechenden akademischen Diskursen attestieren, dass sie Fragen der Dekolonialität nach wie vor weitgehend ausklammern (Ferdinand 2022: insb. 122–124). So ist etwa Biodiversität auch in Ländern des globalen Südens durch fortschreitende Ausbreitung menschlicher Siedlungen und Landwirtschaft bedroht, aber wohl kaum ohne die koloniale Vergangenheit und fortbestehende ökonomische Interessen des globalen Nordens erklärbar, was insbesondere hier – etwa in Europa – verstärkte Kritik scheinbar selbstverständlicher Weltdeutungen erforderlich macht (Jähnichen 2022: 9). Auch eine sinnvolle Bearbeitung globaler Phänomene wie des Klimawandels erfährt durch eine Erweiterung um Hermeneutiken des globalen Südens und kontextuelle Perspektiven[6] wichtige Horizonterweiterungen (Kavusa 2022: 265). Dies gilt, allein angesichts der quantitativen Schwerpunktverlagerung des Christentums in den globalen Süden, insbesondere für christliche Bemühungen in diesem Zusammenhang und selbstverständlich auch für eine Offenheit gegenüber dem interreligiösen Gespräch und die entsprechende Wahrnehmung etwa von Ansätzen islamischer Umwelttheologie (etwa Khorchide 2019).

3.3 Nachhaltigkeit

Als Bilanz dieser Ausführungen ist für ein Festhalten am Nachhaltigkeitsbegriff zu plädieren, in dessen Horizont auch die hier diskutierten Interdependenzen *roter* und *grüner* Bioethik sinnvoll zu diskutieren sind; obschon die Rolle der Religionen oftmals durch eine rein instrumentelle Betrachtung problematisch bleibt (Meireis 2021: 65), und trotz eines teilweise widersprüchlichen, durchaus kritisierbaren und kritisierten Programms von Nachhaltigkeit, dessen Verwendung mitunter von einer gewissen Beliebigkeit geprägt ist (Vogt ³2013: 110–111), lässt sich für den, freilich sorgsamen, Beibehalt des Begriffs argumentieren: Nachhaltigkeit ist ein normatives Prinzip, da es Zielbestimmungen enthält (Meireis 2018: 2016), und deshalb argumentativ begründungspflichtig. Christliche Theologien sind jedoch durchaus in der Lage, genau die mit dem Begriff intendierte Verschränkung ökologischer, sozialer, ökonomischer und kultureller[7] Dimensionen zu begründen. Das Verständnis der Ambivalenz von Freiheit und der damit verschränkten Rechtfertigung des Menschen etwa eröffnen auf Grundlage theologischer Anthropologie, Schöpfungs- und Versöhnungslehre ei-

---

[6] Wenngleich selbstverständlich auch hier etwa vor allzu essentialistischen Deutungen neokolonialer Konzepte wie *afrikanischer Authentizität* gewarnt werden muss, respektive entsprechende Kontextualitätsbemühungen zumindest in ihrer Ambivalenz wahrgenommen werden sollten (Jahnel 2022: 99–104).

[7] Zur interdisziplinären Debatte um die kulturelle Nachhaltigkeit vgl. Meireis/Rippl 2019.

nen Weg zu einer Neubestimmung des menschlichen Verhältnisses zur Natur im Sinne der Nachhaltigkeit (Gräb-Schmidt 2017: 114).

Im Blick auf die *social imaginaries*, die Notwendigkeit erstrebenswerter Zukunftsvisionen und von Hoffnung getragener Kritik an gegenwärtigen Zuständen, bieten religiöse Perspektiven Potenzial (Meireis 2021: 77): Die menschliche Sicht auf die Welt ist weder die einzig mögliche noch die einzig relevante; als Schöpfung Gottes hat die Welt auch jenseits und unabhängig von menschlichen Interessen einen Wert (Meireis 2018: 224). Gemeinsam mit der von Gerechtigkeitsprinzipien geleiteten normativen Überzeugung, *rote* und *grüne* Bioethik konsequent im Blick auf ihre Interdependenzen und unter den Vorzeichen von Schöpfung und Versöhnung zu denken, ergibt sich so ein überzeugtes Plädoyer für wertvolle Beiträge theologischer Stimmen in bioethischen Debatten zu deren Ausgestaltung im Interesse der Teilhabeärmeren – deren Relevanz über den Gehalt einer bloßen Pathosformel weit hinausreichen dürfte.

Literatur

Anandan, Chrisida Nithyakalyani: Reconciliation with the Cosmos and Being New Creation. An Ecological Reading of 2 Corinthians 5:16–21 and Its Implications for Education and Ecumenism, in: The Ecumenical Review 74/3 (2023), 418–433; https://doi.org/10.1111/erev.12709 [Stand: 15.05.2023].

Ammar, Nawal: A Dialogue between Islam and Ecofeminism, in: Karimi, Ahmad Milad (Hrsg.), Welt – Umwelt – Mitwelt (falsafa. Jahrbuch für islamische Religionsphilosophie 4), Baden-Baden: Verlag Karl Alber 2022, 71–96.

Baumgartner, Christoph: Transformations of Stewardship in the Anthropocene, in: Deane-Drummond, Celia/ Bergmann, Sigurd/Vogt, Markus (eds): Religion in the Anthropocene, Eugene: Cascade Books 2017, 53–66.

Baur, Bruno: Biodiversität, Bern/Stuttgart/Wien: Haupt 2010.

Bedford-Strohm, Heinrich: Vorrang für die Armen. Auf dem Weg zu einer theologischen Theorie der Gerechtigkeit (Öffentliche Theologie 4). Mit einem neuen Vorwort versehene Auflage, Leipzig: Evangelische Verlagsanstalt ²2018.

Bedford-Strohm, Heinrich: The Anthropocene as a Challenge for Public Theology, in: Deane-Drummond, Celia/Bergmann, Sigurd/Vogt, Markus (eds): Religion in the Anthropocene, Eugene, Cascade Books 2017, xi–xiv.

Bertelmann, Brigitte/Heidel, Klaus (Hrsg.): Leben im Anthropozän. Christliche Perspektiven für eine Kultur der Nachhaltigkeit, München: oekom 2018.

Claussen, Johann Hinrich: Warum ist die Kirche so still? Der Spiegel, 13.12.2020; https://www.spiegel.de/kultur/corona-warum-ist-die-kirche-so-still-in-der-pandemie-a-beca30cf-6528-4746-90ef-23d96fddb214 [Stand: 15.05.2023].

Crutzen, Paul: The Geology of Mankind, in: Nature 415 (2020), 23.

Dabrock, Peter: Bioethik des Menschen, in: Huber, Wolfgang/Meireis, Torsten/Reuter, Hans-Richard (Hrsg.), Handbuch der Evangelischen Ethik, München: C. H. Beck 2015, 517–583.

Deane-Drummond, Celia/Bergmann, Sigurd/Vogt, Markus (Hrsg.), Religion in the Anthropocene, Eugene: Cascade Books 2017.

Deane-Drummond, Celia: Performing the Beginning *in* the End: A Theological Anthropology for the Anthropocene, in: Deane-Drummond, Celia/Bergmann, Sigurd/Vogt, Markus (eds), Religion in the Anthropocene, Eugene: Cascade Books 2017, 173–187.

Eaton, Matthew: Beyond Human Exceptionalism. Christology in the Anthropocene, in: Deane-Drummond, Celia/Bergmann, Sigurd/Vogt, Markus (eds), Religion in the Anthropocene, Eugene: Cascade Books 2017, 202–217.

Eleyth, Nathalie: Climate Justice as Intersectional Justice. A Plea for »Gender« and »Race« as Dimensions of Ecclasiastical-Theological Discourse on the Climate Crisis, in: Jahnel, Claudia/Jähnichen, Traugott (Hrsg.), Ecological Justice. Churches as civil-society-stakeholders. Perspectives from Africa and Europe, Oer-Erkenschwick: Spenner 2022, 163–192.

Ferdinand, Malcom: Decolonial Ecology. Thinking from the Caribbean World, Cambridge: Polity 2022.

Fladvad, Benno/Hasenfratz, Martina: Einleitung: Imaginationen von Nachhaltigkeit zwischen Katastrophe, Krise und Normalisierung, in: Adloff, Frank u. a. (Hrsg.), Imaginationen von Nachhaltigkeit. Katastrophe, Krise, Normalisierung, Frankfurt/New York: campus 2020, 13–28.

Fraser, Nancy: Der Allesfresser. Wie der Kapitalismus seine eigenen Grundlagen verschlingt, Berlin: Suhrkamp 2023.

Frieler, Katja: Physikalische Grundlagen von gesellschaftlicher und individueller Verantwortung. Das Beispiel des Klimawandels, in: Meireis, Torsten/Wustmans, Clemens (Hrsg.), Zur kulturellen Dimension der Nachhaltigkeitsdebatte. XXVII. Werner-Reihlen-Vorlesungen (Beiheft zur BThZ 37), Berlin/Boston: De Gruyter 2021, 15–23.

Gräb-Schmidt, Elisabeth: Nachhaltigkeit im Zeichen reformatorischer Freiheit, in: Jähnichen, Traugott u. a. (Hrsg.), Rechtfertigung – folgenlos? (Jahrbuch Sozialer Protestantismus 10), Gütersloh: Gütersloher Verlagshaus 2017, 113–130.

Gräb-Schmidt, Elisabeth: Umweltethik, in: Huber, Wolfgang/ Meireis, Torsten/ Reuter, Hans-Richard (Hrsg.), Handbuch der Evangelischen Ethik, München: C. H. Beck 2015, 649–709.

Höhne, Florian: Die Verantwortung kritischer Öffentlicher Theologie, in: Bedford-Strohm, Heinrich u. a. (Hrsg.), Kritische Öffentliche Theologie (Öffentliche Theologie 42), Leipzig: Evangelische Verlagsanstalt 2022, 111–126.

Horn, Eva: Tipping Points. Das Anthropozän und Corona, in: Adloff, Frank u. a. (Hrsg.), Imaginationen von Nachhaltigkeit. Katastrophe, Krise, Normalisierung, Frankfurt/New York: Campus 2020, 123–150.

Horn, Eva: Zukunft als Katastrophe, Frankfurt a. M.: Fischer 2014.

Huber, Wolfgang: Von der Freiheit. Perspektiven für eine solidarische Welt (Beck'sche Reihe 6065), München: C. H. Beck 2012.

IPPC: Climate Change: The Physical Science Basis. Contribution of Working Group I to the Fifths Assessment Report of the Intergovernmental Panel on Climate Change, ed. by Thomas F. Stocker et al., Cambridge: Cambridge University Press 2013.

Jahnel, Claudia: Hybrid Authenticity as Subversive Practice: Postcolonial Perspectives on Ecocriticism and Religion in European-African Entanglements, in: Jahnel, Claudia/Jähnichen, Traugott (Hrsg.), Ecological Justice. Churches as civil-society-stakeholders. Perspectives from Africa and Europe, Oer-Erkenschwick: Spenner 2022, 89–130.

Jähnichen, Traugott: Ecological Justice: An Urgent Concern of Worldwide Christianity – Introduction and Perspectives, in: Jahnel, Claudia/Jähnichen, Traugott (Hrsg.), Ecological Justice. Churches as civil-society-stakeholders. Perspectives from Africa and Europe, Oer-Erkenschwick: Spenner 2022, 7–18.

Kavusa, Jonathan Kivatsi: Hermeneutics of Sustainability in Africa: Retrieving Indigenous Knowledge in Dialogue with Insights from Christian Traditions, in: Jahnel, Claudia/Jähnichen, Traugott (Hrsg.), Ecological Justice. Churches as civil-society-stakeholders. Perspectives from Africa and Europe, Oer-Erkenschwick: Spenner 2022, 261–281.

Khorchide, Mouhanad: Einleitung: Auf dem Weg zu einer islamischen Umwelttheologie, in: Binay, Sara/Khorchide, Mouhanad (Hrsg.), Islamische Umwelttheologie. Ethik, Norm und Praxis (Die islamische Theologie im Aufbruch 1), Freiburg i. Br./Basel/Wien: Herder 2019, 21–47.

Körtner, Ulrich H. J.: Bioethik nichtmenschlicher Lebensformen, in: Huber, Wolfgang/Meireis, Torsten/ Reuter, Hans-Richard (Hrsg.), Handbuch der Evangelischen Ethik, München: C. H. Beck 2015, 585–647.

Koschorke, Albrecht: Zukunftsangst und Naherwartung. Über aktuelle Endzeitszenarien und ihre Konflikte, in: Adloff, Frank u. a. (Hrsg.), Imaginationen von Nachhaltigkeit. Katastrophe, Krise, Normalisierung, Frankfurt/New York: Campus 2020, 29–47.

Latour, Bruno: Is This a Dress Rehearsal?, in: Critical Inquiry (March 2020); https://critinq.wordpress.com/2020/03/26/is-this-a-dress-rehearsal/ (Stand: 09.05.2023).

Latour, Bruno: Eine neue Soziologie für eine neue Gesellschaft, Frankfurt a. M.: Suhrkamp 2007.

Lucht, Wolfgang: Verwüstung oder Sicherheit: Die Erde im Anthropozän, in: Bertelmann, Brigitte/Heidel, Klaus (Hrsg.), Leben im Anthropozän. Christliche Perspektiven für eine Kultur der Nachhaltigkeit, München: oekom 2018, 39–52.

Meireis, Torsten: Der diskrete Charme der Jutetasche. Christentum, Kultur und soziale Nachhaltigkeit in theologischer Perspektive, in: Meireis, Torsten/Wustmans, Clemens (Hrsg.), Zur kulturellen Dimension der Nachhaltigkeitsdebatte. XXVII. Werner-Reihlen-Vorlesungen (Beiheft zur BThZ 37), Berlin/Boston: De Gruyter 2021, 65–79.

Meireis, Torsten/Rippl, Gabriele (Hrsg.): Cultural Sustainability. Perspectives from the Humanities and Social Sciences, London/New York: Routledge 2019, 47–59.

Meireis, Torsten: Avatar. Nachhaltigkeitsethik, Kultur und Theologie, in: Bertelmann, Brigitte/Heidel, Klaus (Hrsg.), Leben im Anthropozän. Christliche Perspektiven für eine Kultur der Nachhaltigkeit, München: oekom 2018, 211–227.

Meireis, Torsten: Ein klares Wort zur rechten Zeit. Die päpstliche Enzyklika *Laudato si'* in protestantischer Sicht, in: Amos International 9/4 (2015), 36–44.

Moltmann, Jürgen: Gott in der Schöpfung. Ökologische Schöpfungslehre, Gütersloh: Chr. Kaiser 1985.

Niewöhner, Jörg: Sozialökologischer Zusammenhalt. Ein sozialanthropologischer Entwurf zur Situiertheit der Klimafolgenforschung, in: Meireis, Torsten/Wustmans, Clemens (Hrsg.), Zur kulturellen Dimension der Nachhaltigkeitsdebatte. XXVII. Werner-Reihlen-Vorlesungen (Beiheft zur BThZ 37), Berlin/Boston: De Gruyter 2021, 25–38.

Nussbaum, Martha: Gerechtigkeit für Tiere. Unsere kollektive Verantwortung, Darmstadt: wbg Theiss 2022.

Nussbaum, Martha: Die Grenzen der Gerechtigkeit. Behinderung, Nationalität und Spezieszugehörigkeit, Berlin: Suhrkamp 2010.

Peters, Anne: Tiere sind keine Sachen mehr – was jetzt? Covid-19 zeigt erneut: Die Welt braucht ein allgemeines Tierrecht, in: Sachser, Norbert (Hrsg.), Das unterschätzte Tier. Was wir heute über Tiere wissen und im Umgang mit ihnen besser machen müssen, Hamburg: Rowohlt 2022, 184–202.

Peuckmann, Niklas: Tierethik in der Theologie?! Aktuelle Positionen, Herausforderungen und Entwicklungen, in: EvTh 80/2 (2020), 129–141.

Prantl, Heribert: Was war mit Glaube, Liebe, Hoffnung? Kirche in der Coronakrise, Süddeutsche Zeitung 07.08.2020; https://www.sueddeutsche.de/politik/kirche-corona-kolumne-prantl-1.4992658?reduced=true [Stand: 15.05.2023].

Quent, Matthias/Richter, Christoph/Salheiser, Axel: Klimarassismus. Der Kampf der Rechten gegen die ökologische Wende, München: Piper 2022.

Rosenberger, Michael: Über individualistische Denkformen hinaus. (Tier-) Gerechtigkeit im Spannungsfeld individualistischer und systemischer Begründungen, in: Tierstudien 13: Ökologie (2018), 124–135. (2018a)

Rosenberger, Michael: Der Weg der »ökologischen Umkehr«. Schöpfungsethik und Schöpfungsspiritualität im Anthropozän, in: Bertelmann, Brigitte/Heidel, Klaus (Hrsg.), Leben im Anthropozän. Christliche Perspektiven für eine Kultur der Nachhaltigkeit, München: oekom 2018, 259–270. (2018b)

Schröder, Kristina: Die Kirchen waren in der Pandemie eine Enttäuschung, Die Welt, 21.06.2022; https://www.welt.de/debatte/kommentare/plus239457767/Corona-Massnahmen-Die-Kirchen-waren-in-der-Pandemie-eine-Enttaeuschung.html [Stand: 15.05.2023].

Sen, Amartya: Die Idee der Gerechtigkeit, München: C. H. Beck 2010.

Teichert, Volker/Diefenbacher, Hans/Foltin, Oliver: Corona-Pandemie und Klimakrise. Einige Anregungen zur Diskussion, in: Held, Benjamin u.a. (Hrsg.), Corona als Riss. Perspektiven für Kirche, Politik und Ökonomie (FEST kompakt. Analysen – Stellungnahmen – Perspektiven 1), Heidelberg: heiBOOKS 2020, 51–72.

Vogt, Markus: Christliche Umweltethik. Grundlagen und zentrale Herausforderungen 2., durchgesehene Auflage, Freiburg i. Br.: Herder 2022.

Vogt, Markus: Prinzip Nachhaltigkeit. Ein Entwurf aus theologisch-ethischer Perspektive, München: oekom ³2013.

Welzer, Harald: Wissen wird überbewertet. Die Nachhaltigkeitstransformation ist eine Sache der Praxis, in: Meireis, Torsten/Wustmans, Clemens (Hrsg.), Zur kulturellen Dimension der Nachhaltigkeitsdebatte. XXVII. Werner-Reihlen-Vorlesungen (Beiheft zur BThZ 37), Berlin/Boston: De Gruyter 2021, 93–102.

Welker, Michael: Globalisierung in wissenschaftlich-theologischer Sicht, in: EvTh 68 (2008), 365–382.

Wustmans, Clemens: Sensibilität für Verletzungserfahrungen. Kritische Anthropologie und Intersektionalität, in: Bedford-Strohm, Heinrich u. a. (Hrsg.), Kritische Öffentliche Theologie (Öffentliche Theologie 42), Leipzig: Evangelische Verlagsanstalt 2022, 173–188.

Wustmans, Clemens: »Einerlei Geschick erfahren sie«. Christliche Tierethik im Horizont der Nachhaltigkeitsdebatte, in: Wustmans, Clemens/Peuckmann, Niklas (Hrsg.), Räume der Mensch-Tier-Beziehung(en). Öffentliche Theologie im interdisziplinären Gespräch (Öffentliche Theologie 38), Leipzig: Evangelische Verlagsanstalt 2020, 179–199.

Wustmans, Clemens: Tierethik als Ethik des Artenschutzes. Chancen und Grenzen (Ethik – Grundlagen und Handlungsfelder 9), Stuttgart: Kohlhammer 2015.

Selbstverständigungsdebatten und Herausforderungen evangelischer Sozialethik

Zur öffentlichen Relevanz evangelischer Gesellschaftsethik
Zugleich: Ein Vorschlag zur Neubestimmung des Begriffs der liberalen Theologie

Torsten Meireis

1. Einleitung: Gesellschaftliche Verantwortung und Relevanzerwartung

Der Titel der Tagung, im Kontext derer dieser Artikel entstanden ist, lautete: »Pathosformel gesellschaftliche Verantwortung?« Die Frage nach der öffentlichen Relevanz evangelischer Gesellschaftsethik verbunden mit dem Verdacht, es handle sich beim Begriff der »gesellschaftlichen Verantwortung« um eine Pathosformel, lässt sich, so meine These, zunächst als ein Indiz des disziplinspezifischen Anteils an derjenigen Verunsicherung deuten, die den deutschen Protestantismus angesichts zurückgehender Kirchenmitgliederzahlen und entsprechender Prognosen sowie des meist spärlichen Medienechos auf kirchliche Memoranden oder innerprotestantische Debatten erfasst hat. Allerdings belehrt schon ein kurzer Blick über den deutschen Tellerrand hinaus, dass christliche Mehrheiten oder kirchliche Organisationsstärke nicht zwingend mit zivilgesellschaftlicher Gedeihlichkeit, christliche Minoritäten und Organisationsschwäche nicht notwendig mit sozialer Bedeutungslosigkeit gleichzusetzen sind. Für Letzteres lässt sich etwa die gegenwärtige, widerständige Rolle der lutherischen Kirche in Ungarn (Frenyo 2015), für Ersteres die Rolle protestantischer Gemeinschaften in Brasilien oder der preußischen evangelischen Kirche unter ihrer Leitfigur Dibelius in der Weimarer Republik benennen (Dibelius 1927). Das Thema einer gesellschaftlichen Verantwortung religiöser Gruppierungen lässt sich dabei natürlich nicht von der Frage nach dem Verhältnis von Religion und Politik trennen. Ohne die Herausforderung kleinreden zu wollen, die sich aus der Veränderung der weltanschaulichen Mehrheitsverhältnisse in Deutschland für die organisierten Kirchen und die letztlich mit ihnen verbundenen akademischen Lernorte stellt, legt sich doch die Frage nahe, ob die Verunsicherung nicht mehr mit dem drohenden Abschied von der liebgewordenen teilhegemonialen Stellung zu tun hat, die sich in Publikationen wie Dibelius' »Das Jahrhundert der Kirche« ausdrückt, als mit der Sorge um das Wort Gottes. Oder, in leicht provokativer Abwandlung eines beliebten Lutherzitats: Wer den Mund zu voll genommen hat, dem rutscht leicht das Herz in die Hose. Angesichts dieser Gemengelage scheint mir eine präzisere Neubestimmung der Aufgabe der als öffentliche Theologie auftretenden christlichen Gesellschaftsethik angezeigt, die die Bezeichnung einer liberalen Theologie verdient.

Insofern möchte ich die Frage nach der Relevanz der Gesellschaftsethik zunächst als innerdisziplinäre Anfrage verstehen: Wie ist das Diskursformat öffentliche Theologie in den gegenwärtigen Herausforderungen zu verstehen (2)? Das führt zur Frage, wie sich christliche Religion protestantischer Prägung und Theologie als ihre Reflexionswissenschaft überhaupt zum Phänomen des Politischen verhält und verhalten sollte (3). Aus der Beantwortung dieser Frage ergibt sich dann die Entwicklung einer konkreten Position innerhalb des Formats der Öffentlichen Theologie. Die Klärung dessen, was »gesellschaftliche Verantwortung« an dieser Stelle bedeuten kann, führt mich schließlich zum Vorschlag einer Neubestimmung des Konzepts liberaler Theologie (4).

2. Öffentliche Theologie als Beitrag zur Bearbeitung der Herausforderungen spätmoderner Öffentlichkeit

Dabei soll hier der Begriff der »Pathosformel« etwas anders gedeutet werden, als theologisch oft üblich: Nach Aby Warburg ist die Pathosformel ja zunächst eine ikonische Gebärde, die starke Affekte anklingen lassen sollte, die als universal gedacht wurden und an die etwa Renaissance-Kunst anknüpfen konnte (Johnson 2015). Sie wird heute – besonders im Bereich evangelischer Theologie – gerne kommentarlos als leicht spöttische Bezeichnung für Konzepte verwendet, die unspezifisch und zuweilen substanzlos große Emotionen versprechen. Ich bevorzuge demgegenüber die etwas differenziertere Definition Hendrik Munsonius' (2019), der die vielfältige Anschlussfähigkeit, die dadurch sowohl integrierende wie spaltende und insgesamt irritierende Wirkung und die Notwendigkeit der Entfaltung betont.[1] Weil sich gesellschaftliche Verantwortung sowohl als »Verantwortung der Kirchenorganisation für die Welt« (wie auch immer diese Un-

---

[1] Als Pathosformeln will Munsonius »Formulierungen bezeichnen, die in verdichteter Form fundamentale Aussagen treffen, für vielfältige Lesarten anschlussfähig sind und so zugleich integrierend und polarisierend wirken können. Sie bilden für die Selbstverständigung von Gemeinschaften wesentliche Kristallisationspunkte, stehen aber in der Gefahr, zugrundeliegende Spannungen zu verdecken, und bedürfen der Entfaltung, um produktiv wirken zu können. Pathosformeln leisten im Unterschied zum übrigen Recht keine Erwartungsstabilisierung, indem sie durchsetzbare Positionen definieren, sondern bringen Verunsicherung in das System und lösen Verständigungsprozesse aus.« (Munsonius 2019: 49)

terscheidung zu legitimieren sein mag) als auch als »Verantwortung von Christinnen und Christen vor Gott« im politischen Raum verstehen lässt, um nur zwei Extreme zu benennen, handelt es sich bei gesellschaftlicher Verantwortung durchaus um eine Pathosformel im Sinne Munsonius', was die Bedeutung des Konzepts aber gerade nicht schmälert.

Systematische Konzepte wie die Kritische Öffentliche Theologie und der Öffentliche Protestantismus lassen sich sachlich der Öffentlichen Theologie, der Public Theology zuordnen, einem transnationalen, durch kontroverse Debatten gekennzeichneten und seinerseits durchaus umstrittenen Diskurszusammenhang, mit dem die Reflexionsinstanzen religiöser Gemeinschaften seit dem letzten Drittel des 20. Jh. auf die Expansion und Intensivierung der Öffentlichkeit und die unter anderem damit verbundene zunehmende Pluralisierung weltanschaulich-religiöser Vorstellungen im Zusammenhang ihrer jeweiligen soziopolitischen und soziohistorischen Kontexte reagieren, wie unter anderem Dirk Smit (2013) sehr plausibel herausgearbeitet hat.

Und damit ist schon eine erste Antwort gegeben: Öffentliche Theologie – ganz gleich ob als Kritische Öffentliche Theologie, als Öffentlicher Protestantismus, als Untersuchung eines Öffentlichen Christentums oder als Programm einer Öffentlichen Kirche –[2] reagiert als Diskursformat im Medium öffentlicher Kommunikation auf die gegenwärtigen Herausforderungen, die sich den Christinnen und Christen im Kontext ihrer Organisationen und Gemeinschaften als Gesellschaftsmitgliedern stellen. Sie macht dabei auch deskriptive Deutungs- und präskriptive Orientierungsangebote, die sich – der Eigenart einer partikularen weltanschaulich-religiös fundierten Gruppierung gemäß – zunächst an Christinnen und Christen richten. Aufgrund der fließenden Grenzen der Kirche und dem von Christinnen und Christen im Allgemeinen so wahrgenommenen biblischen Verkündigungsauftrag sind sie aber auch öffentlich wahrnehmbar und bieten damit weltanschaulich anders orientierten Gesellschaftsmitgliedern und Instanzen die Chance, christliche Perspektiven kritisch zu prüfen, aber sich von diesen Vorstellungen auch befruchten zu lassen oder natürlich auch, sie zu ignorieren. Weil christliche Verkündigung stets im gesellschaftlichen Kontext erfolgt, kann sie von den Herausforderungen, die sich der Gesamtgesellschaft und den Christinnen in ihr stellen, nicht absehen. Die Leistungsfähigkeit solcher Diskurse bemisst sich allerdings nicht vorrangig an der hegemonialen Stellung einzelner Paradigmata, sondern an dem Maß, in dem es gelingt, gesellschaftliche Herausforderungen wahrzunehmen, theologisch zu verarbeiten und für die Bearbeitung dieser Herausforderungen, oder, etwas pathetischer, das christliche Leben in einer pluralen und global vernetzten Gesellschaft, fruchtbar zu machen (Meireis 2020a).

---

[2] Zu den Nomenklaturen vgl. Meireis 2020a.

In Gesellschaften wie den unseren, die durch ein über lange Jahrhunderte majoritäres, mit den Herrschaftsinstitutionen verwobenes und von ihnen instrumentalisiertes Christentum geprägt sind, ist eine kritische Prüfung auch deswegen plausibel, weil sich viele christliche Figurationen in der allgemein gewordenen Kultur sedimentiert haben und die weltanschauliche Pluralisierung einen kritischen wie konstruktiven Blick auf solche Sedimentierungen erfordert, worauf etwa die postkoloniale Theoriebildung aufmerksam macht.

Damit werden in den Diskursen öffentlicher Theologie auch unterschiedliche Vorstellungen dessen entwickelt, was gesellschaftliche Verantwortung in weltanschaulich pluralen Gesellschaften bedeuten kann, die durch die besonderen Formen proprietärer digitaler Öffentlichkeit formiert sowie global verflochten sind und durch ungleiche Verteilungs- und Herrschaftsmechanismen, anthropogenen Klimawandel und geopolitischen aggressiven Multilateralismus herausgefordert werden. Daraus folgen auch unterschiedliche Auffassungen über die Relevanzerwartungen religiöser Gruppen.

3. Politisches Christentum, christliche Politik oder Politik aus christlicher Perspektive?

Bevor ich aber auf diese unterschiedlichen Vorstellungen gesellschaftlicher Verantwortung eingehe, die im Diskurs öffentlicher Theologie vertreten werden, scheint es mir sinnvoll, kurz zu erwägen, welche Rolle religiöse – und hier genauer: christliche – Gruppierungen überhaupt im politischen Kontext spielen und spielen sollten.

Den Begriff des Christentums verwende ich hier, um die Gesamtheit der Sozialgestalten zu benennen, zu denen sich Christinnen und Christen zusammengefunden haben, also die historische Gesamtheit der christlichen Kirchen und Gruppen (Troeltsch 1912).[3] »Protestantismus« beschreibt die extrem viel-

---

[3] Ohne Troeltschs vorrangig durch die Entwicklung des okzidentalen nachreformatorischen Christentums historisch informierte Unterscheidung von Anstaltskirche, Sekte und Mystik schlechterdings zu verwerfen, gibt es doch gute systematisch-theologische wie soziologische Gründe dafür, zur Beschreibung protestantischer Gruppierungen in der Moderne einen dreigliedrigen Kirchenbegriff zu verwenden, der die gläubige Selbstbeschreibung von sich daraus ergebenden orientierenden Praxen einerseits, einer zur Stabilisierung solcher Praxen dienenden, in der Regel rechtlich verfassten Organisation andererseits zu unterscheiden erlaubt. Unterschiedliche organisatorische Bildungen, wie sie Troeltsch im Blick hatte, können damit ebenso erfasst werden wie die komplexen Wechselverhältnisse zwischen Individualität und Sozialität, auf welche Rösslers (1994: 90–94) etwas holzschnittartige Einteilung von Individuum, Kirche und Gesellschaft zielt: Denn die Individuen werden natürlich durch unterschiedliche soziale

fältige Gesamtheit der aus den reformatorischen Prozessen erwachsenen Gruppierungen, die auch pentekostale und charismatische internationale Bildungen einschließen.

Der Begriff des politischen Christentums bzw. eines politischen Protestantismus hat dann in der hier zum Zuge kommenden Verwendung analytische, nicht synthetische Qualität. Denn er macht darauf aufmerksam, dass solche Sozialgestalten immer in Kontexten des Politischen existieren und von ihnen ausgehende oder ihnen zugeschriebene Praxen in diesem Sinne gelesen werden (können), nämlich in Handlung und Unterlassung als Beiträge zur Ordnung eines gegebenen oder projektierten Gemeinwesens (*polity*), zur Machtdynamik in solchen Gemeinwesen (*politics*) und zu konkreten Politikzielen (*policies*). Sofern Religion als kulturelle Formation zu den Möglichkeiten von Menschen gehört, ist sie immer auch politisch, ganz gleich, ob ihre Akteur:innen das intendieren oder nicht – auch der bewusste Verzicht etwa der Kommentierung politischer Ereignisse durch Menschen, die sich als Christinnen verstehen oder durch Kader entsprechender rechtlich verfasster Organisationen lässt sich als politischer Akt des Quietismus und damit als faktische Unterstützung der jeweils herrschenden Position verstehen.

Theologische Reflexion, die, wie oben beschrieben, im Diskurs der öffentlichen Theologie verortet werden kann, hat dann einerseits die kulturhermeneutische Aufgabe, politische, gegebenenfalls bereits sozial sedimentierte Wirkungen der historischen oder gegenwärtigen Praxen unterschiedlichster Akteurinnen und Akteure zu analysieren und zu reflektieren. Andererseits hat sie die doktrinale Funktion, solche Wirkungen, Praxen und Deutungen am Maßstab von religiöser und humanwissenschaftlicher Beschreibung kritisch auf Bedingungen und Folgen zu prüfen.

Von politischem Christentum als analytischer Kategorie möchte ich christliche Politik als synthetische Kategorie unterscheiden.

Den Ausdruck »christliche Politik« verwende ich nicht als Beschreibungskategorie politischer Handlungen von Christinnen und Christen, sondern im Sinne eines Programmbegriffs christlicher Akteur:innen, der einen bestimmten hegemonialen Anspruch beinhaltet und genau deswegen problematisch ist.

Erstens nämlich lässt sich der Ausdruck als Beanspruchung hegemonialer Autorität auf Grund des Attributs »christlich« verstehen: Ein bestimmtes Politikziel, eine bestimmte Ordnung oder die Beanspruchung von Gestaltungsmacht soll durch die religiöse Autorisierung legitimiert werden. Das ist aber einerseits theologisch problematisch, weil die unmittelbare Beanspruchung göttlicher Autorität die Position Christi usurpiert. Es ist anderseits politisch problema-

---

Konstellationen konstituiert und geprägt und balancieren ihrerseits stets verschiedene Rollen und Identitäten, von denen aus sie ihrerseits strukturelle Konstellationen beeinflussen und prägen können – vgl. hierzu Abschnitt 4 dieses Essays.

tisch, weil im politischen Raum moderner pluralistischer Gemeinwesen gerade das Zusammenleben der vielen und unterschiedlichen Bürger:innen so geregelt werden soll, dass keine partikulare, nicht unmittelbar verallgemeinerungsfähige Perspektive unhinterfragte hegemoniale Deutungsmacht gewinnt. Selbst dann, wenn eine Religion oder Weltanschauung von der Mehrheit der Bürger:innen geteilt wird, ist sicherzustellen, dass Minderheitenpositionen angemessen zur Geltung kommen können – gerade, weil es im Bereich der Religion und Weltanschauung keinen Zwang geben darf. Aus diesem Grund hat etwa Karl Barth (1946) schon unmittelbar nach dem Zweiten Weltkrieg, lange vor John Rawls und Jürgen Habermas, darauf hingewiesen, dass im politischen Raum immer auch so begründet werden muss, dass die Argumentation für ein Politikziel, eine politische Ordnung oder Prozeduren des Machtumgangs und -wechsels auch ohne geteilte religiöse Auffassungen plausibel werden kann.

Die Behauptung »christlicher Politik« ist aber nicht nur wegen illegitimen der Beanspruchung gesellschaftlicher Hegemonie problematisch, sondern auch wegen der Unterschlagung innerchristlicher Pluralität: Selbstverständlich können Christinnen und Christen in unterschiedlichsten Funktionspositionen innerchristlich argumentativ unterfütterte Geltungsansprüche erheben, aber immer im Kontext der kritischen Selbstreflexion auf die theologische Prekarität solcher Ansprüche – an anderer Stelle (Meireis 2020a) habe ich solche Geltungsansprüche im Verweis auf die historische und geltungsbezogene Prekarität der biblischen nevi'im als »prophetisch« gekennzeichnet.

Christentum wird immer auch als politisch wirksam wahrgenommen – und Christinnen und Christen können von ihrer religiösen Perspektive auch in politicis nicht abstrahieren. Insofern ist Politik in christlicher Perspektive nicht unplausibel. Weil aber jede religiöse Performanz- und Ausdruckspraxis menschliche religiöse Praxis darstellt, steht sie auch stets in der Gefahr von Irrtum, Exklusion oder Machtmissbrauch – keine Politik aus christlicher Perspektive darf sich daher als die christliche Politik gerieren. Karl Barth (1938, 357–358) hat im Bewusstsein dieser Problematik Offenbarung von Religion unterschieden und die stete theologische Kritik der so verstandenen Religion gefordert, und zwar vor allem der je eigenen religiösen Praxen und Aussagen – wenn auch mit einer durchaus verbesserlichen Kriteriologie. In einer deutungstheoretischen Artikulation unterscheidet dann etwa Jörg Lauster (2005: 9–44) analog zwischen Religion als Erfahrung und Deutung, in den Worten seines Schülers Ulrich Schmiedel zwischen Erfahrungseindruck und Erfahrungsausdruck (Schmiedel 2021: 22).

Weil Christentum immer auch politisch wirkt, ist die selbstkritische Reflexion auf diese Wirkungen zentral – und die Reflexion muss öffentlich erhobene Geltungsansprüche aus christlicher Perspektive regelmäßig einschließen, auch wenn sie sich in der Analyse solcher Ansprüche nicht erschöpft. Im Diskurs öffentlicher Theologie geht es neben der Erhebung solcher Wirkungen um ihre kritische Selbstreflexion. Allerdings ist auch dieser Diskurs plural verfasst und bietet unterschiedliche Auffassungen gesellschaftlicher Verantwortung von Christinnen und Christen. Im nächsten Abschnitt werden exemplarisch zwei solcher Auffassungen vorgeführt: die von Christian Albrecht und Reiner Anselm vertretene Position des Öffentlichen Protestantismus und die Position einer Kritischen Öffentlichen Theologie, der ich mich zurechne.

4. Gesellschaftliche Verantwortung und die Frage nach der Relevanz christlicher Ethik

Beide hier thematisierten Positionen halten eine – jeweils etwas unterschiedlich konturierte – Antwort auf die Frage nach der Bedeutung gesellschaftlicher Verantwortung als auch gesellschaftlicher Relevanz der Kirchen und mit ihnen des Protestantismus bereit, beide arbeiten sich an historischen Gemengelagen ab und beiden liegt eine bestimmte Auffassung der sozialen Gestalt des Protestantismus zugrunde.

Das normativ zu verstehende Programm des Öffentlichen Protestantismus, so argumentieren die beiden Vertreter der Position, zielt auf die plausible religiöse Darstellung derjenigen freiheitlichen Ermächtigung des bürgerlichen Individuums, das es zur Integration in die deliberative, demokratische Willensbildung des modernen weltanschaulich pluralen Staates befähigt (Albrecht/Anselm 2017: 53–54), ohne die eigenen religiösen Voraussetzungen öffentlich zur absoluten Grundlage des Staatswesens erklären zu müssen und beansprucht die gesellschaftliche Geltung einer Konzeption, die die Grundlagen der Pluralität einschärft (Albrecht/Anselm 2017: 8.42–43 u. ö.). Damit geht es einerseits um die Kritik an der »Sakralisierung der Welt« (Albrecht/Anselm 2017: 45), andererseits um die »gemeinwohlverpflichtete Formulierung von Vorstellungen des gemeinsam geteilten Guten als eines Korridors für die politische Auseinandersetzung« (Albrecht/Anselm 2017: 49). Begründet wird dies theologisch im Rekurs auf die ökonomische Trinität, wobei der Glaube an den Schöpfer den Respekt der »Weltlichkeit der Welt« als »Freiheit gegenüber der Orientierung an der Natur als Norm«,[4] der Glaube an den Versöhner die »Freiheit in der Gemeinschaft« und der

---

[4] Leider wird diese in ihrer Abwehr naturrechtlicher oder ordnungstheologischer Vorstellungen plausible These sofort durch den normativen Verweis auf einen »Horizont der natürlichen Rahmenbedingungen« (Albrecht/Anselm 2017: 52), der im Sinne des Realitätssinnes zu beachten sei, dementiert. Es ist ja gerade der Anspruch eines feststellbaren, unwandelbaren und deswegen auch normativ verpflichtenden natürlichen Rahmens sozialer Ordnungen, der die Pointe jeder naturrechtlich orientierten Ethik ausmacht und in der Mandatenlehre Bonhoeffers wie in den – dort als selbstverständlich

an den Erlöser die »Zukunftsfähigkeit menschlichen Lebens« als »Freiheit gegenüber Vorstellungen geschichtlicher Determination« fundieren soll (Albrecht/ Anselm 2017: 51). Sozialtheoretisch wird dies dann in einer durch die Kategorialität von Dietrich Rössler (1994: 90-94) rekonstruierten Dreiständelehre entfaltet – es gehe jeweils um die individuelle, kirchliche und öffentlich-gesellschaftliche Handlungsdimension (Albrecht/Anselm 2017: 37-42).

Polemisch wird diese Konzeption dann gegen die von Wolfgang Huber oder Heinrich Bedford-Strohm vertretene Fassung Öffentlicher Theologie in Stellung gebracht, die Albrecht und Anselm in der Tradition einer moralisierenden, religiös immunisierten kirchlichen Dominanzkultur des Politischen verstehen (Albrecht/Anselm 2017: 27-36). Die Polemik überrascht, weil Albrecht und Anselm durchaus zugestehen, dass »dies weder die Intentionen der Öffentlichen Theologie trifft noch ihrer gegenwärtigen Kommunikationspraxis entspricht.« (Anselm/Albrecht 2017: 33)

Die Frontstellung gegen einen illiberalen Kollektivismus kirchenorganisatorischer Vereinnahmung, der die Individuen gleichschaltet und das Staatswesen zu entpluralisieren sucht, ist dabei historisch natürlich keineswegs unplausibel. Festmachen lässt er sich an der Geschichte des nachreformatorischen protestantischen Staatskirchentums, das etwa in Gestalt des als Summepiskopus agierenden preußischen Monarchen auch in Fragen der Sozialethik massiv kirchenleitende Kompetenz beanspruchte (Jähnichen/Friedrich 2000) oder gegen katholisches Christentum einen ›Kulturkampf‹ um kulturelle Hegemonie führte. Aber natürlich lässt es sich auch an Figuren wie des im ersten Drittel des 20. Jh. enorm einflussreichen Theologen Reinhold Seeberg illustrieren, die auf soziale Modernisierung und Verunsicherung, aber auch die in der damaligen liberalen Theologie verbreitete Auffassung, die politischen Wirkungen von Religion seien vorrangig durch die Innerlichkeit des Individuums vermittelt zur Geltung zu bringen (Troeltsch 1904), mit einer Behauptung von Schöpfungsordnungen rekurrierten, die sich mit dem Biologismus nationalsozialistischer Ideologie unheilvoll verbinden konnte (Dietzel 2013). Eine solche illiberale kirchliche Doktrin lässt sich auch an lutherischen Theologen wie Paul Althaus und Werner Elert zeigen, die sich im sogenannten »Ansbacher Ratschlag« (1934) gegen die Barmer Theologische Erklärung wandten.[5] Hinsichtlich des westdeutschen Nachkriegs-

---

vorausgesetzten – Handlungsfeldern in der Ethik Trutz Rendtorffs seinen ›langen Schatten des Naturrechts‹ wirft (Tanner 1993).

[5] Vollständig unplausibel aber gerät die unter dem Aspekt einer Sakralisierung des Politischen vorgenommene Parallelisierung von dem Nationalsozialismus zustimmendem Ansbacher Ratschlag und ihm zumindest kirchenpolitisch widersprechender Barmer Theologischer Erklärung (Albrecht/Anselm 2017: 45-46); mindestens arg holzschnittartig die Zuordnung zu theologischen Protagonistinnen der Nachkriegszeit (Albrecht/ Anselm 2017: 41-42), sofern außer Acht bleibt, dass etwa das »prophetische Wäch-

protestantismus hatte Wolfgang Huber – auch im Blick auf Gestalten wie den einflussreichen Bischof Otto Dibelius, aber auch »prophetische Wächter« wie Helmut Thielicke (Graf 1988: 97) – schon 1973 die theologische wie soziologische Problematik der Selbstbeschreibung von Kirche als staatsanaloger Institution kritisch konstatiert und stattdessen ein Selbstverständnis der organisierten Kirche als zivilgesellschaftlichem Verband vorgeschlagen (Huber 1973, vgl. auch Meireis 2022a).

Neben dieser fragwürdigen polemischen Frontstellung, die bei Anselm und Albrecht als *raison d'etre* des Öffentlichen Protestantismus in Abgrenzung gegen die Öffentliche Theologie erscheint,[6] lassen sich aber noch weitere Probleme ausmachen. Sie betreffen die Unterkomplexität des deskriptiven Instrumentariums und die Gefahr eines protestantischen politischen Hegemonialanspruchs.

Wie bereits zu sehen war, unterliegt der Darstellung des »Öffentlichen Protestantismus« weithin die auf Dietrich Rössler zurückgehende sozialkategoriale Einteilung in Individuum, Kirche und Gesellschaft, auch wenn die Autoren um vorsichtige Relativierung bemüht sind (Albrecht/Anselm 2017: 17). Aus der mangelnden Komplexität dieses theoretischen Rahmens ergeben sich eine Reihe von Problemen.

Erstens nimmt diese additive Einteilung auf Vermittlungsprozesse, die sich als Dualität sozialer Struktur bezeichnen lassen (Giddens 1984), keine Rücksicht und tendiert damit deskriptiv zum methodologischen Individualismus, der die

---

teramt« viel stärker von lutherisch-liberalkonservativen Protagonisten wie Helmut Thielicke als von Heinz Eduard Tödt evoziert wurde (vgl. Graf 1988, Meireis 2020a), dass Akteure wie Wolfgang Huber sich schon früh gegen eine staatsanaloge Auffassung der verfassten Kirchen wandte und dass Akteurinnen wie Dorothee Sölle mit den von ihr mitveranstalteten politischen Nachtgebeten und dem gesellschaftsorientierten Theoriehorizont natürlich nur schwerlich für eine politische Haltung individueller Umittelbarkeit in Anschlag zu bringen sind. Das theoretisch tieferliegende Problem besteht in der Zuordnungslogik, die der bereits erwähnten Rössler'schen Kategorialität von Individuum, Kirche und Gesellschaft geschuldet sein dürfte, die sozialtheoretisch unterkomplex bleibt, sodass auch idealtypische Projektionen zu Karikaturen geraten.

[6] Es ist nicht ohne wissenschaftspolitische Ironie, dass Christian Albrecht in seiner Skizze zu Dorothee Sölle, Trutz Rendtorff und Wolfgang Huber eine Verschmelzung von »kulturprotestantisch-liberaltheologischem Leitparadigma der Unvertretbarkeit des Individuums« und »linksprotestantisch-befreiungstheologischem Ideal der überzeugenden Handlung des Einzelnen« (Albrecht 2020: 209) konstatiert und Albrecht, Anselm und Heinig (2022) einen Gesprächsband mit Wolfgang Huber herausgebracht haben, in dem Huber gleichsam als ›überzeugender Einzelner‹ präsentiert und so letztlich performativ einem methodologischen Individualismus zugeschlagen wird, der das Grundkonzept der kommunikativen Freiheit negiert, die *alter* nicht nur als Grenze, sondern jeweils als Ermöglichungsgrund der Freiheit von *ego* konzipiert und so nicht das isolierte Individuum, sondern die in Beziehung stehenden Individuen als Handelnde fokussiert.

Bedeutung der sozialen Konstituiertheit der Individuen regelmäßig unterschätzt, die Konstitution individueller Freiheit mit der Abwesenheit sozialer Einbettung verwechselt und damit dann materiale Diskurse im Medium des Sozialen nur als autoritäre Bevormundung verstehen kann. Diesem deskriptiven methodischen Individualismus korreliert dann präskriptiv eine Verpflichtung der Individuen auf die »sie umgebenden Lebensformen« (Albrecht/Anselm 2017: 50), den »Horizont der natürlichen Rahmenbedingungen« (Albrecht/Anselm 2017: 52) – die Einzelnen werden so letztlich auf bestehende Sozialkonstellationen verpflichtet, die Fluidität solcher Ordnungen in der Wechselwirkung einer Dualität der Struktur wird systematisch ausgeblendet. Individualität ist aber stets durch soziale Strukturen vermittelt und soziale Strukturen werden durch Individuen reproduziert, modifiziert oder negiert – Individuen, die sich selbst als Christ:innen verstehen, sind oder waren in der Regel in irgendeiner Weise auf eine Sozialform des Glaubens, also eine Form von Kirche bezogen: sie haben Gottesdienste, den Religionsunterricht, den Kindergottesdienst oder das Konfirmandenseminar besucht, sie haben innerfamiliär kirchliche Rituale kennengelernt und sich zu solchen Handlungsformen und etwa auch der Organisationsmitgliedschaft ihrerseits reproduktiv, modifizierend oder eben diskursiv oder performativ ablehnend verhalten und tun dies weiterhin.

Zweitens wird der Begriff »Kirche« undifferenziert verwendet: »Kirche« kann aber sehr Verschiedenes beschreiben: eine rechtlich konstituierte soziale Organisation, eine religiöse Vorstellung oder auch einen Handlungszusammenhang. Die abstrakte Entgegensetzung von »Individuum« im Sinne mündiger und freier Einzelner und »Kirche« im Sinne einer autoritären Organisationshierarchie, die den Entdeckungszusammenhang und Relevanzhintergrund der Beschreibung ausmacht und ihre Plausibilität dem staatskirchlichen Setting des nachreformatorischen Protestantismus verdankt, in dem bis weit in das zwanzigste Jahrhundert hinein eine Vorstellung der Kirche als staatsanaloger Institution vorherrschte (Huber 1973: 541.621–625), ist als allgemeine Verhältnisbeschreibung gleichwohl reduktionistisch und einseitig, auch wenn es solche Konstellationen natürlich immer wieder gegeben hat. Aber auch die gleichsinnige Unterscheidung von »Kirche« und »Gesellschaft« ist mindestens zweifelhaft, zumal sie an die hochproblematische Binarität von »Kirche und Welt« erinnert. Die Kirche – ganz gleich, ob als religiöses Konzept, als Handlungszusammenhang oder Organisation – ist immer ein Moment der Gesellschaft und erst recht der Welt und kann ihr nicht als ein irgendwie gesonderter Bereich entgegengesetzt werden. Deshalb sind Beschreibungen wie die, welche kirchliche Organisationen als intermediäre Institutionen der Zivilgesellschaft beschreiben (Huber 1998, 86–96), sehr viel präziser und vermeiden die problematische Assoziation eines etwa durch besondere ›Heiligkeit‹ ausgezeichneten Sonderbereichs. Wie zu zeigen sein wird, sucht die Kritische Öffentliche Theologie diesen Verzerrungen durch die Aufnahme eines dreigliedrigen Kirchenbegriffs zu begegnen.

Problematischer noch als die soziale Deskription, die durch ihren theoretischen Aufbau soziale Aushandlungsprozesse zugunsten einer individualistischen Tugendethik des Politischen desavouiert, ist die quasi-hegemoniale Stellung, die dem Protestantismus in dieser Sicht gesellschaftlich angesonnen wird – hier steht das Konzept in einem nicht eben glücklichen Traditionszusammenhang mit kirchlichen Verlautbarungen, die eine eigene politisch positionelle Enthaltsamkeit mit der Formulierung behaupteten, man wolle Politik möglich machen.[7] Eine Position, die der reduktionistisch als Organisation verstandenen Kirche und einem vage als Kulturformation verstandenen Protestantismus explizit eine öffentliche Relevanz zuspricht, die in ihrer pluralismusbegründenden Funktion bestehen soll, steht in der Gefahr, ihrerseits hegemoniale Ansprüche zu reklamieren, die sich weder theologisch begründen lassen noch einer weltanschaulich pluralen Gesellschaft angemessen sind: Denn die moderne Gesellschaft und auch der moderne Staat sind nicht darauf angewiesen, dass der Protestantismus als kulturelle Formation oder die Kirche als zivilgesellschaftliche Organisation den Pluralismus fundiert. Ganz gewiss gehört die – in ihrer Perspektive des Guten fundierte – Artikulation der Bedeutung einer normativen Pluralität, also eines Pluralismus, zu den Aufgaben der Christinnen und Christen und ihre Berücksichtigung zu den Grundkriterien der Öffentlichkeitsproduktion ihrer Organisationen, und also auch der Kirchen, aber ebenso gewiss besteht darin nicht ihre einzige oder auch nur wesentliche gesellschaftliche Verantwortung. Zudem sind christliche Kirchen und Gruppen keineswegs die einzigen, die Pluralismus aus ihren Perspektiven zu begründen und zu fördern vermögen – genau dafür steht normativ der Begriff einer Zivilgesellschaft, die sich aus einer Pluralität von Verbänden und Gruppierungen zusammensetzt.

Auch Kritische Öffentliche Theologie arbeitet sich an historischen Prägungen zunächst des deutschen Protestantismus ab, sie ist – etwa in der Gestalt eines Berliner Realismus, die sie durch Wolfgang Huber erhalten hat (Meireis 2022a) – intensiv durch das Luthertum beeinflusst, hier allerdings vorwiegend vermittelt durch eine barthianisierende Lesart Bonhoeffers und bis zu einem gewissen Grad auch Reinhold Niebuhrs. Weil hier die Barmer Theologische Erklärung als durch den Nationalsozialismus ausgelöste, paradigmatische theologisch-kirchliche Auseinandersetzung mit der herrschaftsorientierten, staatskirchlichen protestantischen Tradition vorrangig Deutschlands, aber vermittelt auch der Schweiz, verstanden wird, die in nicht unerheblichem Maß republikanisch-demokratische Vorstellungen transportiert, wird sie als Ausgangspunkt einer staatsunabhän-

---

[7] Die klassische Formulierung dieser theologiepolitischen Option stammt wiederum von Dietrich Rössler (1970), der einer positionellen die kritische, pluralismusbegründende Theologie entgegenstellt, damit die eigene Position aber gerade dem pluralistischen Diskurs entzieht, denn was den Pluralismus begründet, steht natürlich nicht zur pluralistischen Disposition.

gigen kirchenbezogenen Theologie verstanden, deren Entwurf nach der deutschen Revolution von 1918/19 versäumt worden war, aber in Westdeutschland auch nach der Kapitulation des nationalsozialistischen Deutschland 1945 am ehesten in den Nischen bruderrätlicher Assoziationen zur Geltung kam, während der kirchenoffizielle Protestantismus Westdeutschlands sich als staatsanaloge Körperschaft mit einem weltanschaulichen Wächteramt ausgestattet sah und als Akteure vorwiegend das etablierte Bürgertum adressierte, was Klaus von Bismarck (1957) schon in den späten fünfziger Jahren als Milieuverengung kritisierte. In Ostdeutschland orientierte man sich unter dem Druck eines ausdrücklich religionsfeindlichen totalitären Regimes notgedrungen als relativ staatsunabhängige Kirche, die deswegen im Umbruch der späten achtziger Jahre auch als Ort der Protestbewegung firmieren konnte, blieb aber durch praktisch-monetäre wie theoretische Orientierung stark auf den westdeutschen Protestantismus bezogen.

In ausdrücklicher Auseinandersetzung mit dieser Gemengelage hat Wolfgang Huber mit seinem – unter anderem durch Habermas' »Strukturwandel der Öffentlichkeit« beeinflussten – Werk »Kirche und Öffentlichkeit« (1973) bereits zu Beginn der 70er Jahre vorgeschlagen, die theoretischen und praktischen Ansprüche auf Staatsanalogie der Kirche zugunsten eines Selbstverständnisses als »gesellschaftlichem Verband unter Verbänden in der demokratischen Gesellschaft« aufzugeben, wobei die Identität mit anderen Verbänden in der Beschränkung der eigenen Geltungsansprüche auf die einer unter vielen Akteur:innen im Kontext der pluralen Zivilgesellschaft und der Notwendigkeit interner Partizipationsorientierung liegen sollte, die Differenz aber im Transzendenzbezug ihres Selbstverständnisses, der auf Grund seiner Unverfügbarkeit auch die bewusst akzeptierte Irrelevanz für die Systemerhaltung und damit ihr kritisches Potential begründete, das material im Rekurs auf den Verheißungscharakter der christlichen Botschaft rekonstruiert wurde, wie er durch Karl Barths, Dietrich Bonhoeffers, Johann Baptist Metz', Dorothee Sölles und Jürgen Moltmanns Erwägungen zur Rolle der Kirche im politischen und gesellschaftlichen Kontext herausgestellt worden war.

Explizit als öffentliche Theologie wird dieses Konzept jedoch erst im Kontext der zunächst multikonfessionellen, dann aber auch multireligiösen internationalen Debatten charakterisiert, wie sie in den USA, Südafrika, Lateinamerika oder Asien geführt werden, die, jeweils in eigener Form und kontextuell bestimmt, auf die Expansion und Intensivierung der Öffentlichkeit reagieren (Meireis 2022a: 18–20). Obgleich die Debattenlage auch hier hochgradig divers ist, spielen in vielen dieser globalen Debatten herrschafts- und verteilungskritische Aspekte eine zentrale Rolle und führen zu wechselseitigen Bezugnahmen und Interdependenzen. Hatte sich etwa die apartheidskritische Belhar-Confession ausdrücklich auf die Barmer Theologische Erklärung bezogen (Smit 1984), konnte Heinrich Bedford-Strohm die öffentliche Theologie seiner Prägung als

Befreiungstheologie im Kontext der demokratischen Gesellschaft kennzeichnen – auch wenn die Bezeichnung einer durch die Befreiungstheologie sensibilisierten Theologie wahrscheinlich etwas präziser, wenn vielleicht auch weniger eingängig gewesen wäre.

Der spezifische Realismus, der diesem Konzept eigen ist, wird durch die hermeneutische Linse der Spannung von Kreuz und Auferstehung, Sünde und Rechtfertigung geprägt, wobei die hier genannten Begriffe natürlich zu explizierende Chiffren darstellen: Es ist damit eine Perspektive in den Blick genommen, die konkrete gesellschaftliche Herausforderungen nach dem jeweils aktuellen Stand der human- und naturwissenschaftlichen Forschung realistisch und illusionslos fokussiert, aber mit dem Realismus des Glaubens kontrastiert, der die Offenbarung Gottes ernst nimmt und so die Perspektive des Kreuzes immer auf die Auferstehung und die Verheißung des Reiches Gottes und das von dort auf die Welt fallende Licht der Hoffnung bezieht. Diese Perspektive ist auf die stete Fortführung einer so deutlichen wie hoffnungsvollen Kritik gewiesen. Deutungstheoretisch zentral ist dabei die Herausforderung durch dekoloniale und marginalisierte Perspektiven von Akteur:innen des globalen Südens, der eine selbstkritische Wahrnehmung der Situiertheit des Wissens entspricht. Material muss sich eine durch die christozentrische Sicht angeleitete krisensensible und herrschaftskritische Analyse den Problemfeldern zuwenden, die sich etwa aus der Digitalisierung des globalen Kapitalismus, der Klimakrise oder dem unter nuklearen Bedingungen rekonfigurierten aggressiven geopolitischen Multilateralismus ergeben.

Die Konturierung, die die Fragen von gesellschaftlicher Verantwortung und gesellschaftsethischer Relevanz von Theologie und Kirche(n) im Kontext einer kritischen öffentlichen Theologie erhalten, lässt sich zwanglos in den Dimensionen des von Hans-Richard Reuter (1997) im Rekurs auf Albrecht Ritschl rekonstruierten dreidimensionalen Kirchenbegriffs rekonstruieren, der die verkündigte und geglaubte Kirche als dogmatische Dimension, die sich in Handlungen der Darstellung und Wirksamkeit des Glaubens als praxeologisch perspektivierbare ethische Dimension und in der rechtlichen Organisation zum Zweck der Aufrechterhaltung solcher Handlungen und zur gerechten Verteilung der daraus erwachsenden Lasten als juridische Dimension thematisiert, wobei diese drei Dimensionen in aller Regel stark koinzidieren. Darin ist impliziert, dass die Kirchen nach ihrer soziologisch wahrnehmbaren Gestalt Momente der Gesellschaft sind, die sich als rechtlich verfasste zivilgesellschaftliche Organisationen bzw. zivilgesellschaftliche Initiativen und Assoziationen in physischen oder virtuellen Interaktionen beschreiben lassen. In diesen balancieren Christinnen und Christen als Individuen ihre unterschiedlichen sozialen Rollen – Kirchenglieder, Organisationsmitglieder, zivilgesellschaftliche Akteure, Gesellschafts- und Staatsbürger:innen, Familienmitglieder etc. – im Kontext ihres Glaubens. Sie werden dabei von sozialen Strukturen und Gemeinschaften geprägt, zu denen eben auch Kirchengemeinden oder christliche Initiativen, Synoden oder digitale Chatrooms gehören können, prägen diese aber ihrerseits auch mit.

Die erste Pointe dieses Zugriffs ist das gegenläufige Geltungsgefälle. Während vom Selbstverständnis der Glieder und der theologischen Programmatik her die juridische Dimension der Organisation durch das dogmatische Verständnis bestimmt ist, also Gottes Offenbarung, wie sie von den Kirchengliedern verstanden wird, ist die Organisation das am eindeutigsten bestimmbare und scheinbar am einfachsten durch Steuerungsintentionen adressierbare Gebilde und erscheint so leicht gerade umgekehrt als die zentrale Steuerungsinstanz. Theologisch gesehen bestimmt die Offenbarung Gottes vermittelt durch den materialen Glauben der Glieder die Organisation, landläufig aber wird die hierarchische Kirchenorganisation als normativ glaubens- und handlungsbestimmende Größe missverstanden. Die zweite Pointe dieser Wahrnehmung der Kirche ist die Einsicht in und die Offenheit für die enorme Dynamik der religiösen Praxen, die sich innerhalb der als Handlungsgemeinschaft verstandenen Kirche ergeben, die diejenige statische Beschreibung, zu der Dogmatik und eine organisationsbezogene Perspektive neigen, gerne abblendet.[8]

Die *verkündigte und geglaubte Kirche*, auf deren Zusammenhang sich Menschen insofern zurückbeziehen, als sich ihnen die Offenbarung Gottes in Christus als einleuchtend und wahr erschlossen hat, ist auch in ihrer Relevanz auf die Offenbarung in Christus bezogen. Eine Verantwortung vor Gott lässt sich aus dem Verkündigungsauftrag Jesu ableiten, der – etwa nach dem Zeugnis des Matthäusevangeliums – Bildungs- und Gerechtigkeitshandeln einschließt, die Vorstellung einer göttlichen Heilswirksamkeit auch in der gefallenen Welt zwischen Schöpfung und Erlösung transportiert und nach Einsicht der sich im historischen Diskurs herausgebildet habenden Bekenntnisse einen Anspruch Christi auf das ganze Leben impliziert, wie er in der Barmer Theologischen Erklärung formuliert wird. Wiewohl professionelle Reflexionsinstanzen – von kirchlichen Referentinnen bis hin zu theologischen Fakultäten – oft gerne eine Deutungskompetenz reklamieren, kann von einer Deutungs- und Explikations*hoheit* theologisch wie faktisch keine Rede sein, auch wenn das Gewicht der autoritativen und allokativen Ressourcen, die diese Instanzen in ihrer kritischen Rekonstruktion der Verkündigungsgehalte in die Waagschale werfen können, nicht geringzuschätzen ist.

Handlungsgemeinschaften, die nach Auffassung der Tradition in dem Maß als christlich fundiert erkennbar werden, als in ihnen der Glaube zu Darstellung und Wirksamkeit kommt, verdanken sich nach reformatorischer Überzeugung dem

---

[8] Insofern ist die so verstandene Kirche durchaus Ort dynamischer, hybrider und innovativer gelebter Religion, auf die etwa Wilhelm Gräb (2018) zu Recht die Aufmerksamkeit gerichtet hat.

Zusammenschluss von Menschen, denen sich die Offenbarung Gottes in Christus erschlossen hat und müssen – jedenfalls nach dem Selbstverständnis ihrer Akteure und Akteurinnen – insofern als transzendent fundiert gelten, auch wenn sie im Unterschied zur verkündigten Kirche soziologisch beschreibbar sind. Ihre Grenzen sind hinsichtlich des Selbstverständnisses der beteiligten Akteurinnen und Akteure fließend, schon weil der verkörperte Glaube und die lebensweltlich situierten Praktiken des Umgangs mit der Offenbarung in der Regel fluide sind und die Akteurinnen selbst ihre Beziehungen zu den unterschiedlichen Handlungsgemeinschaften, die sich in der Zeit institutionell sedimentieren können, immer wieder auch verändern. Dies reicht vom Umzug in eine andere Parochie, die aus der Sicht eines Akteurs weniger konkrete Beteiligungsmöglichkeiten bietet, über die weitgehend passive oder eben nur gelegentliche Beteiligung, vom »believing without belonging,« also dem Verzicht auf die Organisationsmitgliedschaft bei gleichzeitigem Engagement bis hin zur Formierung neuer Aktionsformen: Ein aktives Gemeinde-Chormitglied mag beim Umzug in eine neue Stadt einer Parochie zugeschlagen werden, die keine musikalische Arbeit anbietet und dementsprechend seine Beteiligung auf die Inanspruchnahme von Kasualbegleitung reduzieren, eine Konfirmierte sich drei Jahre ganz fernhalten, um dann während der Ausbildung bei einer diakonischen Flüchtlingsinitiative im Stadtteil mitzumachen, ein aus einer Freikirche wie der ICF stammender Studierender einem Fortnite-Gottesdienstkreis beitreten, Eltern aus einer koreanischen Gemeinde melden ihre Kinder beim parochialen Konfirmand:innenkurs an und so weiter, um hier nur Beispiele aus der bundesrepublikanischen Wirklichkeit zu benennen. Dazu kommt, dass ja auch die Handlungsgemeinschaften selbst dynamisch sind: Flüchtlingsinitiativen entstehen und vergehen, Parochien werden neu zugeschnitten, Familien verändern ihren Charakter als religiöse Sozialisationsinstanzen.

Die *soziale Relevanz – hier verstanden im Sinne sozialer Wirksamkeit* – solcher Gruppierungen im Sozialraum oder in der medialen Öffentlichkeit hängt an Praxen, die organisatorisch gefördert, aber nicht ohne Weiteres erzeugt werden können. Es geht insofern auch um die Wahrnehmung neuer, digitaler Praxisformen der Glaubensdarstellung als primärer Erkennungszeichen der Kirche in Wort und Sakrament, etwa in Formen eines Abendmahls in virtueller Präsenz (van Oorschot 2022), aber auch neuer Praxisformen der sekundären Erkennungszeichen der Kirche, also gesellschaftlichem Bildungs-, Gerechtigkeits- und Solidaritätshandeln, wie sie etwa in nachbarschaftlichen Solidaritätsaktionen mit christlichem Hintergrund während der CoVid-Pandemie sichtbar waren, die von Einkaufsdiensten bis zum Musizieren vor Seniorenheimen reichten. Das Ansinnen einer Systemrelevanz im Sinne gesellschaftlich unverzichtbarer Leistungserbringung an religiöse Handlungsgemeinschaften ist allerdings schon deswegen nicht unproblematisch, weil die Handlungsmotivation, sofern sie sich aus dem Erschließen der Offenbarung speist, als unverfügbar und damit nach menschlichem Maß als volatil gelten muss (vgl. auch Huber 2020). Aus diesem Grund haben Gruppierungen, die solche systemrelevanten Funktionen akquiriert haben oder denen sie zugewachsen sind, die Tätigkeiten durch Monetarisierung und Verrechtlichung in der Regel auch von religiöser Handlungsmotivation weitgehend entkoppelt, was in Diakonie, Caritas und evangelischen Kindergärten dann auch immer wieder zur Bearbeitung der Frage nach einem erwartbaren christlichen Motivationshintergrund zwingt.

Auch das *Verständnis gesellschaftlicher Verantwortung* – hier gefasst als Verantwortung einer partikularen zivilgesellschaftlichen Gruppierung vor Gott für ihre partikulare Vorstellung des Gemeinwohls im Kontext des Ganzen der Gesellschaft – kann enorm differieren und tut es in der Regel auch, weil es in den unterschiedlichen Gruppen und Untergruppen – von Parochien über Initativen bis zu Synoden oder religiösen Chatrooms – immer wieder neu ausgehandelt werden muss. Dabei spielen die unterschiedlichen, dynamischen Auffassungen der Individuen eine wichtige Rolle, aber auch die Gehalte, die in den institutionell sedimentierten Strukturen gleichsam gespeichert und in ihrer Veränderung träger sind. Nur als Illustration: Während die einen die öffentliche Verkündigung einer um die Vorstellung eines personalen Verhältnisses zur Jesusfigur individuell zentrierten Heilsgewissheit samt zugehöriger Moral vorrangig für geboten halten, engagieren sich andere im Namen einer als unmittelbar handlungsleitend verstandenen christlichen Nächstenliebe für die Abschaffung nationaler Grenzen. In diesen Aushandlungsprozessen spielen natürlich Habitus und persönliches Charisma sowie autoritative und allokative Ressourcen, die Akteur:innen mobilisieren können, kulturelles, ökonomisches und soziales Kapital (Bourdieu 1983), eine nicht unerhebliche Rolle.

Solche *Aushandlungsprozesse über den Gehalt gesellschaftlicher Verantwortung* lassen sich selbst zum Diskursparadigma der Öffentlichen Theologie zählen, sofern sie eine über den jeweils engeren Gruppenkontext reichende zivilgesellschaftliche Wirkung, z.B. in den Sozialraum, intendieren oder erzielen und sich auf den Diskurs beziehen, etwa indem sie öffentlich zugängliche theologische Ressourcen in Anspruch nehmen – von den Debatten über die Frage eines Angebots der Suizidassistenz in diakonischen Institutionen in der FAZ (vgl. Anselm/Karle/Lilje 2021; Dabrock/Huber 2021) über Webseiten individueller oder kommerzieller Religionsakteurinnen, einschlägiger Medien oder den Angeboten der Kirchen und Universitäten. Und auch hier spielen natürlich autoritative wie allokative Ressourcen eine Rolle in der Führung solcher Debatten und Durchsetzung von Positionen.

Die *organisatorische, rechtliche Verfestigung solcher Gruppierungen z.B. als verfasste Kirchen* nach Maßgabe lokalen Rechts, soziologisch als Organisationen mit Programm und Mitgliedschaftsregel mit dem Zweck der Auf-Dauer-Stellung der Praxen der Glaubensdarstellung und -betätigung sowie der gerechten Verteilung der aus dieser Verstetigung erwachsenden Kosten beschreibbar, ist die

Ebene, die am leichtesten medial angesteuert und so einer breiteren Öffentlichkeit sichtbar gemacht werden kann, obgleich sie in der inhaltlichen Bedeutung nicht prioritär ist. Das macht in gewisser Weise das Paradoxon der Organisationsdimension der Kirche aus. Angesteuert werden kann sie, weil ihre hauptamtlichen Vertreter durch die Kopplung mittels Erwerbsarbeit verfügbar, sichtbar und anders weisungsgebunden sind als andere Mitglieder und weil sie zur Erledigung ihrer Aufgaben in hohem Maße allokative und autoritative Ressourcen bündelt, die sie einsetzen kann. Prioritär ist sie gleichwohl nicht, weil die Programme und Mitgliedschaftsregeln der Organisationen ohne lebensweltliche Praxen ein formales Gerüst ausbleibender Handlungen darstellen, ohne die Selbstzurückführung auf den transzendenten Grund aber letztlich Satzungen unspezifischer Traditions- und Kulturbewahrungsvereine sind.

Auch die Kirchen in ihren Organisationsstrukturen und -instanzen haben an den Aushandlungsprozessen des *Gehalts gesellschaftlicher Verantwortung* teil, etwa in der Förderung der theologischen Reflexion von normativen Orientierungen hinsichtlich aktueller gesellschaftlicher Herausforderungen durch öffentliche theologische Deutungs- und Orientierungsangebote in Äußerungen von partizipatorischen Leitungsgremien wie Synoden, herausgehobenen Kadern (wie z. B. Bischöfen) oder eingesetzten Expertengremien (vgl. etwa CPCE/GEKE 2021), selbstverständlich auch durch von ihnen mitverantwortete Forschungs- und Ausbildungsstätten. Solche Deutungs- und Orientierungsangebote können aber selbst bei innerorganisatorisch herausgehobener Position der Autor:innen weder autoritative noch hegemoniale Geltung beanspruchen, sondern bestenfalls Diskussionsangebote darstellen, schon weil Kirchen in ihrer Organisationsförmigkeit gerade nicht aufgehen und im Protestantismus eine geistliche Hierarchie ausgeschlossen ist.

Hinsichtlich der *Relevanzerwartung* ist es eine medientheoretische Binsenweisheit, dass Autor:innen weder über die Quantität noch die Qualität der medialen Rezeption verfügen, sodass öffentliche Relevanz höchstens erstrebt, aber gewiss nicht produziert werden kann. Garantieren ließe sich solche öffentliche und allgemeine Relevanz nur durch eine machtvolle sozio-politische Durchsetzung, wie sie im Staatskirchentum seit den Religionskriegen des 16. Jh. vorgelegen hat und sich der Wechselwirkung von politischer Instrumentalisierung durch gouvernementale Instanzen und bereitwillig eingegangenen Allianzen kirchlicher Akteur:innen verdankte. Allerdings darf bezweifelt werden, dass solche Relevanz sich theologisch ohne Weiteres mit dem Offenbarungszeugnis verträgt.

In der theoretischen Ausarbeitung der Gehalte der Kategorie gesellschaftlicher Verantwortung hat eine kürzlich vorgelegte Berliner Untersuchung zum theologischen Verantwortungsbegriff (Höhne 2024) praxeologisch argumentiert, dass auch die ethische Konturierung der Verantwortungskategorie ihrerseits der Verantwortung unterliegt, ihre eigenen Entstehungs- und Anschlussbedingungen im akademischen Feld noch selbstkritisch zu beleuchten, sodass auch die Ausarbeitung der Verantwortungskategorie selbst sich der Frage nach ihrer theologischen Begründung und der Offenheit für die benannten Aushandlungsprozesse stellen muss.

5. Fazit: Wessen Relevanz? Ein Vorschlag zur Neubestimmung der Idee eines liberalen Protestantismus

Weil Christinnen und Christen sowie ihre Handlungsgemeinschaften und Organisationen immer im Raum des Politischen agieren und der Anspruch Christi das gesamte Leben umfasst, sind auch ihre politischen Urteile nicht unabhängig von christlichen Imaginationen, Auffassungen, Prägungen und Haltungen (Wolterstorff 1997). Aus diesem Grund lässt sich die christliche Perspektive bei Urteilen über konkrete Ziele und Wege, Machtumgang und Ordnung im Raum des Politischen auch nicht ausblenden: Auch im öffentlichen Raum lässt sich daher der motivationale Hintergrund christlicher Akteur:innen nicht eskamotieren.

Allerdings können – wie oben gesagt – die dann geäußerten Argumente oder eingespielten Konzepte nicht deswegen Geltung beanspruchen, weil sie aus einem christlichen Religions- und Kulturraum kommen. Der naturrechtlich formulierte Anspruch auf privilegierte Einsicht in die objektiven Geltungszusammenhänge, wie er sich in päpstlichen Enzykliken immer wieder findet, unterscheidet hier etwa bestimmte römisch-katholische von den protestantischen Positionen, die ich im Folgenden als liberal kennzeichnen werde. Auch wenn die Idee der ›Übersetzbarkeit‹ problematisch sein dürfte, lassen sich hier überlappende Konsense denken: Wenn etwa im Kontext der Migrationspolitik auf Nächstenliebe verwiesen wird, um das Zulassen des regelmäßigen Ertrinkens von Menschen auf der Flucht (›Bearbeitung durch Nichtbearbeitung‹) zu problematisieren, lässt sich diese Kritik auch in einer nicht-christlichen Perspektive über die Vorstellung der Menschenwürde plausibilisieren (vgl. Meireis 2022b).

Dass auch innerhalb der Menge derjenigen, die sich selbst als Christ:innen verstehen, plurale Verständnisse der Glaubensgehalte und ihrer Konsequenzen die Regel sind, stellt kein Hindernis für Geltungsansprüche dar, die das Ganze des Glaubens betreffen – allerdings müssen diese ihre eigene (prophetische) Prekarität, die Partikularität der Autorschaft und die Irrtumsanfälligkeit mitführen.

Ein solches Verständnis von politischen Beiträgen aus protestantisch-christlicher Perspektive lässt sich mit Michael Walzer (2023) als »liberaler Protestantismus« kennzeichnen. Die Fassung des Liberalitätsbegriffs unterscheidet sich freilich von der deutschen theologischen Nomenklatur, die sich –

auch bei Aktualisierung der Themen – immer noch an der aus dem langen 19. Jh. stammenden Leitdifferenz von nachaufklärerischer, anthropologisch und historisch fundierter liberaler Theologie und aufklärungsskeptischer, bekenntnisorientierter positiver Theologie abarbeitet. Karl Barth, der sowohl seiner theoretischen Herkunft nach als auch hinsichtlich der nicht-fundamentalistischen, kritischen Ausprägung seiner Theologie als Liberaler gelten muss, hat mit seiner Polemik gegen die liberale Theologie seiner Zeit allerdings nicht wenig zu dieser Gemengelage beigetragen. Walzer versteht »liberal« dabei nicht als eigene ideologische Position, sondern sucht demgegenüber angesichts der zunehmend schärfer werdenden gesellschaftspolitischen Polarisierung mit dem Attribut Positionen zu kennzeichnen, die ihre spezifische weltanschauliche Prägung mit der Vorstellung von bestreitbaren Geltungsansprüchen auf Universalisierung, Ambiguitätstoleranz, dem Wissen um eigene Irrtumsanfälligkeit und dem Interesse an der Möglichkeit individueller Selbstentfaltung in Verbindung mit der Pflege der kommunitär-sozialen Voraussetzungen solcher Selbstentfaltung, also individuelle Freiheit mit Gerechtigkeit verbindet. In gewisser Weise kombiniert er damit eine politische und eine moralische Perspektive, die als Modicum unterschiedlicher Positionen dient – er benennt unter anderem liberale Sozialisten, Nationalisten und Internationalisten, liberale Republikaner, Demokraten und natürlich liberale Juden, wogegen liberaler Rassismus, Sexismus oder liberale Homophobie nicht möglich sind. Mir scheint es plausibel, liberale Theologie in diesem auch international anschlussfähigen Sinn des Wortes liberal zu verstehen, die dann auch etwa liberale Pentekostale und liberale Evangelikale in dekolonialen Kontexten zu beschreiben erlaubt und die deutschen Kontroversen des 19. Jh. hinter sich lässt. In diesem Sinn ist auch die Kritische Öffentliche Theologie, die ich vertrete, ausdrücklich liberale Theologie.

So gesehen, bedeutet *gesellschaftliche Verantwortung* von Christinnen und Kirchen sowie ihrer Reflexionsinstanzen gerade keine paternalistisch-autoritäre Zuständigkeit für die Steuerung oder Fundierung der gesamten Gesellschaft oder ihren Pluralismus. Karl Barth hat für eine Kirchenorganisation, die ihre Bedeutung, Selbsterhaltung und Expansion als Zentrum ihrer Bemühungen versteht, den Begriff der »Kirche im Exzeß« geprägt (Barth 1999: 238–240). Noch bedeutet sie vorrangig eine Verantwortung vor der Gesellschaft, der gegenüber sie ihre Existenz durch den Nachweis der Systemrelevanz rechtfertigen müsste – das wäre in Barths Nomenklatur eine Kirche im Defekt (Barth 1999: 240–244). Meiner Wahrnehmung nach bedeutet gesellschaftliche Verantwortung der Kirche Verantwortung vor Gott in Jesus Christus für ihren Anteil an der Förderung des stets strittigen Gemeinwohls im Kontext jeweils akuter gesellschaftlicher Herausforderungen durch nichthegemoniale, darstellende und tätige Verkündigung und weiß sich darin auf Selbst- und Fremdkritik ihrer blinden Flecken angewiesen. Relevanz erhofft sie nicht für sich, sondern in der Haltung der rechtfertigungsbedürftigen Sünderin und im Wissen um die Fragmentarität ihres Wirkens von dem, durch das und für das Wort Gottes.

LITERATUR

Ansbacher Ratschlag (1934): in: Gerhard Niemöller, Die erste Bekenntnissynode der Deutschen Evangelischen Kirche zu Barmen, Bd. 1, Göttingen ²1984, 144-148.

Anselm, Reiner/Karle, Isolde, Lilie/Ulrich (2021): Den assistierten professionellen Suizid ermöglichen, in: Frankfurter Allgemeine Zeitung v. 11.01.2021, 6.

Barth, Karl (1999): Das christliche Leben: Die Kirchliche Dogmatik IV/4, Fragmente aus dem Nachlaß, Vorlesung 1959-1961 (GA II.7), hg. v. Hans-Anton Drewes und Eberhard Jüngel, Zürich: TVZ.

Barth, Karl (1946): Christengemeinde und Bürgergemeinde, in: Ders., Rechtfertigung und Recht. Christengemeinde und Bürgergemeinde. Evangelium und Gesetz, Zürich 1998, 47-80.

Barth, Karl (1938): Die kirchliche Dogmatik Bd. 1/2. Die Lehre vom Wort Gottes. Prolegomena zur kirchlichen Dogmatik, zweiter Halbband, Zürich: TVZ 1948 (Erstauflage 1938).

Bismarck, Klaus von (1957):Kirche und Gemeinde in soziologischer Sicht, in: ZEE 1/1957, 17-30.

Bourdieu, Pierre (1983): Ökonomisches Kapital, kulturelles Kapital, soziales Kapital, in: R. Kreckel (Hg.), Soziale Ungleichheiten (Soziale Welt Sonderband 2), Göttingen, 183-198.

Communion of Protestant Churches in Europe (CPCE)/Gemeinschaft Evangelischer Kirchen in Europa (GEKE)(2021): »Being church together in apandemic« - Reflections from a Protestant Perspective, focus No. 29 (E/2021).

Dabrock, Peter/Huber, Wolfgang (2021): Selbstbestimmt mit der Gabe des Lebens umgehen, in: Frankfurter Allgemeine Zeitung v. 25.01.2021, 8.

Dibelius, Otto (1926): Das Jahrhundert der Kirche. Geschichte, Betrachtung, Umschau und Ziele, Berlin: Furche Verlag 1926.

Dietzel, Stefan (2013): Reinhold Seeberg als Ethiker des Sozialprotestantismus. Die »Christliche Ethik« im Kontext ihrer Zeit, Göttingen: Universitätsverlag.

Frenyo, Anna (2015): Ungarn und der Grenzzaun. Kaum kritische Stimmen von Kirchenvertretern; https://www.deutschlandfunk.de/ungarn-und-der-grenzzaun-kaum-kritische-stimmen-von-100.html (Zugriff v. 20.07.22).

Gräb, Wilhelm (2018): Vom Menschsein und der Religion. Eine praktische Kulturtheologie, Tübingen: Mohr Siebeck.

Graf, Friedrich Wilhelm (1988): Vom Munus Propheticum Christi zum prophetischen Wächteramt der Kirche? Erwägungen zum Verhältnis von Christologie und Ekklesiologie, in: ZEE 32 (1988), 88-106.

Höhne, Florian (2024): Verantwortung evangelischer Ethik. Begriff - Imagination - soziale Praxis, Boston/Berlin: De Gruyter.

Huber, Wolfgang (2020): Systemrelevanz und Resonanzkrise. Warum wir der Resignation in der Kirche nur mit Innovation begegnen können, in: Zeitzeichen online; https://zeitzeichen.net/node/8594 (Zugriff v. 21.10.20).

Huber, Wolfgang (1998): Kirche in der Zeitenwende. Gesellschaftlicher Wandel und Erneuerung der Kirche, Gütersloh: Bertelsmann Stiftung.

Huber, Wolfgang (1973): Kirche und Öffentlichkeit, Stuttgart: Ernst Klett.

Jähnichen, Traugott/Friedrich, Norbert (2000): Geschichte der sozialen Ideen im deutschen Protestantismus, in: Grebing, Helga (Hg.), Geschichte der sozialen Ideen in Deutschland. Sozialismus – Katholische Soziallehre – Protestantische Sozialethik. Ein Handbuch (Veröffentlichungen des Instituts für soziale Bewegungen, Schriftenreihe A: Darstellungen, Bd. 13), Essen, 864–1103.

Johnson, Christopher D. (2015): Pathosformeln. Warburg, Cassirer und der Fall Giordano Bruno, in: Ralf Klausnitzer/Carlos Spoerhase/Dirk Werle (Hg.), Ethos und Pathos der Geisteswissenschaften. Konfigurationen der wissenschaftlichen Persona seit 1750, Berlin/Boston: De Gruyter, 239–256.

Lauster, Jörg (2005): Religion als Lebensdeutung. Theologische Hermeneutik heute, Darmstadt: Wissenschaftliche Buchgesellschaft.

Meireis, Torsten (2022a): Berliner Realismus. Wolfgang Hubers Begründung der kritischen Funktion Öffentlicher Theologie, in: Heinrich Bedford-Strohm/Peter Bubmann/Hans-Ulrich Dallmann/Torsten Meireis (Eds.), Kritische Öffentliche Theologie, Leipzig: EVA, 13–30.

Meireis, Torsten (2022b): The ›Public‹ in Public Theology, in: NEST Theological Review 43, 2022, pp. 127–141.

Meireis, Torsten (2021): Evangelische Orientierung im öffentlichen Raum. Überlegungen zum Stand der protestantischen Ethik im deutschsprachigen Kontext, in: Theologische Literaturzeitung 146/2021, 3–20.

Meireis, Torsten (2020a): Die Rückkehr des Prophetischen Wächteramts der Kirche? Öffentliche als kritische Theologie, in: Körtner, Ulrich H.J./Anselm, Reiner/Albrecht, Christian, Konzepte und Räume öffentlicher Theologie. Wissenschaft – Kirche – Diakonie, Leipzig: EVA 2020, 27–42.

Meireis, Torsten (2020b): Öffentlichkeit – eine kritische Revision. Zur Grundlegung öffentlicher als kritischer Theologie, in: Michelle Becka/Bernhard Emunds/Johannes Eurich/Gisela Kubon-Gilke/Torsten Meireis/Matthias Möhring-Hesse, Sozialethik als Kritik, Baden-Baden: Nomos 2020, 125–158.

Munsonius, Henrik (2019): »... geistlich und rechtlich in unaufgebbarer Einheit«. Das Leitungsdogma als Pathosformel, in: ZevKR 64 (2019), 47–67.

van Oorschot, Frederike (2022): Digitales Abendmahl – Präsenzen und Absenzen, in: Held, Benjamin/Kirchhoff, Thomas/van Oorschot, Frederike/Stoellger, Philipp/Werkner, Ines-Jacqueline (Hg.), Coronafolgenforschung, Heidelberg: Universitätsbibliothek Heidelberg, 97–122.

Reuter, Hans-Richard (1997): Der Begriff der Kirche in theologischer Sicht, in: Ders. Gerhard Rau/Klaus Schlaich (Hrsg.), Das Recht der Kirche Bd. 1. Zur Theorie des Kirchenrechts, Gütersloh 1997, 23–75.

Rössler, Dietrich (1970): Positionelle und kritische Theologie, in: ZThK 67/1970, 215–231.

Rössler, Dietrich (1994): Grundriß der Praktischen Theologie, Berlin: De Gruyter ²1994.

Smit, Dirk Jacobus (2013): The Paradigm of Public Theology – Origins and Development, in: Heinrich Bedford-Strohm/Florian Höhne/Tobias Reitmeier (Hg.), Contextuality and Intercontextuality in Public Theology, Münster 2013, 11–23.

Smit, Dirk Jacobus (1984): »In a Special Way the God of Destitute, the Poor, and the Wronged«, in: G.D. Cloete/D.J. Smit (Hrsg.), A Moment of Truth. The Confession of the Dutch Reformed Mission Church, Grand Rapids: Eerdmans, 53–56.

Troeltsch, Ernst (1912): Die Soziallehren der christlichen Kirchen und Gruppen, hg. von Friedrich Wilhelm Graf (KGA Bd. 9.1), Berlin: De Gruyter 2021.

Troeltsch, Ernst (1904): Politische Ethik und Christentum, Göttingen: Vandenhoeck.

Walzer, Michael (2023): The Struggle for a Decent Politics. On ›Liberal‹ as an Adjective, New Haven/ London: Yale University Press.

Wolterstorff, Nicholas (1997): The Role of Religion in Decision and Discussion of Political Issues, in: Ders. Audi, Robert, Religion in the Public Square. The Place of Religious Convictions in Political Debate, Lanham u. a.: Rowan & Littlefield, 67–120.

ÖFFENTLICHER PROTESTANTISMUS
Eine Skizze[1]

Reiner Anselm

1. Die politische Dimension des christlichen Glaubens

Der christliche Glaube ist weder nur eine Haltung frommer Innerlichkeit, der Aszetik und der Selbstreflexion, noch ist er zureichend als kultische oder diakonische Praxis beschrieben. Diese Elemente stellen unverzichtbare Bestandteile des Christentums dar, doch sie beschreiben es unvollständig. Denn der christliche Glaube hat immer auch eine politische Dimension. Schon die Umstände des Todes Jesu lassen deutlich werden, dass zumindest die römische Besatzungsmacht in Jesu Auftreten den Anspruch einer versuchten Machtübernahme und damit ein politisches Schwerverbrechen identifizierte und ihn dementsprechend als politisch Aufständischen hinrichtete. Trotz aller Vorsicht, mit der die Evangelienüberlieferung angesichts der Situation der frühchristlichen Gemeinde Jesu Botschaft für das Politische transparent werden lässt, wird doch bei der Lektüre deutlich, dass sich die Autoren der neutestamentlichen Texte der politischen Dimension der Botschaft Jesu durchaus bewusst waren (vgl. Schreiber 2013: 174–194). Dies liegt allein schon deswegen nahe, weil Religion und Politik in der Vormoderne keine getrennten Bereiche darstellten, der korrekte Vollzug der Religion gehörte zu den Kernaufgaben der Herrschenden. Aus diesem Grund konnte Jesu Kritik an den Praktiken des zeitgenössischen Tempelsystems von dessen Autoritäten ebenso wie von der römischen Besatzungsmacht nur als Angriff auf diese Eliten und damit auf die Ordnungs- und Machtstrukturen des Zusammenlebens überhaupt gedeutet werden.

Ähnlich wie bereits im Blick auf die Propheten in der hebräischen Bibel lässt sich jedoch die politische Botschaft des Neuen Testaments nicht auf die Infragestellung der vorgefundenen Ordnung reduzieren (vgl. Kratz 2022). Die positive

---
[1] Der Beitrag führt vertiefend Überlegungen weiter, die ich gemeinsam mit Christian Albrecht verschiedentlich skizziert habe (vgl. Albrecht/Anselm 2017; vgl. Albrecht/Anselm 2020). Zum aktuellen Debattenstand der Theoriebildung zum Verhältnis des Protestantismus zu (politischen) Öffentlichkeiten vgl. Albrecht/Anselm/Körtner 2020).

Würdigung des Gegebenen als Konsequenz des Schöpfungs- wie des Inkarnationsgedankens sowie dessen Etikettierung als Handlungs- und Entfaltungsraum findet sich ebenso in den Texten des neutestamentlichen Kanons, insbesondere in der Briefliteratur.

Auch wenn mithin die Zielrichtung der Ausrichtung auf – anachronistisch mit einem modernen Begriff gesprochen (vgl. von Alemann 2006: 1803f.) – das Politische zwischen Kritik und Konstruktion schwankt, so lässt sich doch festhalten, dass das Christentum in allen Formen und zu allen Zeiten die Ausübung des Glaubens mit Konsequenzen für das Zusammenleben verbindet. Die persönliche Überzeugung und der persönliche Heilszuspruch sind mit der Verantwortung für den Nächsten und damit auch für das Gemeinwesen untrennbar verbunden. Im Neuen Testament lebt gerade die Gleichnisliteratur wesentlich davon, beide Dimensionen miteinander zu koppeln und das persönliche Gottesverhältnis anhand des Verhaltens zum Nächsten auszulegen. Für das Christentum insgesamt und auch für den Protestantismus lässt sich daher festhalten, dass der Einsatz für das Gemeinwesen als Teil des Glaubens und der Nachfolge Christi begriffen wird. Dabei stellt die berühmte Doppelthese aus Luthers Freiheitsschrift, derzufolge die Freiheit des Glaubens *coram Deo* und die Dienstbarkeit *coram hominibus* untrennbar zusammengehören, den *locus classicus* für diesen Zusammenhang in der protestantischen Tradition dar. Der Wittenberger Reformator lässt dabei keinen Zweifel daran, dass damit nicht nur der Nahbereich, sondern auch das Zusammenleben in der Gemeinschaft adressiert ist.

2. Die Freiheit des Glaubens als Motivationsquelle und Richtungsbestimmung ethischer Entscheidungen

In dieser Koppelung von individueller Gottesbeziehung und Hinwendung zu den Nächsten nach Jesu Vorbild liegt es begründet, dass der christliche Glaube stets eine starke Motivationsquelle für diakonisches, gesellschaftsbezogenes Handeln bildete: Es ist der persönliche Glaube, dessen Bestandteil ein solches Verhalten darstellt, dementsprechend gehört es auch zur eigenen Überzeugung und Identität, sich entsprechend zu engagieren. Indem der Glaube in die Nachfolge ruft, entfaltet er jenes transformative Potenzial, von dem jede Ethik lebt. Das Besondere an dieser Konstellation besteht dabei darin, zwischen der Motivation zum Handeln und den konkreten Entscheidungen zu differenzieren und damit allererst ein als moralisch qualifizierbares, individuell verantwortetes und zurechenbares Verhalten zu ermöglichen. So wie erst der individuelle Glaube, die *fides specialis*, die Botschaft Jesu sinnstiftend – traditionell gesprochen: heilsvermittelnd – für die jeweiligen Glaubenden werden lässt, so macht erst die individuelle Entscheidung, zu welcher konkreten Entscheidung der Glaube führt, das entsprechende Handeln als selbst verantwortet und damit der ethischen

Reflexion zugängliches Handeln beschreibbar. Es handelt sich dabei eben nicht nur um das Ausführen vorgegebener Maßstäbe, sondern die Lebensführung im Licht der christlichen Botschaft setzt immer eine individuelle Konkretisierung und damit auch eine entsprechende Entscheidung voraus. Mit dieser Charakteristik des Zusammenhangs von Glauben und Handeln ist zugleich ausgesagt, dass der Zusammenhang zwischen den Grundelementen des Glaubens und der ethisch-verantwortlichen Lebensführung nie fest und nie abgeschlossen zu beschreiben bzw. zu bestimmen ist. Der Freiheit des Glaubens entsprechen sowohl die Freiheit zu glauben als auch die Freiheit zu handeln, und zwar *in* Freiheit zu handeln.

Wie sich aber dieser Glaube zugleich der Anrede und der Tradierung verdankt und so trotz aller Unhintergehbarkeit seiner individuellen Dimension immer ein intersubjektives Moment behält, so sind, wie insbesondere die an Immanuel Kant anknüpfende Theoriebildung betont hat, solche Entscheidungen nur dann moralisch, wenn sie mit den Mitteln der Moral, das heißt mit der individuellen Überzeugung von überindividuell beschreib- und darin auch verantwortbaren Gründen getroffen werden.[2] Entscheidungen der konkreten ethischen und damit auch der politischen Orientierung können daher immer nur vorläufig und als Konsequenz einer individuellen Entscheidung getroffen werden, die sich selbst wiederum in dem durch die Glaubensüberzeugung aufgespannten Raum verortet bzw. verorten lassen muss.[3] Diese Struktur entspricht

---

[2] Vgl. die prägnante Formulierung von Rainer Forst, es führe »keine nicht-moralische Überlegung in den Raum der Moral hinein, weder in Bezug auf die Begründungen der Pflicht zur Rechtfertigung noch in Bezug auf moralische Motivationen. Wer die Moral aus nicht-moralischen ›Interessen‹ etwa heraus begründen will, wird nicht zu ihr gelangen; und wer sie aus nicht-moralischen Motiven verfolgt, handelt moralkonform, nicht aber moralisch. Der moralischen Autonomie entspricht die Autonomie der Moral.« (Forst 2021: 24) Wenn Julian Nida-Rümelin gegen das bei Forst anklingende Programm kritisch einwendet, dass die Figur der »subjektiven Gründe«, die hinsichtlich der moralischen Motivation bei Forst anklingen, im Grunde ein Oxymoron darstelle und stattdessen einen Realismus von Gründen verfolgen möchte, dann könnte eine an der Moralphilosophie der Aufklärung geschärfte Rekonstruktion der reformatorischen Position zur Ethik zwischen einem tendenziell die Moralität abrogierenden Realismus von Gründen und einem zum amoralischen Dezisionismus depravierenden Subjektivismus als eine dritte Position integrierend vermitteln (vgl. Nida-Rümelin 2016: 677–682; vgl. Nida-Rümelin 2015: 17–57). Es spricht wohl für sich, dass sowohl Jürgen Habermas als auch Hans Joas und Christoph Menke in ganz unterschiedlichen Perspektiven auf eine solche Rolle der Religion zurückkommen, Habermas im Blick auf die Fragen der Motivation, Joas hinsichtlich des Problems von Universalismus und Partikularismus und Christoph Menke für eine Ausarbeitung des Freiheitsgedankens.

[3] Dieser Aspekt bleibt in der methodischen Grundlegung bei Trutz Rendtorff unterbestimmt, wenn er zwar vollkommen zu Recht die Subjektabhängigkeit ethischer Praxis

der Einsicht der klassischen Dogmatik, die darauf insistierte, dass die *fides specialis* auf der Grundlage der *fides historica* entstehe.

Diesen Befund vor Augen stellen die Zusammenfassung und die Systematisierung der christlichen Botschaft für die Fragen der Lebensführung und insbesondere des Zusammenlebens einen genuinen und eigenständigen Aufgabenbereich der Theologie dar. Dabei gilt es, die Grundelemente des christlichen Glaubens so aufzubereiten, dass sie im Sinne einer ethischen Theologie orientierend für die Fragen des Miteinanders werden, ohne zu verkennen, dass diese orientierende Bedeutung sich nur auf die durch den Glauben bestimmte Weltsicht sowie eine grundlegende Haltung beziehen kann. Die Notwendigkeit der konkreten Entscheidung und damit die Übernahme von Verantwortung durch das einzelne Subjekt kann und darf weder durch den Rückgriff auf ein bestimmtes biblisches Zeugnis noch durch den Verweis auf einen bestimmten Topos des Glaubens überspielt werden.[4]

Wie die individuelle und die kirchliche Dimension des Protestantismus greift dabei der Öffentliche Protestantismus zurück auf die beiden proprietären Elemente, die gemeinsam mit dem Freiheitsgedanken den besonderen Charakter des evangelischen Christentums ausmachen: die Lehre von Christi Person und Werk sowie der dreigliedrige Gottesbegriff des Nicaenums, die Rede von Gott dem Schöpfer, Versöhner und Erlöser. Mit diesem Zugriff präsentiert sich der Öffentliche Protestantismus als die auf das Politische bezogene Konkretisierung einer evangelischen ethischen Theologie, die sich sowohl dem christlichen Erbe reformatorischer Prägung als auch der Aufklärung und der modernen Moralphilosophie verpflichtet weiß. Im Zentrum steht eine Denkbewegung, die den dreigliedrigen Gottesgedanken ebenso wie die Traditionsbestände der Christo-

---

festhält, dann aber zuspitzend zu der Aussage kommt, der ethischen Praxis müsse »die Weltsicht entsprechen, und nicht umgekehrt die Ethik zur Funktion einer Glaubensüberzeugung gemacht werden« (Rendtorff 2011: 50).

[4] Diese Einsicht liegt auch dem viel zitierten, aber auch viel missverstandenen Abschnitt in Dietrich Bonhoeffers Ethik zur »Struktur des verantwortlichen Lebens« zugrunde, wenn er festhält: »Wer sich in der Verantwortung der Schuld entziehen will, löst sich aus der letzten Wirklichkeit des menschlichen Daseins, löst sich aber auch aus dem erlösenden Geheimnis des sündlosen Schuldtragens Jesu Christi und hat keinen Anteil an der göttlichen Rechtfertigung, die über diesem Ereignis liegt. Er stellt seine persönliche Unschuld über die Verantwortung für die Menschen, und er ist blind für die heillosere Schuld, die er gerade damit auf sich lädt«, dann sucht Bonhoeffer nachzuzeichnen, dass Verantwortung immer mit der subjektiven Entscheidung und damit auch der Fehlbarkeit und Schuldhaftigkeit einhergeht, die, so die Pointe seiner Interpretation, allein dadurch möglich ist, dass Jesus Christus diese Schuld auf sich genommen hat. Bonhoeffer kann dies dann zu dem Spitzensatz verdichten, »weil Jesus die Schuld aller Menschen auf sich nahm, darum wird jeder verantwortlich Handelnde schuldig« (Bonhoeffer 1992: 276).

logie so mit der Ethik in Verbindung zu bringen sucht, dass sie gleichermaßen die irreduzible Freiheit der ethischen Urteilsbildung und die daraus resultierende Verantwortung für das eigene Handeln zur Geltung bringen, wie sie einen Richtungssinn dieser Entscheidungen prägen und so einer subjektivistischen Engführung der Ethik entgegentreten. Der Freiheitsgedanke, der gleichermaßen für das evangelische Glaubensverständnis wie für eine ethisch verantwortete Lebensführung zentral ist, fungiert dabei als Bindeglied zwischen der Entfaltung der Lehre und der Lebensführung, zwischen der Beziehung der einzelnen Christinnen und Christen zu Gott auf der einen, zur Welt, zu den Mitmenschen und zur Geschichte auf der anderen Seite. Die besondere Pointe dieses Zugangs besteht darin, den Glauben nicht als eine Positions- oder Autoritätsverstärkung zur Geltung zu bringen, sondern als Aufforderung, das Gegebene noch einmal unter einer anderen Perspektive in den Blick zu nehmen und so einer Selbstbezüglichkeit oder auch einer bloßen Verbindlichkeitserklärung des Gegebenen entgegenzutreten. Dieser Sachverhalt lässt sich auch noch einmal mit Blick auf den Freiheitsgedanken formulieren: Über die Orientierung an der Mehrstelligkeit des Gottes- und des Christuszeugnisses bringt die ethische Theologie zum Ausdruck, dass Freiheit stets auf ihre Realisierung drängt, jede Realisierung der Freiheit diese aber immer schon einschränkt und somit dagegen zu schützen ist, dass die Realisierung der Freiheit den grundlegenden Impuls der Freiheit als Befreiung zum Verschwinden bringt (vgl. Menke 2018: 51–81; Menke 2022).

3. Die Probleme der Ausrichtung einer Ethik an den Ordnungen oder dem Wort Gottes

Gerade in der Ausrichtung auf das Politische ist in der evangelischen Tradition schon seit ihren Anfängen die Tendenz zu verzeichnen, dieses Element der Befreiung zu sehr in den Hintergrund treten zu lassen und an die Stelle einer beständigen, am Gedanken der verheißenen besseren Gerechtigkeit orientierten kritischen Rückfrage die Affirmation des Bestehenden zu setzen. Indem dabei der Gedanke der von Gott eingesetzten Ordnungen eine prominente Rolle spielte, depravierte die Ethik mehr und mehr zu einer Form der Sozialdisziplinierung, anstatt die aus Freiheit im Horizont des Glaubens getroffene, individuell zurechenbare und damit auch zu verantwortende Entscheidung in den Mittelpunkt zu stellen. Es ist dabei wichtig anzuerkennen, dass diese Entwicklung gerade dadurch begünstigt wird, dass die Reformatoren allein Christus und die Schrift als Orientierungsmaßstab gelten lassen wollten. Doch über die Notwendigkeit, der Kirche eine Struktur zu geben, hielt eine eigentlich als rein funktional und weltlich bestimmte Ordnung in die Kirche Einzug, die – je länger, je mehr – dann auch mit theologischen Weihen versehen wurde. »In der Theorie regierten Christus und die Schrift in der Gemeinde, praktisch regierten die Landesherrn und die Theologen«, hat schon Ernst Troeltsch (2021: 1028) diese Entwicklung kritisch kommentiert.[5] Gerade weil versucht wird, die Botschaft Jesu auch für die soziale Gestaltung fruchtbar zu machen, kommt es letztlich zu der Entwicklung, in der die vorgegebenen Ordnungen als Ordnungen Gottes theologisch überhöht werden, bis hin zu der im 19. Jahrhundert im konservativen Luthertum prominent werdenden Rede von den »Schöpfungsordnungen«.[6] Obwohl die Konzentration auf das Schriftzeugnis und das Christusgeschehen eigentlich ein kritisches Widerlager gegen jede affirmative Überhöhung des Bestehenden hätte sein können, tritt mithin diese kritische Dimension weitgehend in den Hintergrund, nicht zuletzt wohl auch deswegen, weil die Reformation von Anbeginn an auf das Bündnis mit der Obrigkeit angewiesen war.

Gegenüber diesem Zug insbesondere des Luthertums waren entsprechende kritische Positionierungen zwar weitgehend politisch erfolglos, doch über entsprechende Gruppen blieb das korrespondierende Denken stets vital. Es konnte immer dann vorgebracht werden, wenn seitens der Kirche und auch der Theologie der Eindruck zu dominieren begann, hier sollte nun seitens des Staates die Kirche dominiert werden. Größere Resonanz in der evangelischen Theologie bekam diese Richtung allerdings erst im 20. Jahrhundert, als im Nationalsozialismus die zunächst auch von vielen späteren Kritikern begrüßte nationale Erhebung sich prekär gegen die Kirche wandte. Nach 1945 erwuchs aus dieser Widerständigkeit gegen das nationalsozialistische Gleichschaltungsregime das Selbstbewusstsein, das den Protestantismus als kritische Instanz gegenüber dem Staat profilierte.

Die angesprochene Dominanz des stabilisierenden, das Bestehende und seine Dignität in den Mittelpunkt stellenden Denkens verdankte sich jedoch nicht nur macht- bzw. kirchenpolitischen Erwägungen, sondern wurde auch durch theologische Grundentscheidungen vorangetrieben. So setzte sich in den protestantischen Territorien gegen den linken Flügel der Reformation eine Auffassung durch, die den Inkarnationsgedanken in den Mittelpunkt stellte. Sie sah den Willen Gottes hinter – und in problematischer Weise immer mehr auch in – den staatlichen Ordnungen. Auch wenn gerade der Ordnungsgedanke im konfessionellen Luthertum des 19. Jahrhunderts mit einer konservativ-restaurativen politischen Orientierung verbunden wurde, so war diese Verbindung keineswegs zwingend. Ebenso konnte sich dieses Denken mit der Hochschätzung der Vernunft verbinden und wäre daher eigentlich auch anschlussfähig für die Moderne gewesen, wie es in der Vermittlungstheologie in der Nachfolge von Friedrich Schleiermacher auch passierte. Mehrheitlich aber votierte das Luthertum dafür,

---

[5] Svend Andersen spricht in diesem Zusammenhang, den er in der Begünstigung des Absolutismus durch das Luthertum zu einem Kulminationspunkt kommen sieht, von der »Paradoxie des Luthertums« (vgl. Andersen 2010: 84–89).

[6] Zur Herkunft des Terminus vgl. Lange 1994: 157–188.

eine solche Ausrichtung an der Vernunft nur für die Eigenrationalität vorfindlicher Ordnungen anzunehmen, dies aber für die einzelnen Christenmenschen aufgrund der konstitutiven Sündhaftigkeit zu verneinen. Mehr noch: Der Ordnungsgedanke wurde so gegen die Vernunft der Einzelnen in Anschlag gebracht. Es ist dieser Zug, der sich dann im 20. Jahrhundert so ungemein problematisch auswirkt: in den staatlichen Ordnungen das gottgewollte Bollwerk gegen die Macht der Sünde und damit gegen die Ausrichtung des Handelns an den eigenen Interessen und nicht an den Bedürfnissen der Nächsten zu sehen.

Im Gegenüber zur nationalsozialistischen Terrorherrschaft, im Gegenüber auch zu denjenigen theologisch-ethischen Positionen, die über die Figuren der konstitutiven Sündhaftigkeit und den Ordnungsgedanken zumindest zeitweise dem Nationalsozialismus Vorschub geleistet hatten, gewannen diejenigen Kräfte im Protestantismus an Einfluss, die den evangelischen Glauben auf der Grundlage einer Verortung der eigenen Position am Wort Gottes als kritisches Korrektiv gegenüber dem Vorfindlichen profilierten. Der Versuch allerdings, aus dem Wort Gottes eine Kriteriologie für die Beurteilung der Gesellschaftsgestaltung zu gewinnen, erwies sich außerhalb der Evidenz der Ablehnung totalitärer Herrschaftsformen und ihrer menschenverachtenden Praktiken als schwierig. Denn zum einen taugte die Ausrichtung am Wort Gottes nur bedingt zur Abgrenzung zu den nun als so problematisch empfundenen klassischen Positionen lutherischer Sozialethik, da diese sich auch auf das Wort Gottes berief, dies aber eben nicht nur in dem durch die Kirche im engeren Sinne sowie durch die Theologie repräsentierten Evangelium, sondern auch in dem der allgemeinen Vernunft zugänglichen Gesetz lokalisiert sah. Darüber hinaus zeigte sich schnell, dass auch eine solche kritische Position letztlich auf die politische Urteilskraft angewiesen ist, da Ableitungen aus dem Wort Gottes für konkrete politische Entscheidungen heikel sind: Die Distanz zwischen der Lebens- und Vorstellungswelt der biblischen Autoren macht es nicht möglich, einzelne Schriftbelege als Begründung für politische Handlungsoptionen zu verwenden (vgl. Otto 1994: 11; vgl. Anselm 2004: 102–116) – und die viel sachgemäßere Besinnung auf die grundlegende Haltung, die der christliche Glaube für die Lebensführung vermittelt, rückt die sich auf das Wort Gottes berufende, kritische Position recht nahe an diejenigen, die die menschliche Vernunft als Konsequenz der Inkarnation zum Ankerpunkt einzelner ethischer Fragen machen.[7]

---

[7] Die sich hier zeigende Problematik dürfte Karl Barth dazu bewogen haben, die konkrete Ethik im Wesentlichen im Rahmen der Schöpfungslehre zu entfalten und dabei das relative, orientierende Recht der Schöpfungsordnungen anzuerkennen. Dabei ist für ihn die Schöpfung immer schon durch die Erwählung umgriffen, wird also die Orientierungsleistung primär durch den Glauben und seine Erkenntnis, nicht durch die menschliche Vernunft erbracht. Zur zentralen Bedeutung des Erwählungsgedankens für

Die Konsequenz dieser Problematik besteht darin, dass diese positionelle Unschärfe immer wieder zum Anlass genommen wurde und bis heute auch wird, die Möglichkeit eines im christlichen Glauben begründeten Beitrags zur politischen Gestaltung des Gemeinwesens überhaupt infrage zu stellen. Die Argumentation folgt dabei dem Muster, das eben schon skizziert wurde. Aus dem Sachverhalt heraus, dass es nicht möglich ist, konkrete *Policy*-Fragen eindeutig mit dem Schriftzeugnis zu belegen, wird dann gefolgert, dass der christliche Glaube sich allein auf die Stellung des Einzelnen vor Gott beziehe, ihm aber keine besondere Auskunftskraft für die Regelung des politischen Miteinander im Gemeinwesen zukomme. Es entbehrt dabei nicht einer gewissen Ironie, möglicherweise auch nicht eines gewissen Zynismus, dass diese Position in der Regel von denen vertreten wird, deren Positionierung sich in exponierteren kirchlichen Stellungnahmen nicht wiederfindet. Wenn kirchliche Beiträge die eigene Position stärken, gilt dieser Vorbehalt gegenüber dem politischen Wort der Kirche selbstverständlich nicht. Auch wenn diese Bestreitung des politischen Auftrags der Kirche häufiger von konservativer Seite erfolgt, ist das Phänomen keineswegs auf eine bestimmte politische Richtung beschränkt. Denn die Forderung, den Glauben als Privatsache anzusehen und dementsprechend die Religion – und auch die Garantie der Religionsfreiheit – auf das individuelle Bekenntnis zu beschränken, hat ihren Ursprung gerade nicht im konservativen, sondern im liberalen und im linken politischen Spektrum, dementsprechend kann diese Forderung auch, je nach Themenbereich und konkreter politischer Positionierung, von sehr verschiedenen Seiten erhoben werden.

Führt man sich diese Konstellation vor Augen, so zeigt sich, dass die Verbindung zweier eigentlich entgegengesetzter Argumentationsrichtungen in eine unbefriedigende Problemlage führt: Der Versuch, das kritische Potenzial des Glaubens über die Ableitung konkreter Handlungsoptionen aus dem auf die Schrift reduzierten Wort Gottes zu härten, führt eben gerade nicht zu einer Verstärkung, sondern zu einer Schwächung der politischen Dimension des christlichen Glaubens. Aus der korrekt festgehaltenen Unmöglichkeit, konkrete politische Optionen unmittelbar und möglicherweise sogar exklusiv aus dem Schriftzeugnis zu begründen, wird dabei fälschlicherweise die weitergehende Folgerung abgeleitet, dass Protestantinnen und Protestanten auch keine politische Position beziehen sollten. Mit dieser Konsequenz wird jedoch negiert, dass für den christlichen Glauben die Gottes- und die Nächstenliebe, das Verhältnis der Einzelnen zu Gott und zu den Nächsten untrennbar miteinander verbunden sind. Die Verantwortung für das Gemeinwesen folgt aus der persönlichen Gottesbeziehung. Nicht von ungefähr fungieren jedoch die Gleichnisse Jesu immer als Medium, um die Ausrichtung der Gottesbeziehung auf das Zusammenleben

---

die Interpretation der Orientierungskraft des Schöpfungsgedankens und der Schöpfungsordnungen vgl. Barth 1951.

näher zu verdeutlichen. Denn die Pointe, dass dies im Genus des Gleichnisses und damit in einer Analogiebildung erfolgt, besteht gerade darin, wie stets bei der Analogie, Identität und Differenz gleichzeitig auszusagen: Zwar ergibt sich aus der historischen Distanz die Nicht-Übertragbarkeit der Aussagen zur konkreten Ethik aus den normativen Grundlagen des Glaubens. Doch das bedeutet nicht, das Engagement für das Politische aus dem Selbstverständnis des Glaubens heraus abzulehnen, im Gegenteil: Der Glaube an Gott den Schöpfer, Versöhner und Erlöser strahlt auf die gesamte Lebensführung aus, und damit selbstverständlich auch auf das Politische – nur eben nicht im Sinne einer konkreten, transzendental begründeten Handlungsanweisung, sondern über die Vermittlung einer Haltung, die die eigene Urteilsbildung motiviert und steuert.

4. Mehrperspektivität statt Eindeutigkeit: Die Vorzüge einer Orientierung an der christologischen Lehrbildung und am dreigliedrigen Gottesgedanken

Die geschilderte Konstellation vor Augen sucht der Öffentliche Protestantismus eine Alternative, die an der Zielsetzung der Orientierung für das Politische festhält, zugleich aber die Schwierigkeiten vermeidet, in die eine vorrangig an dem Ordnungsgedanken ausgerichtete Ethik, gerade auch der Ethik des Politischen gerät. Statt auf Vereindeutigung zu setzen, sieht der Öffentliche Protestantismus den Mehrwert einer aus dem Glauben erwachsenden Perspektive auf die Gestaltung der Lebensführung darin, vorschnellen Vereindeutigungen und dem daraus resultierenden Konfliktpotenzial entgegenzuwirken (vgl. Anselm 2019: 141–153). Wie bereits angesprochen, fungieren dabei der dreigliedrige Gottesgedanke und die Christologie als maßgebliche Orientierungspunkte. Auch wenn beide theologischen Figuren Gemeingut aller christlichen Konfessionen sind, so besteht das besondere protestantische Profil doch darin, dass sie als Glaubensinhalte unmittelbar die Haltung der einzelnen Christenmenschen zu konkreten Fragen der Lebensführung prägen, nicht erst über die Vermittlung einer Institution: Diese Unmittelbarkeit negiert nicht, dass es selbstverständlich entsprechender Tradierungsinstanzen des Glaubens bedarf. Die konkrete Formung des daraus resultierenden Gottesbezuges sowie der aus dieser Verortung resultierenden individuellen – und darin auch individuell zu verantwortenden – Handlungskonsequenzen bleibt aber an den persönlichen Glauben der Einzelnen gebunden. Dementsprechend ist das spannungsvolle Beieinander von Glaubens- und Weltwirklichkeit, das sich in der christologischen Zuordnung der beiden Naturen Christi spiegelt, vollumfänglich am Ort aller einzelnen Glaubenden präsent. Es verteilt sich nicht auf unterschiedliche Funktionsbereiche wie etwa Klerus und Laien. Dass hierin eine für die Gestaltung des Zusammenlebens überaus wirkungsvolle Egalität begründet liegt, ist offenkundig – und es bleibt ein irritierendes Moment der Christentumsgeschichte, dass dies so spät erkannt und bis heute noch keineswegs durchgängig ins Werk gesetzt worden ist. Mit dieser Präsenz am Ort der einzelnen Glaubenden verbindet sich aber mehr als eine Egalitätsaufforderung, es bedeutet auch, dass das spannungsvolle Beieinander von Erhöhung und Erniedrigung, von Gewissheit und Zweifel, von Evangelium und Gesetz, vom Reich Gottes und Reich der Welt, von Gottes- und Nächstenliebe ein Äquivalent im Selbstverständnis von Protestantinnen und Protestanten und damit auch für die ihre Lebensführung in allen Dimensionen prägende Haltung bildet.

Diese Haltung lässt sich näher und in der hier gebotenen Kürze notwendigerweise auch etwas plakativ als die der ethischen Dimension der Christologie entsprechende Trias von Selbstvertrauen, Selbstzurücknahme und Selbstkritik beschreiben: *Selbstvertrauen* als die Gewissheit, im eigenen So-sein, in der eigenen Situation getragen und angenommen zu sein, die aus dem Glauben an den inkarnierten, gekreuzigten und auferstandenen Christus, der das Leid der Welt kennt, aufnimmt, buchstäblich erträgt und in die Gemeinschaft mit Gott hineinnimmt, resultiert. Dieses Selbstvertrauen ist damit eines, das nicht auf den eigenen, intrinsischen Kräften beruht, sondern eines, das aus der Beziehung zu Christus die Ressourcen für die eigene Individualität bezieht. *Selbstzurücknahme* als die Tugend, die dem Zusammenhang von Gottes- und Nächstenliebe entspricht und die es denen, die sich im Glauben angenommen, getragen und geführt wissen, ermöglicht, von sich wegzusehen und sich in Solidarität den Bedürfnissen und Nöten der Nächsten zuzuwenden. Diese Zuwendung sucht den Ausgleich zwischen den eigenen Interessen und dem, was andere brauchen, sie orientiert sich in Aufnahme der eben ausgeführten Egalitätsvorstellung am Gemeinsinn. Ihre Kraft bezieht sie aus dem Angenommensein in der eigenen Existenz, ihr Ziel aus der inklusiven Botschaft der Versöhnung. Darin ist die korrespondierende Zuwendung zu und die Verantwortung gegenüber Anderen frei vom Gestus der Superiorität sowie eines noch so wohlmeinenden Paternalismus. *Selbstkritik* als die zum Habitus gewordene Bereitschaft, das eigene Urteil und auch die eigenen Interessen immer wieder kritisch zu hinterfragen, die Vorläufigkeit der eigenen Position zu erkennen und dementsprechend das Ziel des eigenen Handelns immer wieder auszurichten an dem – freilich nie abschließend feststehenden und feststellbaren – Wort Gottes. Ein hermeneutisch wie exegetisch geschulter Zugriff ist dafür ebenso unabdingbar wie das Verständnis der Theologie als kritische Wissenschaft, die die korrespondierende kritische Haltung als unabschließbaren Prozess begreift.[8] In traditioneller

---

[8] Gerade an dieser prinzipiellen Unabgeschlossenheit mangelt es immer wieder, wenn – zu Recht – das Schriftzeugnis als kritisches Korrektiv gegen die vermeintliche Alternativlosigkeit bestimmter Orientierungen ins Feld geführt und damit diese Auslegung selbst als alternativlos präsentiert wird (vgl. Welker 2013a: 87 ff.).

Sprache gesprochen ist es die Unterstellung der eigenen Interessen und Perspektiven unter den Willen Gottes, so wie es im Vaterunser in der Vorausstellung der Bitte »Dein Wille geschehe« vor allen Einzelbitten exemplarisch zum Ausdruck kommt. Profiliert hält Wolfhart Pannenberg fest: »Das Gebet bewahrt die Praxis der Nächstenliebe davor, zum bloß moralischen Werk des Menschen zu werden.«[9] Der Gewinn, der aus der korrespondierenden Einstellung sowie der entsprechenden Praktiken für die Gestaltung des Zusammenlebens und damit zur politischen Kultur resultiert, ist ebenso grundlegend wie die bereits angesprochenen Aspekte von Egalität und Solidarität: Aus ihnen speist sich die Resilienz gegenüber den Verführungen des Antipluralismus jedweder Prägung und das Offenhalten von Steuerungsfragen für das Politische.[10]

Es liegt auf der Hand, dass die Trias Selbstvertrauen, Selbstzurücknahme und Selbstkritik auf ein Lehrstück aus der Christologie zurückführt, nämlich auf die von Karl Barth wieder neu ins Bewusstsein gehobene Figur vom dreifachen Amt Christi (vgl. Bornkamm 1986: 1–32). Allerdings war Karl Barth daran interessiert, das *munus propheticum* in Reaktion auf die neuzeitliche Gewissheitsproblematik mit einer Autoritätssteigerung der Sprecherposition von Lehrenden in der Kirche zu verbinden. Daher entwickelte er Überlegungen von Calvin entsprechend weiter, der seinerseits in humanistischer Tradition die Figur der im Geist stehenden Lehrenden in der Kirche herausgestellt und über die Lehre vom prophetischen Amt christologisch verankert hatte (vgl. Graf 1988: 88–106). Dagegen dürfte es sachgerechter sein, auch im prophetischen Handeln das Beieinander von göttlicher und menschlicher Natur zum Ausgangspunkt wei-

---

[9] Pannenberg 2015: 232. Pannenberg verhandelt, durchaus dem hier entwickelten Gedankengang entsprechend, das Gebet im Zusammenhang der Nächstenliebe und konstatiert: »Erst auf der Grundlage von Dank und Anbetung sollte im christlichen Verständnis des Gebetes das Bittgebet behandelt werden. Wenn die Worte Jesu über das Gebet, die in den Evangelien überliefert sind, sich unmittelbar auf das Bittgebet beziehen, so ist dabei der Glaube und mit ihm die durch Dank und Anbetung zum Ausdruck kommende Gemeinschaft mit Gott immer schon vorausgesetzt. Dementsprechend beginnt das als Bittgebet formulierte Gebet Jesu mit Bitten, die sich auf Gott und die Vollendung seines Reiches auf Erden richten. Erst im Anschluß daran folgen die Bitten um das tägliche Brot, um Vergebung der Schuld und um Bewahrung vor der Versuchung zum Abfall. Im christlichen Bittgebet werden die Wünsche, Sorgen und Bitten der Menschen den Zielen Gottes mit seiner Schöpfung untergeordnet und in sie eingeordnet. Die deutlichste Anleitung dazu gibt das Gebet Jesu selber: ›Aber nicht wie ich will, sondern wie du willst‹ (Mk 14,36 parr)«. Pannenberg 2015: 235.

[10] Zum Antipluralismus als Kern der Bedrohung einer populistischen Aushöhlung der Demokratie vgl. Müller 2016. Der Sache nach berühren sich die Haltung der Selbstkritik und der Selbstzurücknahme mit dem, was Jan Werner Müller in seiner umfassenderen Analyse »Freiheit, Gleichheit, Ungewissheit. Wie schafft man Demokratie?« vorgelegt hat (vgl. Müller 2021).

terer Überlegungen machen. Die Vollmacht der Schriftauslegung kommt demnach nur dem nachösterlichen Christus zu, erst die Auferstehungserfahrung macht sein Zeugnis zu dem des verbindlichen Lehrers. Da diese Erfahrung aber für Christinnen und Christen unter dem Vorbehalt der noch ausstehenden Gotteserkenntnis steht, kann auch das Lehren der Christinnen und Christen, auch das Lehren kirchlicher Funktionsträgerinnen und Funktionsträger stets nur vorläufig sein. Prophetisch sprechen bedeutet in dieser Hinsicht, die eigene Auslegung immer wieder am Wort der Schrift zu überprüfen und darin vorläufig zu sein. Treffender als die letztlich auf einer besonderen Geist-Autorisierung beruhende Interpretation Karl Barths dürfte daher die erkennbar durch eine lutherische Tradition geprägte, modifizierte Lesart der Drei-Ämter-Lehre bei Michael Welker sein, der im Blick auf das prophetische Amt festhält: »Die prophetische Rede in der Gegenwart Christi fragt nach seiner Weisung und nach Gottes Willen in den Konflikten der Gegenwart. Sie ist deshalb beständig auf selbstkritische Prüfung angewiesen« (Welker 2013b: 174).[11]

Ist das *munus propheticum* mithin stilbildend für die Haltung der Selbstkritik, so verbindet sich das königliche Amt mit der Hinwendung zum Nächsten und der sich darin manifestierenden Selbstzurücknahme. Diese gilt dabei nicht nur für das individuelle Handeln, sondern auch für die Ausformung konkreter gesellschaftlicher Strukturen. Auch sie stehen unter dem Vorbehalt der steten Revisionsbedürftigkeit im Licht der verheißenen, besseren Gerechtigkeit des Reiches Gottes – ohne dass dies unter irdischen Bedingungen erreicht werden könnte: Mein Reich ist nicht von dieser Welt (Joh 18,36).[12] Die Nähe des Protestantismus zur Demokratie als Staatsform liegt hierin begründet (vgl. Anselm 2015: 195–263). Das priesterliche Amt wiederum korrespondiert der Vermittlung jenes Selbstvertrauens, das aus der Gewissheit des Angenommenseins als Person im Glauben entspringt.

---

[11] Wenn Welker allerdings dann weiter fortfährt: »Die wahre Prophetie fragt nach der Erkenntnis von Wahrheit und der Verwirklichung von Gerechtigkeit in konkreten Situationen – im Licht von Gottes Wort. Die wahre Prophetie prüft sorgfältig, ob sie nur die eigene persönliche oder eine gerade aktuelle öffentliche Meinung ausspricht oder ob sie eine an Gottes Wort orientierte Botschaft vermittelt. Der prophetische und der Gottes Wort verkündigende priesterliche Dienst sind also in der Nachfolge Christi eng verbunden und oft mit schwerer Selbstprüfung und Anfechtung verknüpft«, dann ist daran zu erinnern, dass diese Selbstprüfung im Sinne des oben Ausgeführten bedeuten muss, auch die eigene Interpretation des Wortes beständig neu der Prüfung zu unterziehen (vgl. Welker 2013b: 174 f.).

[12] Auch hier berühren sich meine Überlegungen mit Gedanken von Michael Welker, ohne dass Michael Welker jedoch explizit die Möglichkeit vorsieht, diese Selbstzurücknahme auch auf Ordnungsstrukturen zu beziehen (vgl. Welker 2013b: 172 f.).

Umschreibt die ethische Wendung der Christologie über die Trias von Selbstvertrauen, Selbstzurücknahme und Selbstkritik die subjektive Seite der Lebensführung – in klassischer Terminologie formuliert: die Tugenddimension, so kommt über die ethische Fassung der Gotteslehre der spezifische Zugriff christlicher Lebensführung auf die Wirklichkeit in den Blick. »Wirklichkeit« ist dabei in der Form zu verstehen, die schon für Dietrich Bonhoeffer leitend war: als eine Sicht auf die Phänomene, die den einzelnen Menschen als natürliche, soziale und kulturelle Objektivitäten gegenüberstehen. Als diese Objektivitäten fordern sie nicht einfach die Unterstellung unter deren eigene Rationalitäten, sondern bilden den Kontext, in dem das eigene Leben zu gestalten ist – als Ermöglichung, aber auch als Aufgabe. Bonhoeffer ist dabei in einer komplizierten und – dem fragmentarischen Charakter seiner Ethik entsprechend – sehr skizzenhaften Überlegung daran gelegen, das christliche Wirklichkeitsverständnis über die Koppelung von Gottes- und Wirklichkeitsgedanken als eines zu profilieren, das auf der einen Seite die besondere Dignität solcher Objektivitäten festhält, diese aber aufgrund ihrer Gründung im Gottesgedanken zugleich als immer nur vorläufig erkennbar, als gestalt- und wandelbar auffasst. Indem das christliche Wirklichkeitsverständnis – Rudolf Bultmanns berühmte Formulierung von Gott als die alles bestimmende Wirklichkeit steht dem Begriff und Konzept nach erkennbar Pate (vgl. Bultmann 1933: 26–37) – die als Wirklichkeit erfahrenen Objektivitäten auf das Handeln Gottes zurückführt, kommen aus der Perspektive des Glaubens solche Objektivitäten weder als menschliche Ideen oder Begriffsbildungen noch als bloße Nützlichkeitsvorstellungen in den Blick. Beide Wege würden dem Wirklichkeitsverständnis des christlichen Glaubens nicht gerecht, sondern führten zu einer Über- bzw. Unterbestimmung der vorgefundenen Objektivitäten: zu einer Überbestimmung, insofern Ideen und Begriffe ebenso wie naturalistische Kausalitäten und Teleologien als Gesetze eine überzeitliche Allgemeingültigkeit und damit eine Unwandelbarkeit vorgeben, zu einer Unterbestimmung, insofern sie eben gleichzeitig nur als menschliche Projektionen erscheinen. Beides verbindet Bonhoeffer mit dem etwas sperrigen Begriff der »Abstraktionen« (vgl. Bonhoeffer: 1992: 39), der wohl für eine Konstruktion mit allgemeingültigem, überzeitlichem Anspruch stehen soll.

In einer interessanten Melange von Denkfiguren seiner Berliner Lehrer sowie der frühen Dialektischen Theologie nimmt Bonhoeffer nun über die Formulierung »in Jesus Christus ist die Wirklichkeit Gottes in die Wirklichkeit dieser Welt eingegangen« (Bonhoeffer 1992: 39)[13] die sicherlich über Reinhold Seeberg vermittelte Sicht des Luthertums auf die Ordnungen auf und transformiert sie zugleich: Der Inkarnationsgedanke dient ihm nun zur Herausstellung einer eigenen Dignität und Zielbestimmung der Strukturen des Zusammenlebens in der

---

[13] Dementsprechend ist dieser grundlegende Abschnitt aus Bonhoeffers Ethik auch mit »Christus, die Wirklichkeit und das Gute« überschrieben.

Welt. Anders als es bei der Figur der Ordnungen der Fall ist, trägt das Weltliche als Geschaffenes seine Zielbestimmung nicht in sich, sondern gewinnt dieses erst durch die Ausrichtung an der Person und dem Werk Christi. Diese Strukturen erscheinen damit als gestaltungsfähig, aber auch als gestaltungsbedürftig. Beides fasst Bonhoeffer dann in den Begriff des »Mandats«, in dem das Gegebene und das Verpflichtende zusammenkommen (vgl. Bonhoeffer 1992: 55 f.) Damit haben die Strukturen Anteil an der Geschichtlichkeit irdischer Existenz, verweisen aber über den Inkarnationsgedanken über diese hinaus: Jesus Christus als Offenbarer vermittelt die Einsicht in die Wirklichkeit und damit dann zugleich auch in die Wirklichkeit des Guten. Sein Vorbild ist es, an dem sich – so ist Bonhoeffers Gedanke für das hier entfaltete Konzept des Öffentlichen Protestantismus weiterzuführen – immer wieder neu die Stellungnahme und damit die Gestaltung der Lebenswelt als der Wirklichkeit des christlichen Glaubens orientieren muss.

Eine solche Stellungnahme vollzieht sich als Handlung, und zwar als eine Handlung, die durch die Wirklichkeit motiviert wird und die doch als eigene – und damit als eigenverantwortliche und freie – Tat verstanden wird. Die Verbindlichkeit zum Handeln entsteht mithin am Ort der Einzelnen, gleichzeitig aber bleibt sie bezogen auf die Objektivitäten, in und im Gegenüber zu denen sich Einzelne vorfinden. In dieser Struktur kommt erneut das Beieinander von Anerkennung und Befähigung zur Gestaltung zum Ausdruck, das für den Zugriff des dem Öffentlichen Protestantismus zugrunde liegenden ethischen Programms charakteristisch ist. Mit Trutz Rendtorff formuliert: »Menschliches Handeln ist niemals bloß äußere Beziehung zu Objekten, Bearbeitung von Gegenständen. Im Handeln wird eine Beziehung zur Wirklichkeit betätigt, in der der Mensch immer schon steht und die ihn bestimmt und verpflichtet. Das Bewusstsein für diese innere Verbindlichkeit menschlicher Lebenswirklichkeit verschafft sich in der ethischen Frage Ausdruck. In diesem Sinne kann Ethik als eine Steigerungsform der Wirklichkeitserfahrung des Menschen bezeichnet werden, sofern als Ethik der Anteil der eigenen Lebensführung an dem, was uns als Wirklichkeit beansprucht, zum Thema wird.« (Rendtorff 1980: 11) Gegenstand der Ethik kann diese Wirklichkeitserfahrung aber eben nur dann sein, wenn sie einhergeht mit einer Aufforderung an die Einzelnen, diese als Gestaltungsraum zu verstehen, und zwar als ein Raum, der durch das freie und gleichzeitig auf das Vorgefundene – auf die natürlichen, die sozialen und die historischen Gegebenheiten – ausgerichtete Handeln geformt wird.[14] Die Wirklichkeitssicht des Glaubens führt dabei die Aufforderung, sich zu dem Gegebenen in dem beschriebenen Sinne zu verhalten, mit sich. Und es ist das Proprium des christlichen Glaubens, dieses Verhalten als *ein* Verhalten aus Freiheit zu deuten: Es entspringt der Freiheit im

---

[14] Vgl. dazu auch die präzisierende Formulierung in der zweiten Auflage von Trutz Rendtorffs Ethik: »Der Mensch ist verantwortlich als Subjekt der Lebensführung. Das ist Thema und Gegenstand der Ethik.« (Rendtorff 2011: 3)

Glauben und zielt auf die Gestaltung der Wirklichkeit in ihren drei bestimmenden Grundrelationen – Natur, Sozialität, Geschichte – unter der Maßgabe der Freiheit, insofern der Glaube an den dreieinigen Gott diese drei Grunddimensionen der Wirklichkeit selbst als Dimensionen des Gottesgedankens und somit Gott als die alles bestimmende Wirklichkeit versteht: Das Natürliche im Horizont des Verständnisses von Gott als Schöpfer, das Soziale im Horizont des Verständnisses von Gott als Versöhner sowie die Geschichte im Horizont des Verständnisses von Gott als Erlöser.

5. Die Konsequenzen für die Gestaltung des Politischen im Programm des Öffentlichen Protestantismus

Aus dieser Perspektive leitet sich der Beitrag des Öffentlichen Protestantismus zum Zusammenleben in die Gesellschaft ab, die nach den ausführlichen Überlegungen zur Begründung nun abschließend eher skizzenhaft dargelegt werden sollen: Getragen durch die aus dem Christusgeschehen abgeleitete hermeneutische Sensibilität, geprägt durch Selbstvertrauen, Selbstzurücknahme und Selbstkritik, ausgerichtet an den drei Dimensionen der Wirklichkeit, Natur, Sozialität und Geschichte versucht er zu den Voraussetzungen beizutragen, die für ein Zusammenleben in Freiheit und Vielfalt notwendig sind. Er leistet damit einen Beitrag zu den »entgegenkommenden Lebensformen« (J. Habermas), auf die das demokratische Gemeinwesen angewiesen ist, die es aber nicht aus sich heraus begründen kann: Respekt vor den Lebensgrundlagen, Rechtsakzeptanz, Reflexions- und Begründungsbereitschaft, Gemeinsinn.

Im Horizont des Glaubens an Gott den Schöpfer, Versöhner und Erlöser relativiert der Öffentliche Protestantismus alle Letztbegründungsansprüche. Er deutet den Topos der Schöpfung als Grund für die Anerkennung der Weltlichkeit – nicht der Sakralität – der Welt, als Entfaltungsraum, aber nicht als Ort des Heils. Es ist die Freiheit gegenüber der Natur, die hier zum Ausdruck kommt, die aber zugleich das relative Eigenrecht der Welt, gerade auch ihren besonderen Charakter als Voraussetzung für die Lebensführung anerkennt. Der Versöhnungsgedanke gilt dem Öffentlichen Protestantismus als Leitgedanke für ein Zusammenleben, in dem Freiheit und Gemeinschaft in Balance stehen, für ein Miteinander, das die Freiheitsrechte achtet, die Notwendigkeit des sozialen Ausgleichs aber im Blick behält. Der ethische Sinn des Erlösungsgedankens ist ihm sodann die Freiheit von der Geschichte, die Betonung der Offenheit der Zukunft – im Unterschied zur Prognose, die nur Vergangenheit und Gegenwart fortschreibt. Der spezifische Beitrag, den der Protestantismus für die Gestaltung der Lebenswelt und damit auch für das Politische leisten kann, geht aber in diesen drei genannten Teilaspekten und den ihnen korrelierenden Haltungen von

Selbstvertrauen, Selbstzurücknahme und Selbstkritik nicht auf. Die besondere Pointe besteht vielmehr darin, über diese Mehrgliedrigkeiten die prinzipielle Unabschließbarkeit ethischer Gestaltung und ethischer Reflexion zur Geltung zu bringen – oder in den Kategorien des Politischen gesprochen: Hier besteht seine innere Verbindung und sein besonderer Beitrag zur Demokratie als Herrschafts- und Lebensform.

In diesem Zuschnitt versteht sich der Öffentliche Protestantismus insbesondere als Gegengewicht zu den Bewegungen, die politische Positionen nach dem Vorbild der Religion zur Sinnstiftung, zur kollektiven Erregung und zu einer bekenntnisgetriebenen Identitäts- und Exklusionspolitik nutzen. Es liegt auf der Hand, dass sich dieses Programm eines Öffentlichen Protestantismus auch gegen die Kirche selbst wenden kann. Das gilt immer dann, wenn sie konkrete Policy-Fragen mit der besonderen Autorität der Religion unterfüttert und damit den besonderen Beitrag des Glaubens für das gesellschaftliche Zusammenleben unterläuft. Ebenso gilt die Kritik einem politischen Aktivismus, der sich selbst als Religion präsentiert.

Die Aufgabe der Kirche im Blick auf das Politische liegt demgegenüber nach der Überzeugung eines Vertreters, einer Vertreterin des Öffentlichen Protestantismus im Tradieren und Lebendighalten von Praktiken der Kompromisssuche und der Absorbierung des religioiden Potenzials des politischen Aktivismus. Religionsunterricht, Gottesdienst, Präsenz im öffentlichen Raum dienen dieser Zielsetzung.

Eine solche Konzentration auf den Ausgleich und den Kompromiss darf jedoch nicht als Versuch, Differenzen zu negieren, missverstanden werden. Gerade die Mehrdimensionalität der Wirklichkeitserfahrung sowie die Orientierung am Freiheitsgedanken verweisen darauf, zu respektieren und auch darauf zu achten, dass die unterschiedlichen Perspektiven hinreichend zum Tragen kommen. Die Anerkennung von Pluralität und damit auch von Individualität ist die Voraussetzung für eine am Kompromiss orientierte Ordnung des Zusammenlebens. Aus diesem Grund wäre es unbefriedigend, das Verhältnis zwischen Freiheit und Gemeinschaft bzw. Freiheit und Gebundenheit lediglich als ein integrierendes, ausgleichendes Programm zu denken und wahre Freiheit und wahre Eingebundenheit als sich wechselseitig auslegend zu begreifen, so wie es mitunter in einer theologischen Deutung des Institutionenbegriffs passiert. Denn hier besteht stets die Gefahr, das emanzipative Potenzial des Freiheitsbegriffs zum Verschwinden zu bringen. Freiheitstheoretisch gesprochen darf die Dialektik, dass niemand für sich selbst frei sein kann, Freiheit aber nie in Anerkennung und Sozialität aufgeht, nicht stillgestellt werden.

Freiheit gibt es nur als Gegenbegriff zu Abhängigkeit und damit als ständiger Prozess der Kritik. Weil es um eine ständige Kritik geht, darf diese nicht selbst mit dem Anspruch positioneller Unangreifbarkeit auftreten. Vor diesem Hintergrund profiliert das Konzept des Öffentlichen Protestantismus die Aufgabe der Kirche und des Christentums gerade nicht darin, eine Harmonisierung von Freiheit und Abhängigkeit zu schaffen, sondern im Gegenteil Befreiung und Abhängigkeit als Pole festzuhalten, zwischen denen immer nur temporär ein Ausgleich gesucht werden kann. Gerade dies entspricht der Haltung, die aus der ethischen Wendung der Christologie wie der Gotteslehre entsteht. Die Liste der Themenfelder, in denen dies – durchaus mit unterschiedlicher Akzentsetzung – in derzeitigen gesellschaftlichen Steuerungsfragen zum Ausdruck gebracht werden kann, umfasst etwa den Schwangerschaftsabbruch und den Assistierten Suizid, das Familienverständnis und die Klimapolitik. Hier immer wieder danach zu fragen, ob der emanzipative Aspekt der Freiheit hinreichend zur Geltung gebracht worden ist und die Mehrdimensionalität der Wirklichkeitserfahrung angemessen berücksichtigt wurde, stellt den besonderen Beitrag des Öffentlichen Protestantismus zur politischen Kultur dar – verbunden mit der Einsicht und der Überzeugung, dass konkrete Entscheidungen im Politischen getroffen werden können und auch als solche getroffen werden müssen. Die Entscheidung und die damit einhergehende Notwendigkeit der Verantwortungsübernahme können nicht durch einen Verweis auf die Autorität des Glaubens überspielt werden. Vielmehr aber muss der Glaube an Gott den Schöpfer, Versöhner und Erlöser darauf hinweisen, dass solche Entscheidungen revisionsfähig und gerade deswegen aus Verantwortung vor Gott und den Menschen getroffen werden.

LITERATUR

Albrecht, Christian/Anselm, Reiner (2017): Öffentlicher Protestantismus. Zur aktuellen Debatte um gesellschaftliche Präsenz und politische Aufgaben des evangelischen Christentums, in: ThSt NF 4, Zürich 2017.

Albrecht, Christian/Anselm, Reiner (2020): Differenzierung und Integration. Fallstudien zu Präsenzen und Praktiken eines Öffentlichen Protestantismus, Tübingen 2020.

Albrecht, Christian/Anselm, Reiner/Körtner, Ulrich (Hrsg.) (2020): Konzepte und Räume Öffentlicher Theologie. Wissenschaft – Kirche – Diakonie, Leipzig 2020.

von Alemann, Ulrich (2006): Art. Politik, in: Evangelisches Staatslexikon. Neuausgabe, hrsg. v. Werner Heun, Stuttgart 2006, 1803 f.

Andersen, Svend (2010): Macht aus Liebe. Zur Rekonstruktion einer lutherischen politischen Ethik, Berlin/New York 2010, 84–89.

Anselm, Reiner (2004): Wohin wollen Sie eigentlich? Vom Nutzen und Nachteil der Bibel für die Ethik, in: Die Bibel. Entstehung – Botschaft – Wirkung, hrsg. v. Reinhard Feldmeier und Hermann Spieckermann, Göttingen 2004, 102–116.

Anselm, Reiner (2015): Ethik des Politischen, in: Handbuch Evangelische Ethik, hrsg. v. Wolfgang Huber u. a., München 2015, 195–263.

Anselm, Reiner (2019): Wie lässt sich der Pluralismus in der Ethik aufrechterhalten?, in: Ethik in pluralen Gesellschaften (=Gerechter Friede. Grundsatzfragen Bd. 3), hrsg. v. Sarah Jäger und Reiner Anselm, Wiesbaden 2019, 141–153.

Barth, Karl (1951): Die Kirchliche Dogmatik Bd. III/4: Das Gebot des Schöpfers, Zürich 1951, bes. 41–46.
Bonhoeffer, Dietrich (1992): Ethik (DBW 6), Gütersloh 1992, 39, 55 f., 276.
Bornkamm, Karin (1986): Die reformatorische Lehre vom Amt Christi und ihre Umformung durch Karl Barth, in: ZThK Beiheft 6 (1986): Zur Theologie Karl Barths: Beiträge aus Anlaß seines 100. Geburtstags, 1–32.
Bultmann, Rudolf (1925): Welchen Sinn hat es, von Gott zu reden?, in: Rudolf Bultmann, Glauben und Verstehen, Tübingen 1933, 26–37, 26.
Forst, Rainer (2021): Die noumenale Republik, Berlin 2021, 24.
Graf, Friedrich Wilhelm (1988): Vom Munus Propheticum Christi zum prophetischen Wächteramt der Kirche? Erwägungen zum Verhältnis von Christologie und Ekklesiologie, in: ZEE 32 (1988), 88–106.
Kratz, Reinhard (2022): Die Propheten der Bibel, München 2022.
Lange, Dietz (1994): Schöpfungslehre und Ethik, in: ZThK 91 (1994), 157–188, bes. 163 ff.
Menke, Christoph (2018): Freiheit und Gesellschaft. Die Dialektik der Bildung, in: Christoph Menke, Autonomie und Befreiung. Studien zu Hegel, Berlin 2018, 51–81, 51.
Menke, Christoph (2022): Theorie der Befreiung, Berlin 2022.
Müller, Jan Werner (2016): Was ist Populismus? Ein Essay, Berlin 2016.
Müller, Jan Werner (2021): Freiheit, Gleichheit, Ungewissheit. Wie schafft man Demokratie?, Berlin 2021.
Nida-Rümelin, Julian (2016): Macht und Normativität – zur Konzeption noumenaler Macht bei Rainer Forst, in: Deutsche Zeitschrift für Philosophie 64 (2016), 677–682.
Nida-Rümelin, Julian (2015): Moralische Tatsachen, in: Moralischer Realismus? Zur kohärentistischen Metaethik Julian Nida-Rümelins, hrsg. v. Dietmar von der Pfordten, Münster 2015, 17–57.
Otto, Eckart (1994): Theologische Ethik des Alten Testaments, Stuttgart u. a. 1994, 11.
Pannenberg, Wolfhart (2015): Systematische Theologie, Gesamtausgabe Bd. 3, Göttingen 2015, 232, 235.
Rendtorff, Trutz (1980): Ethik. Grundelemente, Methodik und Konkretionen einer ethischen Theologie, Bd. 1, Stuttgart 1980, 11.
Rendtorff, Trutz (2011): Grundelemente, Methodik und Konkretionen einer ethischen Theologie, 3. Auflage, hrsg. v. Reiner Anselm und Stephan Schleissing, Tübingen 2011, 3, 50.
Rössler, Dietrich (1970): Positionelle und kritische Theologie, in: ZThK 67 (1970), 215–231.
Schreiber, Stefan (2013): Der politische Jesus. Die Jesusbewegung zwischen Gottesherrschaft und Imperium Romanum, in: Münchner Theologische Zeitschrift 64 (2013), 174–194.
Troeltsch, Ernst (2021): Die Soziallehren der christlichen Kirchen und Gruppen (=KGA 9.2), Berlin 2021, 1028.
Welker, Michael (2013): Gottes Geist. Theologie des Heiligen Geistes, Neukirchen-Vluyn 2013, 87 ff.
Welker, Michael (2013): Die Reformation als geistliche Erneuerung und bleibende Aufgabe in Theologien und Kirchen, in: EvTh 73 (2013), 166–177, 172 f., 174 f.

50 Jahre Lehrstuhl für Christliche Gesellschaftslehre an der Evangelisch-Theologischen Fakultät der Ruhr-Universität Bochum

Grußwort von Ulf Schlüter
Theologischer Vizepräsident der Evangelischen Kirche von Westfalen

Das Pütthemd in blau-weißen Streifen, Halstuch und Ledergürtel, Grubenanzug und Arbeitsschuhe, Schienbeinschützer, Handschuh und Grubenhelm – und die kleine Dose mit der Prise Schnupftabak. Morgens um halb sechs ging keiner aus der Kaue ohne diese Dinge. Dann ab in die Lampenstube, den CO-Filter holen und Markenkontrolle. Jeden Morgen das gleiche Ritual, ohne all das kam keiner auf den Förderkorb.

Ebenso wichtig aber wie die obligatorische Bergmannskluft waren zwei andere Dinge. Nur an meinem allerersten Tag untertage habe ich sie vergessen, danach nie wieder. Kein einziges Mal mehr angefahren ohne Brotdose und Teetrinkflasche.

Die Dose war wichtig – denn Brot in Papier war für Mäuse gefundenes Fressen. Der Tee – zum Überleben.

Drei Stunden nach Schichtbeginn, bei 29 Grad malocht am Ende der Strecke vor Ort, drei Stunden nach der Seilfahrt endlich dann: Pause. Auf einem Holzstoß saßen die Kumpels, und wir kauten das Brot, mit Kohlenstaub gewürzt, und tranken den Tee, oben am Tage vorm Schacht aus großen Automaten in Flaschen gefüllt. Gesprochen wurde wenig bei diesem Grubenabendmahl morgens um 09:00 in 1.000 Meter Tiefe. Man war bei der Sache. Beim Essen und Trinken. Beim Atem holen, ausruhen und Kräfte schöpfen.

40 Jahre ist das her – für mich. Keine 50, aber immerhin 40 Jahre. Heute muss ich ins Museum gehen, um die Relikte dieser Welt zu sehen. Nichts mehr von da.

Von dieser Welt des Ruhrgebiets, in der ich aufgewachsen bin – als Sohn eines Bergmanns, und die uns überall umgab. Nichts mehr von da, so gut wie nichts, von den Zechen und Kokereien, von den Hochöfen und Stahlwerken, von Grubenwehr und Knappenverein, von Kolonien und Schloten. In die IGBE hat sich längst ein C geschmuggelt, wir machen Chemie, und das B für Bergbau könnte man streichen.

Nichts mehr von da. Und mit dem Verschwinden der Hochöfen und Fördertürme verblasst auch die Erinnerung. An Maloche, an Grubenunglücke und Hüttenhospitäler, an Streiks und Arbeitskämpfe, an das jahrzehntelange Ringen über- und untertage, auf dem Pütt und im Werk, um mehr Sicherheit. Um Arbeitsschutz. Um Urlaubstage. Und um gerechten Lohn. An all die Dinge, die für die Menschen dieser Region von existenzieller Bedeutung waren.

Für die Bergmänner war die Zeche vor allem eins: Broterwerb. Man fuhr da nicht an um der Idylle willen, nicht wegen Kumpelromantik.

Acht Stunden Dunkelheit, Hitze, Staub, Maloche. Und selbst abgebrühte Hauer wussten genau – ganz ohne Gefahr war das nicht. Im Letzten hast du's selbst nicht in der Hand – heil und gesund ans Licht, zurück zutage zu fahren.

Im Letzten hast du's nicht in der Hand. Worin alle gleich waren. Kumpel und Steiger, katholische und evangelische, die türkischen Kollegen, die es in großer Zahl schon gab, Leute, die sich leiden konnten und andere, die sich besser aus dem Wege gingen. Darin waren alle gleich: Man hat's nicht in der Hand.

Und dann saß man da, auf dem Stoß, nebeneinander, und kaute sein Brot, trank seinen Tee, und schwieg und schöpfte Atem.

40 Jahre her – für mich in den Semesterferien. Ein ganz bisschen Theologie hatte ich schon studiert. Am anderen Ort – und dann eben hier. In Bochum. Am Pulsschlag aus Stahl. RUB. Fakultät Ev. Theologie.

Ein Lehrstuhl für Christliche Gesellschaftslehre – oder gleich zwei davon ökumenisch parallel. Wo hätte das besser gepasst als hier mitten im Ruhrgebiet. Wo 1972 wie 82 Zigtausende morgens, mittags, abends zum Pütt oder zur Hütte fuhren. Konti-Schichten, kontinuierlich, 24 Stunden, rund um die Uhr wurde malocht. In der ganzen Region.

In den 60er, 70er Jahren völlig normal. So normal wie Kohlenstaub auf der Wäsche im Garten.

Oder so normal wie zur Kirche zu gehören.

3,5 Millionen Mitglieder hatte die Ev. Kirche von Westfalen Mitte der 70er Jahre. Allein in Bochum 185.000. In meiner Heimatstadt Dortmund 400.000. Nur Evangelische. Heute hier wie dort nicht mal die Hälfte. Bei Weitem nicht.

Aber damals völlig normal. Alltagswelt und Sonntagskirche. Wie Michael Schibilsky das nannte.

Und uns trieb es zur Theologie. Wir waren evangelisch sozialisiert, sozial engagiert, politisch infiziert, meist mit eher linken Keimen. Mehr Demokratie wagen – das leuchtete uns ein, und dass Deutschland ein schwieriges Vaterland sei, dämmerte uns auch schon längst.

Und dann kam man hier hin – nach Bochum, und fand im dicken RUB-Verzeichnis einen Lehrstuhl für Christliche Gesellschaftslehre. Professor Günter Brakelmann. Der Reviersteiger von GA 7.

Christliche Gesellschaftslehre – wer halbwegs seine Sinne beieinander hatte als Student der Theologie in den 70er, 80er Jahren, der konnte gar nicht anders, der musste bei Günter Brakelmann studieren. Denn darum ging's uns ja, dafür waren wir angetreten: um der Gesellschaft und ihrer Veränderung willen. Sie sozial, human, gerecht zu gestalten, christlich, das war für uns eins.

Es war dann für manche ernüchternd, wie ernst der christliche Gesellschaftslehrer Brakelmann die Lehre in der Gesellschaftslehre nahm. Wie er uns nötigte, mit dem Kopf zu malochen. Vor allem historisch. Um unsere gut gemeinten, flotten, jugendlich-euphorisierten Meinungen an all dem zu schulen, was lange schon gedacht, versucht und getan war. Und nicht zuletzt an dem, was historisch gescheitert und auf mitunter hässliche Holzwege geraten war, manchmal auf grässliche. Theologisch wie politisch.

Was trägt an ethischen Kategorien. Was verantwortet sich, was bleibt Gesinnung. Was hält der Wirklichkeit stand. Was nennt sich warum und mit guten Gründen christlich. Und was erweckt nur den Schein. Was ist gut – und was vielleicht nur relativ besser – und im Vorletzten eben deshalb womöglich besser als das vermeintlich durch und durch Gute.

All das ließ und lässt sich lernen seit 50 Jahren am Lehrstuhl für Christliche Gesellschaftslehre, RUB. Mittendrin in der größten Industrieregion Europas. Mittendrin im Strukturwandel. Mittendrin in der Massenarbeitslosigkeit. Mittendrin in der Migrationsgesellschaft. Mittendrin in der Gegenwart.

Für die Evangelische Kirche von Westfalen war und ist der Lehrstuhl für Christliche Gesellschaftslehre seit 50 Jahren eine Art universitäres Navigationsgerät. Die beiden Inhaber des Lehrstuhls haben das, was sie hier lehrten und erforschten, kontinuierlich eingetragen in synodale Prozesse, theologische Debatten, kirchliche Gremien und Veranstaltungen. Die EKvW verdankt beiden Orientierungen in der Gegenwart, Hilfe und mitunter Nachhilfe bei der Deutung, beim Verstehen gesellschaftlicher Prozesse und Entwicklungen.

Eine gute Idee, damals vor 50 Jahren – ein theologischer Lehrstuhl »übertage« auf der 7. Sohle zur Maloche an Vergangenheit und Gegenwart christlicher Gestaltung der Gesellschaft.

Ein Markenzeichen für das evangelische Ruhrgebiet und für Westfalen – immer noch. Auch wenn Hochöfen und Fördertürme längst Geschichte sind.

Wo und wie Gott unterwegs ist in der Gesellschaft, »untertage« und »übertage«, auf einem Holzstoß beim Vor-Ort-Pausenabendmahl, oder auch in einem Tarifsystem, bei der humanen Gestaltung der Arbeit, auf alle erdenkliche Weise: Darum ging es und darum geht es. Wohl wissend, dass wir's im Letzten nicht in der Hand haben. Und nicht die besseren Menschen sind. Schon gar nicht die guten.

Gratulation dem Lehrstuhl für Christliche Gesellschaftslehre.

Gott sei Dank, dass es ihn gab und gibt.

Und wir sind noch nicht fertig. Mit dieser Gesellschaft. Mit der Arbeit. Mit Gott und der Welt »über- und untertage«.

Gott sei Dank. Und Glückauf.

Erwartungen an das Fach »Christliche Gesellschaftslehre« aus Sicht der Universitätsleitung

Isolde Karle

50 Jahre christliche Gesellschaftslehre – das ist an der Ruhr-Universität eine lange Zeit! Die Ruhr-Universität wurde Anfang der 1960er Jahre gegründet, besteht also gerade einmal seit sechs Jahrzehnten, der Lehrstuhl für Christliche Gesellschaftslehre hat nur ein Jahrzehnt weniger aufzuweisen. Um die Frage zu beantworten, welche Erwartungen die Universitätsleitung an das Fach christliche Gesellschaftslehre hat, beginne ich deshalb mit ein paar Bemerkungen über den Zusammenhang des Selbstverständnisses dieser Universität mit der Professur für Christliche Gesellschaftslehre.

1. Was hat die Professur für Christliche Gesellschaftslehre mit dem Selbstverständnis der Ruhr-Universität zu tun?

Die Ruhr-Universität wurde gegründet, um in der Arbeiterregion des Ruhrgebiets die Möglichkeit zu schaffen, dass auch *first generation students*, nicht nur Bürgersöhne und -töchter, ein Studium ergreifen. Sie wurde mit der Idee geboren, dass entscheidend ist, was jemand leistet, nicht woher er oder sie kommt. Sie war von Anfang davon geprägt, dass die Gesellschaft sich ändern muss und nicht beim Herkömmlichen stehen bleiben kann. Sie wollte Bildungs- und Chancengerechtigkeit erreichen. Die Ruhr-Universität war deshalb von Anfang an anders als die traditionsreichen, alten bürgerlichen Universitäten: Sie war schon divers, längst bevor Diversität zum Thema wurde, sie war immer schon auf »change« hin ausgerichtet (ihr neues Logo ist »built to change«) mit vielen Studierenden, die zu Hause kein Deutsch sprachen, die nie daran gedacht hatten, dass ein Studium für sie in Frage kommt, mit Arbeiterkindern, mit Muslim*innen, mit Menschen mit internationaler Familiengeschichte, mit den ersten Professorinnen, die man an die RUB berief, weil man hier immer schon an Talente glaubte und nicht an Konvention und bürgerlichen Geschlechterhabitus.

Die Ruhr-Universität hat eine eigene DNA, die eng mit dem Ruhrgebiet verflochten ist. Andreas Pinkwart hat auf die Frage, was die Ruhr-Universität ausmacht, vor kurzem in einer RUB-Umfrage geantwortet: »Von der Arbeiter-Uni zur forschungsstarken Uni zur gründungsstarken Uni. Bochum ist das Powerhouse für den Wandel an der Ruhr.« Von sich selbst würde die RUB das niemals sagen. Sie tritt eher bescheiden auf und tut sich nicht selten schwer, auf sich selbst stolz zu sein. Zugleich wird sie geliebt, wie wenig andere Universitäten das von sich sagen können. Wir engagierten 2022 eine Agentur, die unter den unterschiedlichen Statusgruppen der RUB ermitteln sollte, was die Leute über diese Universität denken. Die Agenturleiterin, die selbst in Dortmund studiert hatte, stellte die Ergebnisse vor und zeigte sich verblüfft: So etwas hatte sie noch nicht erlebt, so viel Emotion, so viel Verbundenheit mit einer Universität, so viel Begeisterung und Wertschätzung. Ich zitiere eine Universitätsangehörige, die sich ihr gegenüber äußerte: »Was die RUB für die Menschen hier geleistet hat, macht mir Gänsehaut vor Begeisterung.« Und ein Ingenieursabsolvent sagte: »Mein Vater war Bergmann. Ich bin Maschinenbauer. Und jetzt Startup-Gründer. Das ist Bochum.«

Anders als so manch altehrwürdige Universität ist die RUB durch flache Hierarchien geprägt, die Türen der Büros der Professor*innen sind meist offen, Gespräche niedrigschwellig möglich. Man fühlt sich dem Fußball verbunden, der eine große Rolle spielt in dieser Region. Schnell duzt man sich, auch wenn man geschäftlich oder dienstlich mit Menschen zu tun hat. Das »Du« ist kein Ausdruck einer persönlichen Beziehung, sondern ganz normaler Ausdruck des gemeinsamen menschlichen Miteinanders. Der Professor und das Team für Christliche Gesellschaftslehre repräsentieren diese Werte auf unnachahmliche Weise.

2. Erwartungen an die christliche Gesellschaftslehre

a) Was erwartet die Universitätsleitung von der christlichen Gesellschaftslehre? Dazu habe ich zwei Gedanken: Es versteht sich in gewisser Weise von selbst, dass eine Universität der wissenschaftlichen Wahrheitssuche verpflichtet ist und sich damit von der Politik unterscheidet. Zugleich muss sich die Universität zunehmend mit gesellschaftlichen Herausforderungen auseinandersetzen, alles andere wäre unrealistisch bzw. auch eine Art der Stellungnahme – nämlich derjenigen der Gleichgültigkeit gegenüber der Zukunft und gegenüber den vielen jungen Menschen, mit denen es die »universitas« zu tun hat. Das betrifft zuvörderst Fragen der Chancen- und Bildungsgerechtigkeit, es betrifft aber auch Fragen der akademischen Freiheit – wie weit geht sie, wo stößt sie an Grenzen? Wie gehen wir mit wechselseitigen Diffamierungen und Exklusionen um? Wir haben deshalb einen Kodex für die Ruhr-Universität formuliert, mit dem sie sich auf einen »code of conduct« verpflichtet:

»Wir sind der Freiheit von Forschung, Lehre und Studium verpflichtet und achten darauf, dass die Würde von Einzelnen und Gruppen nicht verletzt wird. Wir wollen Diskriminierung verhindern. Auch bei divergierenden Meinungen leitet uns ein respektvoller Umgang miteinander. Die Vielfalt wissenschaftlicher Diskurse und die Diversität von Menschen mit heterogenen Perspektiven betrachten wir als Herausforderung und Gewinn, der uns in gegenseitiger Wertschätzung als *universitas* voranbringt.«

Die Universität ist aber nicht nur mit ihrer eigenen Vielfalt befasst, sondern stellt sich darüber hinaus den gesellschaftlichen Herausforderungen jenseits davon wie beispielsweise dem Klimawandel und der Frage der Nachhaltigkeit. Das Thema wird derzeit mit einer eigenen Task Force und wissenschaftlichen Expert*innen intensiv bearbeitet. Ferner ist für uns die Solidarität mit bedrohten Gruppen von Studierenden und Wissenschaftler*innen aus dem Iran oder der Ukraine ein wichtiges Anliegen. Was können wir für »scholars at risk« konkret tun? Wie können wir Studierenden helfen, die in Angst und Sorge um ihre Verwandten zu Hause leben? Schließlich befasst sich die RUB mit grundlegenden Fragen des gesellschaftlichen Zusammenlebens – mit Blick auf soziale Ungleichheit, Bildungsungerechtigkeit, der Bedrohung der Demokratie, der Herausforderung des Antisemitismus, der Frage humanen Sterbens, um nur einige wenige zu nennen. Die Universitätsleitung braucht dazu präzise Analysen, differenzierte Überlegungen und normativ wohldurchdachte Einschätzungen, um zu diesen Fragen etwas Profundes sagen zu können. Nicht zuletzt deshalb ist die sozialethische Expertise für die Universität elementar.

b) Nun könnte man fragen: Braucht es dazu denn einer speziell christlichen Sozial- oder Gesellschaftsethik? Als Theologin bin ich überzeugt davon, dass das Christentum in seiner Tradition einen großen Fundus an Erzählungen, Überzeugungen und Vorbildern hat, der uns stark geprägt hat und auf den wir im Nachdenken über das gesellschaftliche Zusammenleben nicht verzichten sollten. Das Christentum ist ein wesentlicher Teil des kulturellen Gedächtnisses dieser Gesellschaft. Das zeigt sich auch in der Kunst, selbst dort, wo keine expliziten Bezüge mehr hergestellt werden. Ein Beispiel: Ich besuchte im Jahr 2022 bei den Wuppertaler Bühnen die Oper »Intolleranza«, eine moderne Oper in einer eindrücklichen Inszenierung von Dietrich W. Hilsdorf. »Intolleranza« ist von Luigi Nono, einem venezianischen Komponisten. Nonos erstes Werk für die Opernbühne ist ein flammender Protest gegen Intoleranz, Unterdrückung und die Verletzung der Menschenwürde. Die Oper war ursprünglich eine Arbeit für die Biennale Venedig 1961, die Uraufführung fand am 13. April 1961 am Teatro La Fenice in Venedig statt. Die Premiere wurde von Neo-Faschisten gestört, die während einer Folterszene »Viva la polizia« (»Es lebe die Polizei«) riefen und damit die Bedeutung des Werkes und seiner Botschaft auf ihre ganz eigene Weise unterstrichen.

»Intolleranza« bezieht sich auf unterschiedliche Formen der Unterdrückung und Intoleranz: Im Zentrum der Erzählung steht ein Migrant, der fern der Heimat in einem Schlachthof (so die Wuppertaler Inszenierung) ausgebeutet wird und sich schließlich entscheidet, gegen die Unterdrückung aufzubegehren und zurück in seine Heimat zu gehen. Dieser Weg erweist sich allerdings als riskant, er stößt auf viele Hindernisse. So gerät er zufällig in eine Demonstration, wird dabei festgenommen und von der Polizei schwer misshandelt und gefoltert. Er kann schließlich fliehen und trifft dabei auf eine Frau, die sich ebenfalls für den Widerstand entscheidet und ihre Stimme gegen Krieg und Tyrannei erhebt. Die beiden schließen sich zusammen. Doch überall stoßen sie auf Intoleranz und Unfreiheit. Schließlich erreichen sie den großen Fluss, der die Geflüchteten von der Heimat trennt. Da der Fluss starkes Hochwasser hat, gelingt es den beiden am Ende aber nicht, sich zu retten. Sie werden von der Flutwelle mitgerissen. Die Oper, die bis dahin italienisch gesungen wurde, endet mit einem Zitat aus Bertolt Brechts Gedicht »An die Nachgeborenen«. Brecht hat es in der Zeit des Faschismus geschrieben:

»Ihr, die ihr auftauchen werdet aus der Flut
In der wir untergegangen sind
Gedenkt
Wenn ihr von unseren Schwächen sprecht
Auch der finsteren Zeit
Der ihr entronnen seid.

Gingen wir doch, öfter als die Schuhe die Länder wechselnd
Durch die Kriege der Klassen, verzweifelt
Wenn da nur Unrecht war und keine Empörung.

Dabei wissen wir ja:
Auch der Haß gegen die Niedrigkeit
Verzerrt die Züge.
Auch der Zorn über das Unrecht
Macht die Stimme heiser. Ach, wir
Die wir den Boden bereiten wollten für Freundlichkeit
Konnten selber nicht freundlich sein.

Ihr aber, wenn es soweit sein wird
Daß der Mensch dem Menschen ein Helfer ist
Gedenkt unsrer
Mit Nachsicht.«[1]

---

[1] Bertolt Brecht: An die Nachgeborenen, in: Ders., Gedichte. 2. Sammlungen 1938–1956 (GBA 12), hrsg. von Jan Knopf, Berlin/Weimar/Frankfurt a.M. 1988, 85–87, 87.

Mich hat die Oper sehr berührt – durch ihre gewaltige Musik und ihre bewegende und provokante Inszenierung. Nicht zuletzt das Gedicht von Bertolt Brecht am Ende, den einzigen Worten auf Deutsch, ließ mich betroffen zurück: Wann wird es soweit sein, dass der Mensch dem Menschen ein Helfer ist? Und werden unsere Kinder unserer mit Nachsicht gedenken, auch wenn wir dem Klimawandel nicht entschlossen entgegentraten, obwohl wir wussten, wie verheerend die Folgen sein würden? Ich weiß es nicht.

Bertolt Brecht teilte die christliche Hoffnung, dass der Mensch dem Menschen ein Helfer sein kann und soll. Ich dachte bei dieser Formulierung an ein u. a. mit Traugott Jähnichen zusammen geplantes Forschungsprojekt zu den Motiven und Konstellationen des Helfens. Bei den intensiven Diskussionen mit den nicht-theologischen Fachkolleg:innen stellten wir fest, dass das christlich geprägte Wort »helfen« trotz aller Ambivalenz eine Tönung hat, die uns unverzichtbar zu sein schien. Es hat mich verblüfft und beglückt, dass wir uns darin in der Forschungsgruppe einig waren. Im »Helfen« steckt bei allem Verdacht auf Helfersyndrom und Paternalismus ein Aspekt der Fürsorglichkeit, der nicht völlig von seiner religiösen Grundierung zu lösen ist. Thorsten Moos formuliert: »Dem Helfen selbst ist ein religiöses Moment eigen. Dieses religiöse Moment äußert sich insbesondere in Erwartungsüberschüssen, die Helfende wie Hilfeempfangende gegenüber dem Helfen haben. Diese Erwartungsüberschüsse stärken und bewahren den ›Geist‹ des Helfens«[2], sie sind aber auch gefährlich. Die Religion kann dazu verhelfen, diese Erwartungsüberschüsse einerseits zu pflegen und andererseits in Schach zu halten. Nicht zuletzt deshalb brauchen wir eine christliche Gesellschaftslehre, die über Fragen dieser Art nachdenkt und aus ihrer ganz eigenen Perspektive dazu beiträgt, dass der Mensch dem Menschen ein Helfer ist und wird und nicht Unrecht und Unfreiheit die Oberhand gewinnen.

Als Gesellschaft stehen wir vor nicht weniger fundamentalen Herausforderungen als Luigi Nono im Jahr 1960. Deshalb ersetzte die Oper Wuppertal im Titel die Jahreszahl 1960 durch 2022: »Intolleranza 2022«. Die Universität ist Teil dieser Gesellschaft und weiß um diese Herausforderungen. Mit wissenschaftlicher Forschung und Wahrheitserkenntnis will sie dazu beitragen, grundlegende Probleme der Gesellschaft wenn nicht zu lösen, so doch besser zu verstehen und zu bearbeiten. Sie ist nicht an einer Wissenschaft als l'art pour l'art interessiert, sondern an einem Transfer in die Gesellschaft hinein, der lebensdienlich ist, der Verantwortung übernimmt und zur Zukunftsfähigkeit dieser Gesellschaft beiträgt. Und dazu bedarf sie auch der Theologie und in ihr in Sonderheit der christlichen Gesellschaftslehre. Die Herausforderungen sind groß – gehen wir sie gemeinsam an.

---

[2] Thorsten Moos: Religiöse Rationalität des Helfens. Systematisch-theologische Beiträge zu einer Theorie diakonischer Praxis, in: Zeitschrift für Evangelische Ethik 63/2 (2019), 104–116, 105.

Rezension

Konrad Müller/Johannes Rehm (Hrsg.): Arbeit als Gottesdienst? Wertschöpfung in christlicher Verkündigung

Festschrift für Roland Pelikan. Leipzig: Evangelische Verlagsanstalt 2021, 193 S., ISBN: 978-3-374-06762-6, 38,00 €

Klaus Raschzok

Hinter dem mit einem Fragezeichen versehenen Titel »Arbeit als Gottesdienst« verbirgt sich keine klassische Festschrift für den langjährigen bayerischen Industrie- und Sozialpfarrer Roland Pelikan, sondern ein instruktiver Quellenband, der dokumentiert, wie das Thema »Arbeitswelt« auf unterschiedlichste Weise Gegenstand der christlichen Verkündigung wird. Der Band bietet damit einen anschaulichen Überblick, in welchen verschiedenen homiletischen Formaten diese Fragestellung gegenwärtig in den deutschen evangelischen Kirchen Eingang in den lebensweltlich orientierten theologischen Diskurs findet.

Roland Pelikan, Jahrgang 1955, dem dieser Band zum Eintritt in den Ruhestand gewidmet ist, war von 1997 bis 2021 Industrie- und Sozialpfarrer im Kirchenkreis München und Oberbayern der Evangelisch-Lutherischen Kirche in Bayern. Zu seinen Aufgaben zählte die Begleitung des vom KDA Bayern in Verbindung mit dem Lehrstuhl für Theologische Ethik der Friedrich-Alexander-Universität Erlangen-Nürnberg durchgeführten Industriepraktikums für Theologiestudierende. Diesem Thema hatte Roland Pelikan auch seine 2009 veröffentlichte Erlanger theologische Dissertation »Ethik lernen in der Arbeitswelt. Perspektiven einer missionarischen Ethik am Beispiel des Industriepraktikums für Theologiestudierende« gewidmet und mit der Auswertung insbesondere der Praktikumsberichte der Teilnehmenden Pionierarbeit für eine sachgerecht reflektierte Verbindung von arbeitsweltlicher Erfahrung und biblischem Wort geleistet. Die 28 Autorinnen und Autoren des Bandes, die aus dem EKD-weiten Arbeitsumfeld des Geehrten eingeladen wurden, einen Beitrag aus ihrer Verkündigungspraxis beizusteuern, ermöglichen die eindrückliche »Gegenprobe«, wie sich in einer christlichen Verkündigung, welche die Arbeitswelt als selbstverständlichen Teil von Gottes Schöpfung versteht, im Sinne Roland Pelikans so etwas wie »Wertschöpfung« über die Auslegung biblischer Texte vollzieht und ein auf Martin Luther zurückzuführendes Verständnis der Arbeit als Gottesdienst aufleuchtet.

Vorangestellt sind den einzelnen Andachten, Predigten und Betrachtungen ein persönliches Geleitwort von Gudrun Nolte, der Vorsitzenden des Evangelischen Verbandes Kirche-Wirtschaft-Arbeitswelt der EKD, eine Einführung des Herausgebers Johannes Rehm und eine Würdigung Roland Pelikans durch dessen Doktorvater Hans G. Ulrich. Johannes Rehm zeigt in seiner Einführung, wie sich das heutige kirchliche Tätigkeitsfeld Kirche-Wirtschaft-Arbeitswelt zu einem Fachdienst entwickelt hat, »der die gesamte Arbeitswelt unter Einschluss von Arbeitnehmenden, Handwerkern und Unternehmern im Blick haben soll« und »Arbeit eine selbstverständliche und unverzichtbare Lebensäußerung von Geschöpfen Gottes ... bildet, der keine Kirche, trotz aller Kontroversen, ausweichen kann, wenn sie ihren Auftrag der Evangeliums-Verkündigung an alle Welt nicht verfehlen will.« (S. 12) Hans G. Ulrich würdigt Roland Pelikans Beitrag für eine neue Wahrnehmung der Wirklichkeit der Arbeitswelt in der theologischen Ethik. Insbesondere hebt er hervor, wie Roland Pelikan über seine Dissertation hinaus in zahlreichen Publikationen durch die ihn auszeichnende Verbindung von Ethik und Seelsorge dazu beigetragen hat, Arbeit in ihrer schöpferischen Bedeutung gelten zu lassen und mit dieser Achtung der Würde der Geschöpfe Gott zugleich die Ehre zu geben. Der für Roland Pelikan grundsätzlich gottesdienstliche Charakter einer solchen kirchlichen Praxis trägt entscheidend mit dazu bei, Arbeit trotz aller möglichen Entfremdung als Bestandteil des biblischen Schöpfungsauftrags zu verstehen.

Ein erster Abschnitt präsentiert Predigten aus Gemeinde- und Sonntagsgottesdiensten zu unterschiedlichen Anlässen wie Jubiläen der Aktionsgemeinschaft für Arbeitnehmerfragen, dem Reformationsfest, einem Kirchweihjubiläum oder einer Predigt in einem Seniorenheim. Der zweite Abschnitt enthält Themapredigten und Zielgruppengottesdienste aus verschiedensten Zusammenhängen wie zum Beispiel dem 40-jährigen Jubiläum des KDA der EKD, Handwerker-Gottesdiensten, biblische Auslegungen zum Sozialpolitischen Buß- und Bettag, einer Hausandacht aus dem EKD-Kirchenamt und einer Andacht vor der Münchener Arbeitsgemeinschaft Evangelischer Unternehmer. Den dritten Themenkreis bilden sozialethische Betrachtungen und Ansprachen zu verschiedenen arbeitsweltlichen Gelegenheiten wie der Einweihung einer neuen Montagehalle oder bei gewerkschaftlichen Kundgebungen, zum Gesundheitsmanagement aus protestantischer Perspektive oder einer Radioandacht. Berührend ist schließlich auch der Beitrag des 2020 verstorbenen früheren Leiters des Amtes für Industrie- und Sozialarbeit der Evangelisch-Lutherischen Kirche in Bayern Werner Schanz über »Zeit und Zeiträume in der Bibel«, der wie ein Vermächtnis dessen biblische Zugänge zum Verhältnis von Lebens- wie Arbeitszeit erschließt.

Abschließend fasst Konrad Müller als Herausgeber unter dem Titel »Über Arbeit predigen – eine praktisch-theologische Perspektive« den homiletischen Ertrag der ausgewählten Verkündigungsbeispiele zusammen. Arbeit gehört, so seine Bilanz, ganz selbstverständlich zu denjenigen Gegenständen, die im evangelischen Sonntagsgottesdienst und darüber hinaus in der kirchlichen

Verkündigung bedacht werden. Die Beiträge zeigten zugleich, dass Arbeit nicht nur »Erwerbsarbeit«, sondern einen grundlegenden Lebensvollzug beschreibt. An der Diversität der Beiträge und ihren unterschiedlichen Formaten wie theologischen Positionierungen werden für ihn schließlich allgemeine Entwicklungen gegenwärtiger Predigtkultur sichtbar. Dazu gehören für Konrad Müller die zu beobachtende unterschiedliche Methodik des Umgangs mit biblischen Texten, eine gewisse theologische wie hermeneutische Heterogenität und zugleich die klare Positionierung der einzelnen Verkündiger und Verkündigerinnen. Entscheidendes Bindeglied aller Beiträge bildet jedoch die durchgängige biblische Begründung in Verbindung mit deren Einordnung in innerkirchliche Diskurszusammenhänge, die der Öffentlichkeit gegenüber pointiert vertreten werden.

Der Quellenband markiert damit eindrücklich, wie sich kirchliche Aktivitäten nicht allein im Freizeitbereich von Menschen jenseits der Arbeitswelt abspielen, sondern Arbeit selbstverständliche und unverzichtbare Lebensäußerung von Gottes Geschöpfen ist und deren Lebenswirklichkeit prägt. Die so unterschiedlichen einzelnen Beiträge lassen sich damit als Antwort auf die grundlegende Frage verstehen, wie das Arbeitsleben von gerechtfertigten Geschöpfen Gottes aussehen kann, und vollziehen auf diese Weise eine spezifisch kirchliche »Wertschöpfung« mittels der als Gottesdienst verstandenen Arbeit.

Verzeichnis der Autorinnen und Autoren

Anika Christina Albert, Dr. theol., Juniorprofessorin und Institutsdirektorin am Institut für Diakoniewissenschaften und -management an der Universität Bielefeld.

Reiner Anselm, Dr. theol., Professor für Systematische Theologie und Ethik an der Evangelisch-theologischen Fakultät der Ludwig-Maximilians-Universität München und Mitglied im Steuerungsboard des EKD-Kammernetzwerkes.

Dieter Beese, Dr. theol., (apl.) Professor für Praktische Theologie an der Evangelisch-theologischen Fakultät der Ruhruniversität Bochum.

Peter Dabrock, Dr. theol., Professor für Systematische Theologie mit dem Schwerpunkt Ethik an der Theologischen Fakultät der Universität Erlangen. Von 2012 bis 2020 Mitglied und von 2016 bis 2020 Vorsitzender des Deutschen Ethikrates.

Norbert Friedrich, Dr. phil., Honorarprofessor an der Fliedner Fachhochschule Düsseldorf und Vorstand der Fliedner-Kulturstiftung Kaiserswerth.

Traugott Jähnichen, Prof. Dr. theol., Professor für Christliche Gesellschaftslehre an der Evangelisch-theologischen Fakultät der Ruhr-Universität Bochum. Vorsitzender des Kuratoriums der Stiftung Sozialer Protestantismus.

Isolde Karle, Dr. theol., Professorin für Praktische Theologie an der Evangelisch-theologischen Fakultät der Ruhr-Universität Bochum. Prorektorin der Ruhr-Universität Bochum für Diversität, Inklusion und Talententwicklung.

Torsten Meireis, Dr. theol., Professor für Systematische Theologie an der Humboldt-Universität zu Berlin, außerordentlicher Professor für Systematische

Theologie/Ekklesiologie an der University of Stellenbosch sowie Direktor des Berlin Institute for Public Theology.

KLAUS RASCHZOK, Dr. theol., war bis zu seiner Emeritierung 2020 Inhaber des Lehrstuhls für Praktische Theologie an der Augustana-Hochschule Neuendettelsau.

SIGRID REIHS, Pfarrerin i. R.; ehemalige Vorsitzende des Kirchlichen Dienstes in der Arbeitswelt (KDA). Mitglied im Kuratorium der Stiftung Sozialer Protestantismus.

HANS-RICHARD REUTER, Dr. theol., Professor em. für Theologische Ethik am Institut für Ethik und angrenzende Sozialwissenschaften der Evangelisch-Theologischen Fakultät der Universität Münster.

ULF SCHLÜTER, seit 2018 Theologischer Vizepräsident der Evangelischen Kirche von Westfalen.

CLEMENS WUSTMANS, Dr., Wissenschaftlicher Koordinator des Internationalen Graduiertenkollegs 2706 Transformative Religion an der Humboldt-Universität zu Berlin sowie den Universitäten Stellenbosch, Western Cape und KwaZulu-Natal.

Lukas David Meyer
Öffentliches Christentum im europäischen Ernstfall
Ein Vergleich kirchlicher Europamodelle aus sozialethischer Perspektive

Öffentliche Theologie (ÖTh) | 43

340 Seiten | Paperback | 15,5 x 23 cm
ISBN 978-3-374-07350-4
EUR 98,00 [D]
eISBN (PDF) 978-3-374-07351-1
EUR 89,00 [D]

Die Studie untersucht die Rolle der Kirchen in der jüngeren Phase der europäischen Einigung. Den Ausgangspunkt bilden die Verfassungs-, Finanz- und Migrationskrisen im 21. Jahrhundert. Unter dem Eindruck dieser Krisen brachten die Kirchen ihre Haltung zu Europa deutlicher als zuvor zum Ausdruck. In neun Fallstudien werden Katholizismus, Protestantismus und Orthodoxie im kontextuellen Verhältnis zur EU untersucht. Die Studie plädiert für eine europäisierte Variante eines öffentlichen Christentums. Leitbegriffe dafür bietet der konziliare Prozess mit der geprägten Begriffstrias »Frieden, Gerechtigkeit und Bewahrung der Schöpfung«. Sie markieren die Relevanz eines öffentlichen Christentums für das gegenwärtige Europa.

EVANGELISCHE VERLAGSANSTALT
Leipzig www.eva-leipzig.de

Tel +49 (0) 341/ 7 11 41-44   shop@eva-leipzig.de

Bernhard Lauxmann | Frank Weyen
Ilona Nord | Frank M. Lütze (Hrsg.)

Freiheit – Liebe – Gelassenheit

Anthropologische Fluchtpunkte
der Theologie

*Arbeiten zur Praktischen Theologie
(APrTh) | 93*

348 Seiten | Hardcover | 15,5 x 23 cm
ISBN 978-3-374-07536-2
EUR 84,00 [D]
eISBN (PDF) 978-3-374-07537-9
EUR 83,99 [D]

Wie viel Anthropologie verträgt die Theologie? Für Wilfried Engemann sind Menschen um ihres Menschseins willen religiös. Freiheit, Liebe und Gelassenheit sind für ihn die anthropologischen Leitplanken einer zeitgenössischen Praktischen Theologie. Diese Festschrift ehrt den passionierten Theologen und würdigt sein theologisches Œuvre in all seinen Facetten. Die Beiträge vertiefen anthropologische Reflexionsperspektiven seiner Theologie und setzen markante theologische Argumentationsmuster kreativ fort. Sie reflektieren die Bedeutung der Freiheit im menschlichen Leben, widmen sich der zwischenmenschlichen Solidarität in der Kirche und erörtern den Mut als integralen Bestandteil christlicher Lebensführung. Mehr als zwanzig Theolog:innen, inspiriert von Engemann, beleuchten so das Menschsein des Menschen.

EVANGELISCHE VERLAGSANSTALT
Leipzig   www.eva-leipzig.de

Tel +49 (0) 341/ 7 11 41-44   shop@eva-leipzig.de